资助来源：
福建省教育厅人文社科基地海西财政与金融发展研究中心
课题项目名称：
集体林权流转的理论与实证研究（HXCJ1803）

经济管理学术文库 • 经济类

集体林权流转的理论与实证研究
——以福建为例

Theoretical and Empirical Study on the Transfer of Collective Forest Rights
—Based on the Case of Fujian Province

刘祖军／著

经济管理出版社
ECONOMY & MANAGEMENT PUBLISHING HOUSE

图书在版编目（CIP）数据

集体林权流转的理论与实证研究：以福建为例/刘祖军著．—北京：经济管理出版社，2019.12

ISBN 978－7－5096－5161－2

Ⅰ.①集…　Ⅱ.①刘…　Ⅲ.①集体林—所有权—流转机制—林业管理—研究—福建　Ⅳ.①F326.275.7

中国版本图书馆CIP数据核字(2019)第291205号

组稿编辑：曹　靖
责任编辑：杨国强　张瑞军
责任印制：黄章平
责任校对：王淑卿

出版发行：经济管理出版社
（北京市海淀区北蜂窝8号中雅大厦A座11层　100038）
网　　址：www.E－mp.com.cn
电　　话：(010) 51915602
印　　刷：三河市延风印装有限公司
经　　销：新华书店
开　　本：720mm×1000mm/16
印　　张：13.5
字　　数：235千字
版　　次：2019年12月第1版　　2019年12月第1次印刷
书　　号：ISBN 978－7－5096－5161－2
定　　价：88.00元

联系地址：北京阜外月坛北小街2号
电话：(010) 68022974　　邮编：100836

前　言

中共中央、国务院于2003年颁布《关于加快林业发展的决定》后，我国2004年开始在福建、江西、浙江等地开展新一轮集体林权制度改革试点。2008年，中共中央、国务院出台《关于全面推进集体林权制度改革的意见》，林权制度改革得以在全国集体林区正式实施。此次改革被誉为“第三次农村土地革命”，对于促进农村体制改革、解决“三农”问题、消除贫困、实现乡村振兴有积极的重大意义。但这轮林改毕竟是一种全新探索，还存在诸多问题。林地“赋权到户”后，克服“均山分林”导致的林地破碎分置与经营低效率，促进适度规模流转，成为重要研究课题。

福建是林业大省，森林覆盖率位居全国第一，林改起步早、力度大，成就了绿水青山，富裕了千万林农。但林改后也面临着一系列亟须解决的问题，其中最突出的是如何解决林地破碎化配置造成的经营规模不经济问题。通过合理的林木、林地资源的适度流转，能提高资源利用效率，实现资源优化配置，有效地解决规模不经济问题。福建一直鼓励、支持通过市场化方式实现森林资源的适当流转，也进行了很好的实践，取得了丰硕成果，但同时存在一些值得探讨的新现象、新问题。

本书以福建集体林区为研究案例，通过分析流转现状，总结流转特点，确定需要深入研究的命题；通过流转存在问题的经济学解释，进一步深化对当前问题的认识；通过林权流转抵押的研究，提出加强资产评估管理及林权收储担保的具体对策；通过农户林权流转意愿的分析，探析影响农户林权流转行为的主要因素；通过林地资产理论价值与现实价格的分析与对比，发现当前流转不畅，纠纷多的根本原因，提出优化林地使用权价格形成机制的策略建议；针对相关主体研究内容，提出政策建议。总体来说，本书具有以下几个特点：其一，数据资料丰富，实践性强。为了践行“把论文写在祖国的大地上”，笔者从2009年开始，不间断地多达十几次到福建林区的相关重点林业区（县）进行实地调研，调研对象包括个体农户、林业大户、合作社负责人、营林企业、国有林场与采育场、林业集团公司、林业局工作人员、林业科研人员等，收集了大量一手、实时资料，及时掌握林权改革及流转的政策动态，奠定了研究的坚实基础。其二，问题剖析到位，实用性强。林权流转，涉及的问题众多，错综复杂，笔者以最核心的价格与市场为主线开展研究，采用规范与实证相结合、理论与案例相结合等方式，深度剖析问题的根源，提出具体应对策略，具有较强的实用性。其三，理论应用得当，学术示范价值强。分析林权流转相关问题不停留在浅层面上的基本分析，而是采用交易费用理论、供求关系理论、信息经济学理论等一系列理论指引深入进行问题研究，加深对问题的认识，提供该领域研究的学术示范。总之，本书重点对福建集体林区林权流转中的根本问题与核心问题进行了较为全面、系统、深入的分析，有一定的理论意义与学术示范价值，对于福建及其他省情、林情相近的南方集体林区省份制定相关政策，对引导和推动林地、林木资源有序、适度、高效流转具有实践参考价值。

值此搁笔之际，谨向各位对笔者求学及研究过程给予关怀和帮助的师长、领导、同学、朋友敬上由衷的谢意！特别感谢硕士和博士导师刘健教授、张大红教授给予学术道路的指引与启迪；感谢闽江学院财务处处长陈念东教授、经济与管理学院副院长尹利军博士、福建农林大学郑德祥博士等各位领导的大力支持与帮助；感谢师弟马龙波博士给予的资料收集与数据处理等方面的大力支持；感谢好友章志都博士在实地调研、资料收集上给予的支持；感谢闽江学院经济与管理学院财务管理教研室全体同事的长期支持；感谢闽江学院海西财政与金融发展研究中心对此书出版的赞助！

由于笔者水平有限，再加上编写时间仓促，所以书中不足与疏漏之处在所难免，恳请广大读者批评指正。

目 录

第1章　绪论

1.1　研究背景

森林，作为最大的陆地生态系统，其水源涵养、水土保持、防风固沙、固碳释氧、净化大气等巨大的生态环境效用为世界所共识，对维系地球生命保障系统、促进经济社会健康、持续发展起到关键作用。当前中国“高耗能、高污染、高成本”的粗放型经济发展方式对人类赖以生存的自然生态环境造成巨大破坏，意味着林业要同时肩负起提供有形林木产品与无形环境产品的双重使命。但当前中国森林资源区域分布不均衡、森林结构不合理、林地生产力低、林分质量差的特点决定其必须寻找出路，通过制度性改革来提高林业发展水平，提升森林质量，以最终实现生态林业、经济林业建设的双赢。南方集体林区为我国林业改革提供了广阔空间。中国3.12亿公顷林地中有60%左右的林地权属于集体。集体林既是国家重要的生态屏障，又是农民重要的生产资料，在我国林业改革发展中具有重要地位。如何提升集体林经营发展水平，对于建设生态文明、保障林产品供给、促进农民就业增收具有重要意义。

新中国成立后，我国南方集体林区林权制度经历了以土地为核心的土地改革、初级社、高级社、人民公社、林业“三定”等多次产权变革，实现了林权统与分的多次反复，在特定历史背景下取得了一定成绩，积累了一定改革经验，特别是林业“三定”时期参照农业改革实行的家庭联产承包责任制，一定程度上激发了林农造林营林的积极性。但在计划经济体制下，林业经营管理制度与运行机制的缺陷使得改革并没有达到预期成效，社会参与林业发展的热情并没有得到迸发。随着社会主义市场经济体制改革的逐渐深入，计划时代的林业经营模式已不适应现实发展的需求，以林权制度改革为林业改革的逻辑起点，建立健全产权主体明确、权责利界限清晰的现代林业产权制度，以市场为导向，形成有效的激励约束机制，鼓励山区林农及其他社会主体参与经济林业建设，有着必要性与紧迫性。2003 年，在总结福建、江西等省林权试点改革经验的基础上，《中共中央　国务院关于加快林业发展的决定》指出，要深化林业体制改革，完善林业产权制度建设，加快推进森林、林木和林地使用权流转，标志着新中国成立后第五轮林权制度改革的开始。2008 年颁布的《关于全面推进集体林权制度改革的意见》提出，要在全国范围内推进集体林权制度改革，并提出林权改革的指导思想、战略目标、主要任务与政策措施，标志着集体林权制度改革在全国范围内展开。2016 年 7 月 29 日，国家林业局颁布《关于规范集体林权流转市场运行的意见》，进一步明确了林权流转的范围、原则、秩序、流入方条件，提出加强林权流转管理、完善流转服务、建立市场信用体系和监管服务平台等指导意见。2016 年 11 月，国务院办公厅印发《关于完善集体林权制度的意见》，提出要积极稳妥流转集体林权，建立健全对工商资本流转林权的监管制度，培育壮大规模经营主体，推进集体林业多种经营，加快林业结构调整。2018 年 5 月，国家林业和草原局颁发《关于进一步放活集体林经营权的意见》（林改发［2018］47 号），提出加快建立集体林地三权分置运行机制，积极引导林权规范有序流转，拓展集体林权权能，创新林业经营组织方式，建立完善利益联结机制，放活集体林经营权，利用好林业资源，吸引社会资本投资林业，推进适度规模经营，实现小农户与林业现代化建设有机衔接，促进生态美百姓富的有机统一、推进实施乡村振兴战略。截至 2016 年底，全国除上海和西藏以外的 29 个省（自治区、直辖市）已确权林地面积 1.83 亿公顷，累计发证面积 1.76 亿公顷，占已确权面积的 97.63%；全国集体林权流转林地 0.18 亿公顷，林权抵押贷款年末余额 1297.42 亿元。

集体林权制度改革始于山区林农自发行为，是一种由基层群众推动的诱致性制度变迁。改革实现了由林业“三定”时期的“责任承包”到“均山分林”的历史跨越，实现了还林业财产权利于民的历史性突破，极大激发了林农参与林业建设的积极性，促进了农民增收增效，保证了农村的和谐稳定，提高了森林资源质量和林地生产潜力，缓解了我国木材等林产品供求缺口，增强了森林生态效能，实现了林业建设中的生态与经济的双丰收。但这轮林改毕竟是一种全新探索，还存在诸多不足。如何协调林权制度改革后林业生态与经济、社会的矛盾，如何使林业产业化发展与高度发达的市场经济接轨，如何克服“均山分林”产生的林地细碎化带来的经营规模不经济，如何创建公平和谐的市场环境促进林权的规范化流转；等等，都是摆在“林业人”面前的重要研究课题。

福建地处我国东南沿海，气候温和、雨水充沛、土壤肥沃，具有发展林业的得天独厚的自然优势。山多林多是福建一大特色，福建80%以上土地是山地，林地权属中有90%属集体所有，是我国典型的集体林区。福建森林资源丰富，根据全国第八次森林资源清查通报，全省森林面积801.27万公顷，森林覆盖率65.95%，居全国首位。福建林改全国先行，20世纪80年代林业“三定”时期，福建省考虑到“承包到户”后林农的短视行为可能造成对森林资源的破坏，并没有跟随“政策风”，而是提倡在闽西北主要林区推行“分股不分山、分利不分林”的“三明模式”，组建林业合作股东会，通过股权分置形式分配林业经营收益。这种林业股份合作经营模式在当时是一种制度性创举，对保护森林资源、提高林农经营兴趣、发展林业生产力具有积极作用，也成为集体林区其他兄弟省份借鉴的对象，在我国集体林业发展史上留下了辉煌的一刻。但由于“三明模式”并没有从根本上改变林业产权主体虚置问题，林农的财产权与收益权并不能得到有效保障，需要进一步探索林业发展瓶颈的根本所在，需要从体制和机制上对集体林业进行一次更全面、更彻底的改革。1994年，福建南平市率先开展林木产权明晰化工作，并取得大量积极实践经验；1998年，南平市颁布的《关于南平林业体制改革的意见》进一步提出要扩大林业体制改革范畴，把林地使用权与林木所有权作为主要改革对象；1998年，福建三明市永安洪田村在没有任何政策指引下在集体内部开始了以明晰所有权为核心的林权改革，成为我国这次林改的“模范标兵”，被誉为林业上的“小岗村”。随着各地改革试点的不断推进，福建于2001年在主要林区开展以“明晰产权、分类经营、落实承包、保障权益”的集体林经营体制改革。2002年，在时任省长习近平同志的推动下，福建在全国率先开展了以“明晰产权、放活经营权、落实处置权、确保收益权”为主要内容的集体林权制度改革，2006年率先推进综合配套改革，有效调动了广大林农和社会各界参与林业建设的积极性，增强了林业发展活力，初步实现了“山定权、树定根、人定心”和“国家得绿，林农得利”的目标，成为全国林改的一面旗帜。继2013年、2015年福建政府两次出台深化林改文件后，2016年福建省政府办公厅又出台了《关于持续深化集体林权制度改革六条措施的通知》，推进深化集体林权制度改革继续走在全国前列。2017 年 5 月，习近平总书记对福建集体林权制度改革工作做出重要批示，充分肯定福建集体林改取得的明显成效，明确要求继续深化集体林权制度改革，更好实现生态美、百姓富的有机统一，这为深化集体林权制度改革指明了方向、提出了最新要求。2018 年 3 月，福建省人民政府办公厅颁布《关于进一步深化林业金融服务指导意见的通知书》(闽政办［2017］135 号)，提出要优化林业金融资源配置，提供全周期信贷产品，将金融服务融入林业生产发展以及林业资源的抚育、流转、交易、收储、赎买等各个环节。相对于前几次，福建这次的林权制度改革真正把林地使用权与林木所有权落实到各家各户，做到产权完全明晰，最大限度地保证了广大林农的利益，是一次更为彻底、更为全面、更为公正的改革。但林改后集体林区也面临着一系列亟须解决的问题，其中，最突出的是如何解决经营规模不经济问题。林改后，山林权具体分置到各家各户，产权明确了，但人多地少，人均林地拥有量不足的矛盾凸显了。营林业属于前期一次性投入较大、资本回收期较长的行业，对于一般林农而言，经营少量林地单位成本较高，造成经营的规模不经济，会挫伤其经营积极性，对森林资源经营造成压力。为破解单个农户经营林地破碎化带来的不经济及资金短缺问题，通过市场化机制，引进社会外部资本参与林业开发建设，促进林地使用权与林木所有权的流转是一个途径。因为通过公开市场林权的合理流转，可以促进林业资源同社会资金、技术与人才的高效结合，可以实现资源优化配置，提高资源利用效率，提升森林资源经济与生态效能。然而，在当前复杂的经济、社会、制度环境中，不同林权流转形式有哪些本质区别？福建集体林区流转情况如何？存在什么问题？面临哪些风险？林农是否愿意流转出林权？林权流转价格是否合理？如何优化价格决定机制？这些都是理论界不可回避的研究课题。

1.2 研究目的与意义

1.2.1 研究目的

本书试图借助经济学、管理学、社会学等学科相关理论作为研究的理论基础，通过实践调查收集的数据为基础素材，分析已经完成“确权发证”后的福

建集体林区在林地使用权、林木所有权等林权流转配套措施建设中的若干理论与实践问题，为林区不同经济主体交易决策及政府相关政策规制提供理论与实践借鉴。具体目的有：第一，系统分析不同林权流转方式的组织结构、表现特征及实践运作情况，为后续研究奠定理论基础。第二，在实地调研基础上分析当前福建集体林权流转的基本特征、存在障碍及其可能产生的风险，为进一步研究提供基础。第三，从经济学角度，深度剖析当前林权流转动力机制及供求不足、资源配置效率低下的深层次原因。第四，基于样本调查数据及 Logistic 模型进行林农流转林权的意愿分析，探究影响林权流转意愿的基本因素与作用方向、作用效果，为政策建议提供参考。第五，分析作为一种特殊林权流转形式的林权抵押贷款在福建省的运行情况、存在问题及评估管理与收储担保机制作用，为创新林权流转金融环境提供借鉴。第六，以林地使用权价格为研究对象，分析不同林地价格评估理论方法的适用条件，以福建南平市顺昌县为研究案例区域，运用林地期望价法分析其 2000 ~ 2018 年林地使用权流转的理论价格走势情况，并对比实践中的流转价格，探讨理论与实践价格之间的差异，提出优化交易价格形成机制的设计思路。第七，基于如前分析，提出优化福建集体林区林权流转的对策及政策建议。

1.2.2 研究意义

1.2.2.1 理论意义

南方集体林区林权制度改革是当前林业经济体制改革的重点，也是林业经济领域研究的热点。实现集体林区林权的规范化、法制化流转是克服由于林权零散化分布产生的规模经营不经济等一系列问题的有效途径。相关研究的学术论著也不少见，但对于流转中出现的新问题、新矛盾缺乏全面、系统、深入的分析。本书着眼于当前存在的实际问题，采用定性与定量结合的研究方法，结合理论分析与实证研究，规范地探讨了林权流转中存在的最根本、最核心的问题。无论是研究视觉的选择，还是研究方法的应用，都具有一定的理论意义与学术示范价值。

1.2.2.2 现实意义

规范的林权流转市场化运行机制对于克服“均山均林”配置资源导致的林地经营破碎化问题，实现林业资源的高效配置意义重大，从某种意义上说，是保证南方集体林区林权制度改革的制度绩效，体现制度改革优越性的重要手段。林权流转在福建集体林区早而有之，但在当前特殊的政策背景与发展环境下，传统的经验做法已不适应现实的需求。研究福建集体林区林权流转中的基本特征、流转意愿、流转价格、流转市场等关键问题，对于林农及买方的行为决策提供有价值的参考作用，对各级政府主管部门的政策制定提供科学的理论依据。同时，基于福建集体林区的研究还可以为其他林区，特别是集体林区其他省情、林情相仿的区域提供借鉴。总之，本书很有现实意义。

1.3 国内外研究综述

1.3.1 农地流转相关研究

林业属于大农业范畴。由福建率先开始的集体林权制度改革是始于安徽小岗村的第一次农村土地改革的延续，也是新一轮农村土地变革的开始与重要组成部分。因此基于林地流转的研究离不开农业上农用地流转方面相关研究的学习与借鉴。

1.3.1.1 农地流转含义与驱动力研究

从农地流转概念的含义上，不同学者有不同的理解，有的学者认为，土地流转是土地所有权和使用权在不同市场主体间的流动与转化，所有权和使用权是土地流转的权利内容（吴绍安，1997；杨学荣、曾启，1994；孔祥智，2013；胡新艳、罗必良，2017）。有的学者认为，农村集体土地的流动不仅包括农用土地之间的内部流动，也包括农业土地与非农用土地之间的双向流动（秦海荣，1995；吴晗，1996；罗玉辉，2016）。也有学者认为，土地使用权流转是除土地所有权以外的其他土地权利的流动与转移，土地拍卖、土地承包、土地入股等形式都应该列入土地流转之列（盖国强，2001；田传浩，2013）。张红宇（2005）关于农地流转的定义是被理论学术界普遍认可的，他认为农地流转是指农地承包经营权的流转，其内在含义是指拥有农地承包经营权的农户转让使用权，保留承包经营权的过程。张红宇（2005）还特别强调，农地调整并不等于农地流转。

关于土地流转形成驱动力研究，张红宇（2001，2005）认为，由于当前农产品市场供求关系的重大变化形成农产品经营收入差，比较效益低，导致大量的原来以农业耕作为主的劳动力向沿海发达城市转移，大量农地的抛荒促成农民之间自发的交易行为，推动农村土地使用权的流转，而对于经营规模农地产生超额利润的追求促使很多个体工商业主、中农大户与专业化企业参与农地流转。应风其、张忠根（2012）认为，农业比较效益低下、农村劳动力剩余等内部因素与城市较高的经济收入、城市文明的诱惑力等外部动力共同促进大量的农村劳动力往城市转移，形成农村土地流转的共同驱动力。日本的速水佑次郎在《农业经济论》一书中分析农地大规模流转的条件时也认为，理论上借地资本家类型的农业经营的充要条件是经营面积较大的农户的农业剩余价值大于小面积经营的农户的农业净收入，否则，租地经营不会发生（速水佑次郎、神门善久，2003；张璟，2016）。总之，单家独户小规模耕作土地比较效益的低下促使劳动力大量外出而推动农村土地流转市场的形成的观点得到业界专家的一致共识（陈锡文，2002；张仁寿，2001；张红宇，2001；罗必良，2016；李昊，2017）。

1.3.1.2 农地流转现状的研究

从国外在该方面的研究情况看，研究区域主要集中在苏联、中东欧等国家，如 Wegren（2003）研究了俄罗斯 20 世纪 90 年代农地私有化以来农地交易市场发展问题后认为，实行土地私有化以来，俄罗斯的流转市场获得空前发展，农地流转活动空前活跃。Joshua（2004）对斯洛伐克实行土地私有化后的农地流转市场研究发现，由于受政府对土地市场的行政干预等因素影响，该国的土地流转市场并不十分活跃，有效的土地流转市场还未形成。Vikas Rawal（2001）以印度南部两个村庄 Aurepalle 和 Dokur 为样本研究了印度自独立以来的土地改革后农地市场流转状况。结果显示，1995 年私人拥有的农地在 1997 ~ 1999 年平均被买卖比例约为 1.7%，而同期其他区域被买卖农地仅占 1.23%，总体而言，印度农用地流转并不活跃。也有部分学者专门对流转中农地租赁市场问题进行研究认为，大多数发展中国家受到自身发展水平及政府政策等方面的束缚，还没有形成一个非常完善的金融与保险市场及社会化保障体系，大规模的林地市场化流转还未形成，而土地租赁被认为是流转中最普遍、最有效的土地资源配置方式（Basu Arnab K.，2002；Feder et al.，1998；Binwanger and Rosenzweing，1986；Dongxiao Yuan，1996）。

国内研究方面，姚洋（1999）对浙江等 8 省份农地流转情况调查研究结果显示，这些省份所有农地中参与流转的仅占 3% ~4%，流转最高的浙江也仅有 7% ~8%。张业相（2002）归纳了农用地流转五种基本形式和四种运行模式，认为操作管理不规范、思想认识不适应、制度建设滞后和经济环境不协调是当前农用地流转中存在的主要问题。黄枫（2016）等研究发现，非农就业对土地流转的影响还取决于转移劳动力的性别结构。此外，实证研究上，其他学者在区域土地流转情况调查（张红宇，2002；俞海，2003；杨德才，2002；杨丹，2012；溜凌韵，2017）与行为主体流转意愿研究（廖洪东，2002；钱文荣，2004；刘克春、林坚，2005；陈昱，2011；李昊，2017；范乔希，2017）两个方向也取得了不错的研究成果，对我国农村集体农用地流转方面的研究具有较大的学术借鉴价值。

1.3.2 林权流转相关研究

1.3.2.1 林权流转市场的研究

国内关于林权流转问题方面的研究范畴比较宽泛，很多人基于区域实况调研发现，总体而言，我国集体林区林权流转市场呈现趋势加快、规模增大、形式多样化、主体多元化的流转特点，但由于存在交易对象产权不明确、权责利界定不清晰、交易过程缺乏法律与制度保障、交易信息不流畅等一系列问题，使得林权市场流转行为表现出很大的盲目性、自发性，同时提高了各方的交易成本，严重影响林权流转市场的规范运作与健康持续发展，政府应该在规范流转行为上发挥重要作用，要建立健全经济组织，明确产权主体，做好配套改革，为完善林权流转机制搭建良好政策平台（王润章，2004；伍士林、陶宝山、陈秀媚，2005；曾华峰、聂影，2008；周新玲，2005；徐秀英、石道金、陆禽雯，2013；杨丽颖、谢屹，2017）。基于林权流转中的微观主体——农户意愿及心态的调查研究方面，徐秀英（2004）对浙江某农村249户农户关于责任山流转意愿的调查发现，仅有18.5%的农户表示愿意转让林地使用权，而高达81.5%的农户表示土地是最后的生活保障或是留给子孙后代的财产而不愿流转出去。李娅（2007）选择江西的3个村庄作为调查样本，发现农户对林权流转的意愿与其林权制度改革的历史背景、农户对森林资源的依赖程度以及农户自身的思想观念等是息息相关的。谢屹、李小勇、温亚利（2014）基于计划行为理论，从行为态度、主观规范、控制认知三方面构建农户林权流转意愿影响因素的理论分析框架，运用分层随机抽样调查四省666个农户样本数据，分析农户林地转入、转出影响因素。冉陆荣、吕杰（2011）基于辽宁409户农户调查数据，用二分类Logistic模型分析农户林地经营权流转意愿。袁茜露（2017）根据广东、安徽、甘肃和河南的农户调查数据，基于计划行为理论，利用Logistic模型分析农户林权流转意愿的影响因素。

由于欧美等经济发达国家的私人林主拥有林地完整意义上的所有权与使用

权，与我国林地产权制度的不完备、林地产权不清晰形成较大反差，因而国外学者对林权流转的研究基本不涉及林地产权问题，而主要集中在影响林地用途产生转变的相关因素，如 Alig 和 Ralph（1986）对美国东南部三种典型的私有林的研究表明，人口和收入两个主要因素对林地的用途转变起决定性作用。Darla K. Munroe（2003）对印第安纳州在市场化过程中林地逐渐减少原因的分析表明，林地转化为城市用地的程度取决于城市住宅地的价值和工业聚集度，而不是人口密度。Willam F. Hyde（2001）从营林收益与成本角度研究林地转变因素认为，如果营林的收益大于总成本，则私有林、公有林和未被开发利用的林地将发生转变。

1.3.2.2 林地市场及其价格分类

市场营销学的定义：市场是指具有特定的需要和欲望，而且愿意并能够通过交换来满足这种需要或欲望的全部潜在顾客。林地市场是以林地为交易对象，各种利益主体共同参与而形成的市场。部分林业经济界学者进行林地市场及其资源价格研究认为，我国的林地市场基本可分为两种市场，即林地所有权市场与林地使用权市场，而林地使用权市场又可细分为国家或集体向林地使用者有偿转让林地使用权所形成的林地使用权一级市场以及林地使用者或经营者再转移林地使用权形成的二级市场（黄和亮，1998；程云行，2004；张建国；1995）。林地资源价格体系上，黄和亮、张建国（2005）认为，按林业分类经营指导思想，我国林地资源价格可分为提供地租资本化的商品性林地资源价格与输出效益货币化的公益性林地资源价格；从林地产权转让的内涵、林地分类利用及林地市场管理的需要方面，林地市场价格体系可细分为林地产权价格体系、林地资源价格体系与林地管理价格体系。程云行（2004）认为，与林地市场划分相对应，我国林地资源价格可分为林地所有者市场价格、林地使用权一级市场价格与林地使用权二级市场价格，并认为目前我国林地市场价格存在征地补偿低、竞争性定价比重少、林地定价机制不健全、交易双方存在严重的信息不对称等问题，亟须加强林地价格管理，建立健全林地市场价格管理体系。黄健生等（2011）认为，马克思的地租理论、马尔萨斯的土地供求理论都可用在林地上面，林地的价格不仅仅受到供给和需求的影响，还会受到诸如地形地貌、交通条件、经营方式、林产品的市场价格等很多方面因素的影响。

1.3.2.3 林权价值及资产评估

林木价格，简称林价，是一个经济范畴，17 世纪中叶一些林学家、经济学家就主张建立林价制度，并提出一些林价测算模型（高岚、王富炜、利道和，2006）。19 世纪中叶，Faustmann 发表的题为 *On the Determainntion of the Value Which Forest Land and Immature Stands Possess for Forestry* 的文章是林价理论形成的标志。用材林林价计算方法很多，但常见的主要有正算法、逆算法及林木期望价法（高岚、王富炜、利道和，2006；邱俊齐，2007）。

学术界对林地价格形成的理论探讨较多，主要理论依据有马克思地租地价理论、供求均衡理论、效用理论、林地稀缺论等（张颖，1996；甄学宁，1995，1999；李玉敏，2012；黄维华，2016）。类似于其他资源资产的评估方法，市价法、收益法与成本法是林地价值评估基本方法（陈平留，1996；陈平留、刘健，2004；罗江滨、陈平留、陈新兴，2004；钟魁勋，2012；吴国欣，2015；游建国，2015）。此外，市场替代法、市场假象法、间接计价法等拓展方法也是林地评估中常用方法，影子价格法、机会成本法等也是可用方法（单胜道、尤建新，2002；华伟平，2014；曾程，2015）。不同的评估方法有其不同的理论依据、表达意义及适合操作对象。崔平（1996）通过对不同评估方法的理论分析与比较发现：收益法中的地租资本化法是最根本的方法，市价法的探讨奠定地租资本化法的基础，林地费用价法需知林地前期价值，等于没有给出地价计算方法，但它可以说明地价的变化。刘健（2004）在借鉴林地期望价和地租资本化法的基础上，充分考虑林地资源的林学质量和林地经济质量，提出更实用的林地期望价修正法。甄学宁（1995）认为，林地价格不是林地本身的价格，而是地租资本化的表现形式，并以马克思主要地租理论为指导提出用地租资本化法确定林地地租价格。张文龙（2011）从资产经营角度出发探讨林地价值量化的不同方法，认为机会成本模型和道格拉斯模型适合于强流动性林地价值估算，贴现法适合于弱流动性林地价值估算。

一些学者通过对实际案例数据的收集，运用各自适合的方法进行林权价值估算，如刘健（2006）以福建北部为研究对象，收集大量小班调查数据与相关技术经济指标，运用林地期望价法计算不同小班的地租，认为闽北用材林林地的标准地租要基于平均地租上浮 30%，并在充分考虑林地质量、地区和物价的变异基础上构建多指标系数构成的林地资产动态评估模型。上海同济大学经济管理学院单胜道教授不仅对农地价值评估有较深的研究（单胜道、尤建新，1999；单胜道，2002；单胜道、俞劲炎，1999；单胜道、尤建新，2002；单胜道，2003），并发表多篇关于林地资产评估的论文，丰富了我国林地资产评估的理论与实际运用，如结合实例对收益还原法在林地评估中的应用做出客观评价；以温州白云林场为案例，分析了林地评估定价、市场比较法适用、林地纯收益负值等林地资产评估中的关键问题；以温州茶山森林公园经济林地为案例进行林地定级估价研究。

林地价值评估研究不仅局限于用材林林地，也有部分专家把研究视觉放在公益林地与林地的公益性上，如蔡细平（2004）以生态公益林林地为研究对象，基于机会成本理论、抽样与判别分析理论、收益还原理论等相关理论基础，建立了一套实用的生态公益林林地资源价值评估模型，并利用固定样地资源调查数据进行模型精度验证。单胜道（2002）认为，林地具有明显的正外部效应，存在的普遍性、完全收益权实现的困难性与消费的非排他性是林地正外部效应的表现特点，探讨了林地外部性补偿的法律依据，并以温州茶山公园为例进行外部效应评估及补偿研究。李玉敏（2018）根据林地资产交易实践需求，在重庆市涪陵区森林资源二类调查的 ArcGis 工程基础上，构建源发性评估模型和拓广性评估模型，进行集成式二次开发，研制了林地资产评估软件，实现了任意经营小班集合的森林资产评估的可视化。

1.3.3　现有研究评述

南方集体林区林权制度改革是我国农村家庭联产承包责任制的拓展与深化，是加强社会主义新农村建设，促进农村经济发展与社会稳定的又一伟大壮举。但林改在我国林业发展史上是一次大胆尝试，还没有成功的范例或版本可以借鉴，也确实存在很多问题与缺陷需要去解决。关于林权制度改革的内容成为近年我国各界专家学者研究的热点，也确实取得了不错的研究进展，但总体而言还不够系统、不够全面、不够深入。关于林权流转问题的研究，笔者认为还存在以下不足，需要进一步探讨：

（1）实用性：前人关于林权流转的研究更多地停留在理论层面，基本是在一般现状表述基础上的问题分析、对策建议的写作模板，基于实证调查数据分析的研究的文献较少。这种缺乏实际调查支撑的理论分析说服力不够、实用性较差。甚至有的作者是照搬别人的问题，不加详细辨析。

（2）深刻性：很多研究仅停留在较简单、较表面的定性描述上，缺乏对存在问题内在本质的深度挖掘，也缺乏对相关问题逻辑关系的客观判断与问题存在机理的深刻认识，造成问题研究角度的偏颇与深度欠缺，使得研究结果差强人意。比如，很多人也提到当前林权流转市场供给是不足的，但并没有深度去挖掘、发现造成供给不足的深层次原因。

（3）全面性：林权流转这个课题涉及的面相当广，有大量的问题需要去研究、去探讨。但文献搜寻发现，大部分研究焦点积聚在流转现状评述、流转制度建设、流转市场理论结构等层面，对于不同流转方式的表现形式及优缺点、流转的运行机理、流转价格、林业产权交易市场建设绩效等方面的研究基本是空白。

（4）实时性：林权流转市场从其雏形的形成并逐步过渡到规范、有序形态是一个不断成熟的实时动态过程，其历史行程中出现的问题也表现出极大的特征差异，这就需要用动态的眼光去跟踪、审视与研究。而现阶段对于该问题的研究明显比较滞后，缺乏时效性。

1.3.4 研究视觉确定

基于前人的研究成果及不足，本书在福建集体林权改革进入以配套措施建设为重点的宏观背景下，对林权流转形式、流转特征、流转问题、流转意愿、流转价格等方面进行了深入研究。

（1）林权流转的基本形式。系统介绍林权转让、租赁、入股、互换、抵押等不同林权流转形式的基本内涵、操作特征及其在福建集体林区实施概况。

（2）林权流转现状及问题分析。结合调查数据，分析福建集体林区当前林权流转的基本情况、存在问题及可能产生的经济、社会与生态风险，进一步深化人们对当前林权流转特点、流转障碍等问题的认识，为后续的理论与实证研究奠定基础。

（3）林权流转问题的经济学分析。利用驱动力原理分析林权流转的基本动力机制；运用供求理论、交易费用理论、信息不对称理论探讨当前集体林权弱市场化流转的根本原因；进一步剖析外在流转特征的内在根源。

（4）林权流转意愿分析。个体林农是否愿意参与林权的转入与转出，直接关系到林权市场化流转。本书采用二元结构 Logistic 模型，分析影响林农林权流转的相关因素，确定影响其行为决策的关键因素，对于促进林业资源合理流转意义显著。

（5）林权抵押，作为一种特殊的流转方式，在促进集体林权制度改革深化的同时也存在一系列的运行障碍。而破除抵押障碍的关键在于规范资产的评估管理，建立多位一体的抵押资产风险防范机制。本书重点关注抵押资产评估管理及林权收储担保作用。

（6）林权流转收益分析。理论上，对林权价值评价的方法虽多，但不同方法有其不同的适用范围，评价方法选择合理与否直接关系到林权理论价值结果的可信性。先前的流转中，林权价格过低导致林农效益损失，这一点是学界公认的。对林权理论与实际交易价格差异化的研究构成本书研究的重点。同时，在分析其价格差异及定价机制缺陷的基础上，提出优化林权交易价格形成的机制设计路径。

（7）结合如上研究成果，提出促进福建集体林区林权规范、有序、健康发展的策略建议。

1.4　研究方法与技术路线

1.4.1　研究方法

1.4.1.1　文献检索与实地调查结合

文献检索是本书的前提与基本。从思路的形成、立题框架的确定到写作过程都建立在大量的文献检索基础上。林权制度改革是当前研究热点，大量的相关研究文献充斥在文献检索数据库，对本书研究视觉的选择与研究内容的确定都建立在文献检索基础上的问题提炼。调研也是本书最终成稿的重要支撑。本书的写作过程需要大量的实地案例与数据的支撑。笔者通过实地调查、电话访谈、问卷咨询等方式约谈林农、林业部门领导及其他相关人士，获取相关研究数据，达到研究所需的数据支持。

1.4.1.2　定性分析与定量分析结合

定性分析倾向于采用实地调查、现有文字资料收集、物质特征观察等方式通过自我的主观判断对事物的是非曲直做出分析评判，而定量分析更趋于在可测度数据基础上运用调查统计或实验的方式进行研究。随着统计学、计量数学等学科的发展，定量分析在社会科学领域的运用不断拓展、丰富，成为社会科学研究结果精确化、科学化的重要动力。定性分析与定量分析相结合的方法在本书中得到广泛应用，如在定性分析林权流转价格理论基础上采用定量分析方法测算林地使用权理论价格；在定性问卷调查基础上进行林权流转意愿的定量分析；等等。

1.4.1.3 静态分析与动态分析结合

林权交易是一个不同利益主体间进行动态博弈的过程，但在这个过程中又有若干因素是相对稳定的。因此，静态分析与动态分析相结合的方法在本书中得到充分体现，如对林农林权转出意愿的分析基本是静态的，对林权流转趋势变化分析就是动态的；对不同林权流转方式的评述是静态的，对林权流转机制优化的研究就是动态的，等等。通过动态分析与静态分析结合的方法，丰富了文章分析手段，也更能揭示林权流转中不同行为的运作机理。

1.4.1.4 微观分析与宏观分析相结合

林农，作为林权流转中最主要的参与者，是不可或缺的研究对象。当然，还有林业企业、木材商人、集体经济组织等构成了研究中的微观主体。国家的产业政策、法律条文等又从宏观层面对流转市场不同利益主体的行为决策、市场行为准则等层面产生重大影响。通过对福建集体林区林权流转中宏观、微观两个层面的分析，深度讨论林权价格、市场环境等核心问题，肯定了流转市场中某些积极现象与行为，揭示了当前流转市场的某些运行缺陷，对流转主体的行为决策与政策以及产业政策的制定提供依据。

1.4.1.5 系统分析与案例分析相结合

林权流转本身是一项复杂的系统工程，涉及各个不同主体、不同层面与不同环节。本书基于系统分析原理探寻不同层面之间的逻辑关系，分析它们之间的联系与区别，作为研究的基本理论支撑。当然，理论分析要有实践的案例加以说明，以达到事半功倍的效果。本书通过案例形式，以福建顺昌、邵武、延平、沙县等地为对象，研究它们开展林权流转意愿及林地使用权流转价格的情况。

1.4.2 技术路线

本书借助于社会学、经济学、林学等多学科理论知识，综合运用定性与定量结合、静态与动态结合等多种研究方法，以福建集体林区的林权流转方式、运行机制、特征与障碍等命题为研究对象，总体上形成如图 1－1 所示的研究技术路线。

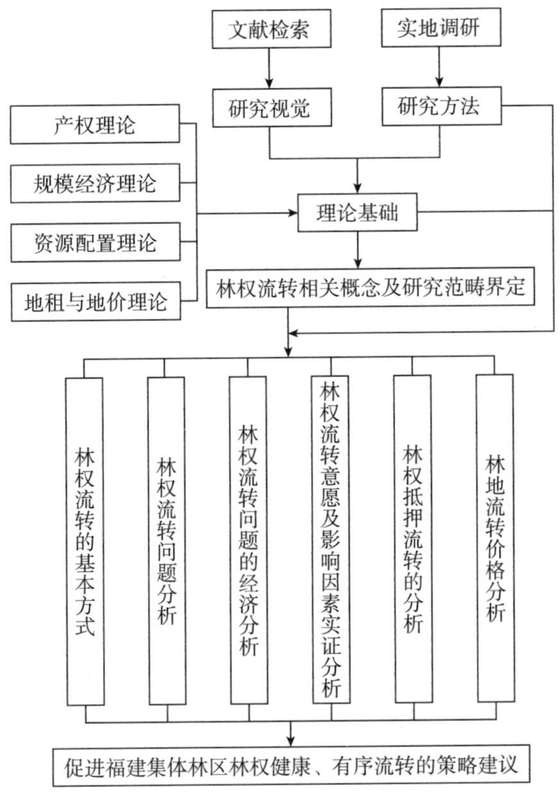

图1-1　研究技术路线

1.5　研究内容安排

本书以福建集体林区林权流转的具体表现形式、流转中出现的新特征与新问题及流转意愿、流转价格、林业产权交易市场、特殊流转形式等为主要研究对象，基于如上的研究目的、研究方法与技术路线确定研究内容，具体安排如下：

第1章是绪论。包括研究背景、研究目的、研究意义、国内外相关研究概况及评述、研究方法、研究技术路线、研究内容安排等。

第2章是研究基础。包括研究涉及的相关概念与范畴的界定；介绍产权理论、规模经济理论、制度变迁理论、地租与地价理论等与本研究密切相关的理论知识，为本书奠定理论基础。

第3章是林权流转的基本方式。林权流转形式探讨主要针对当前福建集体林区常见的转让、租赁、入股、互换、抵押等林权流转形式的概念、含义、表现特征及优缺点进行探讨。

第4章是林权流转问题分析。在实地调研基础上分析后林改时代林权流转表现出来的新特征、新内涵；分析当前市场性因素与制度性缺陷造成的林权流转障碍问题并提出其可能产生的风险。

第5章是林权流转问题的经济学分析。借用驱动力理论、供求理论、交易费用理论、信息不对称理论分析集体林权流转的驱动力及弱市场化表现的原因。

第6章是林权流转意愿及影响因素实证分析。建立流转意愿理论分析框架，采用二元结构 Logistic 模型，选择适当变量分析影响林农转入、转出林权的相关因素。

第7章是林权抵押流转的分析。把林权抵押纳入流转领域进行分析，有一定理论依据。书中分析当前福建集体林区林权抵押贷款业务实施存在的问题，提出相应的解决对策，并讨论抵押资产评估管理及林权收储制度建设的相关问题。

第8章是林地流转价格分析。在探讨林权价格评估理论依据及适用方法基础上，通过实际案例分析林权流转理论价格动态变化趋势及其与实际流转价格的差异性，并提出优化交易价格机制形成的设计思路。该部分研究也是本书的创新性之一。

第9章是研究结论与策略建议。总结归纳前面的研究结论，对当前存在的主要问题提出改进策略建议，阐述本书研究不足与需要进一步研究的方向。

1.6 创新之处

第一，研究内容上的创新表现在：①采用供求理论、交易费用理论、信息学理论等相关经济模型解释当前林权流转的弱市场化问题，进一步加深学界对林权流转障碍的认识；②采用实证计量模式论证林农对林权资产的流转意愿，更具有解释力、说服力；③采用案例分析法论证近20年时间跨度内林地使用权流转理论价格，并结合流转中实际价格进行差异化分析，进一步揭示当前流转价格的不合理是遏制林权流转行为发生的主要因素；④把林权抵押贷款纳入林权流转分析框架，具有一定的创新、突破；⑤通过对当前林权流转中交易价格形成机制存在问题的分析，提出优化设计新思路、新见解，具有较强实践参考意义。

第二，研究视觉上，选择南方集体林区林权制度改革后主要配套措施——林权流转为研究对象，选择从林权流转形式、流转问题、流转价格、流转意愿等角度分析问题，研究视角较有新意。

第三，研究方法上，本书运用交易费用理论、信息不对称理论、供求理论等经济学理论分析林权流转问题，采用二元结构 Logistic 模型分析流转意愿，采用期望价法计量林地理论价格，等等。这些可为相关研究提供借鉴。

第2章　研究基础

2.1　相关概念与研究范畴界定

2.1.1　相关概念界定

2.1.1.1　林权

产权是经济所有制关系的法律实现形式。产权理论的研究受到世界各国的关注，从而得到迅猛发展，并形成多种产权学派，但对于产权的概念及其内涵目前还未形成统一的认识，有的学者认为，产权是一种对经济物品进行选择使用的权利，而这种权利是通过社会强制手段得以实现的（Robert Cooter，1992；Alchain，1972）。有的学者认为，物的存在及对其使用是产权的基础。由于对物的使用过程引起人与人的彼此关系，形成产权。每个人对物的行为规范要受到产权的制约。产权关系决定了每个人必须遵守彼此间的关系，一旦违反规则约定就要付出代价（Furbotn，Pejovic，1972）。有的学者认为，产权不仅只有所有权与使用权，还包括其他一些权利，如转让权利、管理权利、剩余索取的权利、承担债务的权利等（徐秀英，2005）。有的学者认为，产权是一种能帮助其拥有主体实现在与他人交易时产生合理预期的社会工具，产权具有的属性能引导人们实现内在性的激励（Demsets H.，1985）。基于前人从不同角度、不同层面对产权内涵及外延的解读，笔者认为，产权是一组受到法律法规、合同契约、社会伦理道德等强制规范的，以物质（包括有形物质及无形物质）为基础的，体现社会活动中人与人之间关系的权利集，权利集包括所有权、使用权、收益权、处置权等基本权能。产权主体、产权客体、产权权利是构成产权的三个基本要素。

林权是森林财产的权利，是林业制度的核心。“林权”这个词汇在学术研究中出现的频率极高，特别是在南方集体林权制度改革的大背景下。但对于“林权”的定义，目前学术界是众说纷纭，莫衷一是。陈根长（2002）认为，林权是人们对森林资产的权利，从纵向分析，它包括林业资产所有权及其派生的使用权（经营权）、收益权和处置权；从横向分析，它包括森林、林木的采伐利用权，林上、林中、林下资源的采集利用权，森林景观的开发利用权、补偿权、收益权、流转权、担保权和品种权，等等。张敏新（2008）认为，林权根据资源的特点可分为林地产权、林木产权和环境资源产权 3 个层次。从权利束角度理解，森林产权可分解为多种权利并呈现出结构状态，它包括所有权、使用权、收益权、转让权等。李爱平（2008）从经济学、法律条款、法学理论 3 个层面探讨林权的定义，认为根据产权经济学原理，林权应有可交换性、排他性等基本属性。从《中华人民共和国森林法》《林地和林木权属登记管理办法》等法律条款看，林权是指林木、林地权属的简称，是权利主体依法享有的对森林、林木和林地的所有权和使用权。按《法学大词典》的解释，“林权”是对森林、林木、林地的占有、使用和处分的权利，并认为林权是国家、集体、私人对林地、林木和森林依法享有的所有和使用权利。徐秀英（2005）认为，林权是以森林、林木与林地为物质对象的，是指对这些物质所行使的所有权、使用权、处置权等权利。根据权利、责任、义务对等原则，林权主体对林地、林木等物质对象不仅有所有权、处置权、分配权等权限的行使权利，还具有相应的责任与义务。陈远树（2005）以构成林权的三要素——林权主体、林权客体、林权内容为基点，认为林权权利应该定位为林权主体即自然人、法人、集体组织等对森林、林地与林木合法具有的所有权、使用权、处置权、收益权等权益，细分为林地所有权、林地使用权、林地承包经营权、林木所有权、林木使用权以及森林景观开发权等。刘宏明（2016）认为，林权是法人主体或其他组织依法享有的对林地、林木、林内动植物、微生物、森林生态环境等森林资源的占有、处置、收益的权利。

笔者认为，所有权是所有人依法对其权利客体所享有的占有、使用、收益、处分的权利，林木、林地、森林的所有权中包含着权利主体对林木、林地、森林等权利客体行使占有、使用、收益、处分的权利；相对于所有权而言，林木、林地、森林的使用权拥有者不具有完全的处分权能，仅是使用权人对林木、林地、森林享有的占有、使用、收益的权利。而林木、林地、森林的占有权、处置权、处分权、承包权等是所有权或使用权的派生权限，隶属于二级衍生权限。因而，林权是指权利主体依法对权利客体享有的所有权或使用权。

2.1.1.2 林权要素

要素是指事物必须具有的实质或本质的组成部分。林权要素包括作为权利施动者的林权主体、权利指向对象的林权客体及主体之间的行为基础内容。

（1）主体：林权主体即为林权权利的合法拥有者。相对于林权客体而言，林权主体是能动的，是权利职能的归属者与担当者；对非权利主体而言，林权主体具有法律赋予的排他性职能权利（刘春雷，1995；徐秀英，2005）。作为法律规定的林权权利享有者的林权主体对象必须明确，否则会形成产权纠纷或产权虚置，不利于林权改革的顺利推进及林业产业市场化经营的实施。

从以上对林权的定义看，林权主体包括所有权主体与使用权主体，即所有者与使用者；从林木、森林对于林地的依附性看，没有林地的所有权或使用权就谈不上林权主体，拥有林地所有权或使用权是成为林权主体的必备条件。在林权制度改革实践中，集体林区农户通过获得林地使用权后才有林木及其他林地资源的占有权、收益权、处置权，成为林权主体。因此，从这个层面认为林权主体即是林地所有权人及林地使用权人（吕祥熙、沈文星，2010）。

再把林权主体细化到微观对象，我国的诸多法律法规提供了信息。如 1986 年颁行《中华人民共和国民法通则》第八十一条第三款规定："公民、集体依法对集体所有的或者国家所有由集体使用的森林、山岭、草原、荒地、滩涂、水面的承包经营权，受法律保护。承包双方的权利和义务，依照法律由承包合同规定。"第七十五条规定："公民个人财产，包括公民的合法收入、房屋、储蓄、生活用品、文物、图书资料、林木、牲畜和法律允许公民所有的生产资料以及其他合法财产。"这里确认的林权主体为"公民""个人""集体"和"国家"。根据 1998 年修正的《中华人民共和国森林法》第三条第二款内容，确定"国家""集体"和"个人"是林权主体；解读 2003 年实施的《中华人民共和国农村土地承包法》第三条、第五条、第十五条，认为"农户""家庭""农村集体经济组织成员"都是林权的主体。《福建省林地管理办法》第七条规定：国有林地和农民集体所有的林地，可以依法确定给单位或个人使用。这里的林权主体是"国家""集体""单位"和"个人"。通过以上关于林权主体的文件解读发现不同法律法规中存在矛盾、不统一的现象。对于如何统一、规范林权主体的认定称呼，刘宏明（2004）、李爱平（2008）通过充分的论证认为，我国林权主体的对象应该明确为“国家、集体、自然人、法人或其他组织”，笔者认为，这种认定是比较客观、科学的，值得借鉴。

我们再根据不同的林权客体类型确定其具体的林权主体。林权客体包括森林、林地与林木（其划分依据下节有详尽描述）。《中华人民共和国宪法》第六条规定：中华人民共和国的社会主义经济制度的基础是生产资料的社会主义公有制，即全民所有制和劳动群众集体所有制。第九条规定：矿藏、水流、森林、山岭、草原、荒地、滩涂等自然资源，都属于国家所有，即全民所有；由法律规定属于集体所有的森林和山岭、草原、荒地、滩涂除外。可见，在我国社会主义公有制基本经济制度下，属于林权客体的森林及林地只能属于国家或集体所有（国家所有制或集体所有制），而国家不可能直接作为经营管理的主体，其通过一定的方式将经营管理权限下放给具体单位或个人（如国有林场、国有森工企业及其职工等）。在集体林区，通过实行以家庭联产承包责任制为主的林权制度改革后，绝大部分所有权属（属于集体的森林、林地的使用权限）也落实到单位或个人。因而，结合李爱平（2008）的林权主体分类，可知：①森林、林地所有权主体是国家、集体；②森林、林地使用权主体是国家、集体、自然人、法人或其他组织；③林木所有权和使用权主体是国家、集体、自然人、法人或其他组织。

（2）客体。任何一项权利都要指向一定的对象即客体。如果没有客体，财产权利就失去其存在的基础，林权也不例外（刘宏明，2004；徐秀英，2005；李爱平，2008）。学术界对林权客体的普遍共识是：林权客体包括森林、林地和林木三大要素。其主要依据是相关林业法律法规，如《森林法》第三条第三款规定：“森林、林木、林地的所有者和使用者的合法权益，受法律保护，任何单位和个人不得侵犯。”《林木和林地权属登记管理办法》第一条规定：“为了规范森林、林木和林地的所有权或者使用权（以下简称林权）登记工作，根据《森林法》及其实施条例规定，制定本办法。”其条款中的林权客体明确指向森林、林地和林木。同时，作为林权法律凭证的《中华人民共和国林权证》所登记的内容也明确显示森林、林地和林木是林权客体，为该学术观点提供了有力的物质佐证（吕祥熙，2018）。也有人认为，林权客体应该扩大它的物质范围和内涵，不仅应该包括森林、林地、林木，还应该包括野生动植物及微生物，即把森林资源作为林权的客体对象。其理由是把包括无形物质形态的森林生态环境在内的森林资源作为林权的客体，不仅赋予林权拥有者更多的收益权，也有利于提高林权人保护森林生态环境的意识及社会对森林生态环境价值的再认识。笔者认为，对林权客体的认定要建立在现有法律法规框架及社会经济形态上，要具有法理的可行性及实践的可操作性，否则一旦林权客体超出现有操作空间，使得林权主体无法真正完全意义上行驶林权权利，造成林权权利的虚置，也会造成很多矛盾与纠纷。

有观点认为，以森林资源作为林权客体，把林地内的野生动植物及微生物纳入林权客体范畴，从法理上讲是与《中华人民共和国野生动植物保护法》《中华人民共和国陆生野生动物保护实施条例》《濒危野生动植物种国际贸易公约》等法律法规的精神相抵触的，不具备可操作性。对于森林生态环境价值货币计量的研究更多还停留在理论探讨阶段，还未形成一个成熟的、操作性强的理论体系，部分关于区域生态价值评价的实际案例的研究结果也未得到学术界及社会各界的普遍认可。区域森林生态环境的复杂性、易变性加上理论体系不成熟性与计量困难性导致很难进行科学、公正的森林生态服务价值经济评估。同时，在目前我国的国情及经济发展阶段，大部分公民还未有足够的经济实力和支付意愿来偿付由于森林生态效益外溢给其带来的正面效应，还无法全面实现森林生态外部效应内部化。以至于现实生活中出现的少部分以森林景观为主的旅游景区加收部分门票作为森林资源管护、经营费用，下游企业向上游提供森林生态效益的经营主体进行生态效益金补偿的案例毕竟属于少数，还没成为社会主流，不能作为把森林生态环境纳入林权客体的事实依据。综上所述，笔者还是赞同把森林、林地和林木作为林权客体。当然，从维护林农等林权主体的利益与体现社会公平、重视生态效益与提高民众的环保意识出发，以森林资源作为林权客体有其理论层面的合理性，在社会经济、政治、文化文明发展到一定阶段也将成为一种可能。

2.1.1.3 林权内容

现代产权理论认为，产权即财产权利，是由不同具体权能组成的权利集合。根据《中华人民共和国民法通则》第七十一条：财产所有权是指所有人依法对自己的财产享有占有、使用、收益和处分的权利。使用权是有限制性的，是使用者合法享有的有条件地使用、处分、收益所有权，不属于自我的财产的权利（吴勇，2013）。林权，即林业产权，是一种复合性财产权利。根据产权理论、现有法律法规及林权定义知道林权内容包括森林、林地和林木所有权及森林、林地和林木使用权。而再分为具体权能如下：①占有权，依法占有森林、林地、林木而形成的权利。②使用权，根据森林、林地、林木的不同性质，使用权人享有依法

给予利用的权利。如拥有合法使用权的使用者对林地进行植树造林、低产林改造、森林景观植被恢复等。其使用者可以是林权所有者，也可以是非林权所有者。③收益权，林权人获得森林、林地、林木收益的权利。一般林权收益既可以以物质形态出现，如树木、干果等，也可以以货币形式出现。通常林权所有者与使用者根据原先的合同约定按比例分享林权收益。④处分权，林权人获得对森林、林地或林木进行处置的权利。如对林地进行出租、转让、折价入股等多种形式的流转，对林木流通、销售处理等。

2.1.2　研究范畴界定

依据对林权概念、主客体及内容的研究、界定，林权流转的内容应该包括森林、林地、林木的所有权与使用权。但根据《中华人民共和国宪法》等相关法律法规，集体林区的林地所有权只能归于乡、村等集体经济组织。除非为了满足公共利益需求，国家有权向集体经济组织征占林地，通过一定的货币补偿获取集体林地所有权，其他任何组织或个人无权获得集体林地所有权，即集体林地所有权是单向流动的，其唯一的流转途径是集体向国有转移。而根据土地的所有权和使用权分离原则，集体林地的使用权可以在公开市场上流转。所以，我们通常讲的林地流转即林地使用权流转。

理论上讲，《森林法》规定的五大林种都可以作为林权客体在公开市场上流转，考虑到防护林、特种用材林等生态公益林是以发挥生态效能，为人们提供生态产品为主，体现更好的是其生态效益而非经济效益。目前，生态公益林建设还是以政府公共财政投资为主，还很难形成实际的市场交易。基于此，本书把森林及林木的研究对象界定为用材林、经济林及竹林的活立木。为研究方便，如无特殊说明，下文统称为林木。

根据以上分析，林权流转的内容包括林地使用权、林木所有权及使用权。福建实行以明晰所有权为主的林业产权制度改革，实施以家庭承包为主的林地承包经营责任制。集体经济组织的内部成员以其享有的排他性的成员身份获得本组织内部林地承包经营权，从而衍生出另外一种权利——承包经营权。根据《农村土地承包法》第三十四条、《农村土地承包经营权流转管理办法》第六条等规定，这种内部成员福利性的、只需缴纳远低于市场公允价格的林地使用费的承包经营权可以在公开市场进行流转。即此，福建集体林区林权流转市场上出现了以集体经济组织为供给方的林地使用权、林木所有权与使用权一级流转市场及以林地承包经营权、林木所有权为交易对象的二级流转市场，这也构成本文林权流转的研究内容。为研究方便，以下如无特殊说明，林地使用权包括一级市场的林地使用权、二级市场的林地承包经营权。

2.2 理论基础

2.2.1 产权理论

集体林权流转是林权制度改革基础上的又一次诱致性制度变迁。流转的实质是森林、林地、林木所有权、使用权、处置权等各项权利的流动与转移。因而，研究集体林权的流转，产权理论是主要的理论基础。

产权是经济所有制关系的法律表现形式，是财产所有权、使用权、处置权、收益权、剩余索取权、分配权等一切权利的总和。产权理论丰富，不同时期的经济学家从不同层面和角度研究产权问题，但理论界一般把产权理论分为两个学派，即马克思主义产权理论与西方现代产权理论。马克思是经济史上第一个研究产权问题的学者。马克思产权理论是在考察私有所有权运动，分析资本主义私有制的产生、发展、灭亡规律基础上产生的，是以私人所有权为核心内容的（于鸿军，1996）。马克思以社会生产力发展为产权关系研究的基点，认为生产力的发展决定产权的发展，产权关系与产权制度随着生产力的变化而变化，产权只不过是生产关系在法律上的表现。马克思严格区分了所有权与所有制，认为所有制是经济事实，是经济存在，属于经济基础，而所有权属于上层建筑范畴，是由所有制决定的，是所有制的法律关系体现。同时，所有制与所有权又是紧密联系的，所有制是所有权运动的经济基础，所有制的变动决定所有权的变动（吴易风，1995）。

学者们普遍认为诺贝尔经济学奖获得者科斯是西方现代产权理论的奠基者与创始人。科斯主要从交易费用角度关注产权与经济效率的关系，其对产权理论的贡献蕴含在科斯定理中。科斯的《论社会成本问题》一书隐含一个思想：只要产权界区不清，交易成本不为零，市场机制就会由于外在性的存在而失灵。所以，经济学的任务首先是分析产权，资源配置的有效性取决于产权界区的清晰度。在科斯看来，产权清晰是实现市场交易的基础。20 世纪 60 年代以后，西方产权理论研究者对科斯思想进行不同解读：如威廉姆森认为交易成本和交易自由度决定市场资源配置效率；G. 布坎南否定帕累托资源配置准则，而强调所有权、法律制度对于制定和履行契约的重要作用；C. 舒尔茨（C. Sehultze）认为，市场机制缺陷不只是外部性，除此之外还有其他障碍破坏市场交易和资源的有效配置。德姆塞茨与阿尔钦也被认为是西方现代产权理论的重要贡献者。德姆塞茨认为，产权是使一个人或他人受益或受损的权利，产权的实质就是界定人们如何受益及如何受损，因而谁必须向谁提供补偿以使它修正人们所采取的行动的权利；产权的一个主要功能就是引导人们实现将外部性较大内在化的激励；新产权的形成是相互作用的人们对新的收益——成本的可能欲望进行调整的回应（李林，1998）。阿尔钦对产权下了比较权威的定义："产权是一种通过社会强制而实现的对某种经济物品的多种用途进行选择的权利。"（吴易风，1995）

2.2.2 规模经济理论

对于一个特定的经营主体而言，在达到一定经营规模之前，其单位产品所分担的费用随着规模的扩大而逐渐减少，使得其经营效益随着经营规模的扩大而不断增加。也就是说，在一定规模极限内，单位产品的成本下降，经营效益递增，这就是规模经济。亚当·斯密在《国富论》中关于制针场专业化劳动分工以增加经济效率的论述是规模经济理论形成的雏形，但真正的规模经济理论起源于美国，以尔弗雷德·马歇尔（Alfred Marshal1）、张伯伦（Hamberin）、罗宾逊（Joan Robinson）为代表的美国经济学家从多个角度论述了专业化的分工带来的工作效率的提高、劳动时间的节约及机器科技革命问题。

由规模经济理论内涵可以知道，不论是工农业生产还是其他任何领域，企业经营都存在着适度规模经济，即不一定经营规模越大，其经营效率越高，单位产品成本分担额度越少。任何企业经营都存在三个阶段，即规模报酬递增、规模报酬不变与规模报酬递减（许庆、尹荣梁，2010）。当一个企业或一个单位的经营规模过于小时，其不能实现企业内部的高度专业化分工，单位劳动力的生产成本与交易费用高，企业经营利润低，在激烈的市场竞争中处于不利地位，则应该扩大经营规模，获取规模经济（翟建松，2002）。当企业追求规模无限扩大时，容易产生局部的市场垄断，从宏观上看，会对整个的市场价格机制作用造成破坏及"马歇尔冲突"；从企业内部看，局部垄断减轻企业市场竞争压迫力，企业内部门繁多、组织结构复杂，造成企业内部资源配置的低效率，即"大企业病"；从交易费用理论角度看，经营规模过大会加大信息搜寻成本、谈判成本、合约监督成本等成本费用，不利于企业规模经济效益的实现（保罗·A. 萨缪尔森，1996；A. D. 钱德勒，2004）。根据西方新古典经济学派的边际效应理论，当边际收益等于边际成本时，企业经营利润最大化。这个时点的企业规模也就是所谓的适度经营规模。

规模经营理论对林权流转问题研究的启示如下：

（1）营林业适合适度规模经营。实行农村土地家庭联产承包责任制以来，这一制度改革产生的农地经营细碎化、难以适应市场化发展、经营效益低等问题逐步显现。农地规模经营问题已成为理论界研究热点，专家学者们在土地规模必要性、规模经营现状、规模经营评价标准等多领域进行深入研究，但学术界对农地是否具有规模经济性问题的争论一直没有取得一致意见。林地，有类似于一般农用地的地方，也有其特殊的性质，对于福建集体林区低山丘陵地带的林地，更有其特殊性。由于森林资源生长周期长，营造林一次性投入资金大，而回收期长，普通林农经济较为拮据，林业经营资金短缺；林区低山丘陵地貌特征使得林地分散经营管理难度大；林区道路维修、防火林带建设、森林病虫害防治等都需要多经营主体的协作配合，需要大量的经营资金。这些特点决定了林业是一个比较适合于适度规模经营的行业，这一点也基本得到行业专家、学者一致认可。

（2）林地的适度规模经营不等于过度规模经营。林业，不仅有经济效益，更具有显著的社会与生态效益。从林业企业角度看，过度追求林地经营规模，大力实行林地兼并，不仅使企业组织结构过于臃肿，企业内部经营效率下降，也会产生大量与山区林农合约签订事前事后的交易费用。从市场结构看，大型林业企业一旦在局部区域形成垄断，企业对区域内整个行业的话语权、主导权剧增，价格机制调节市场供求的作用会大为削弱，会形成局部垄断市场，既不利于林权流转市场的正常竞争，也不利于政府对产业政策的宏观调控。从林业的生态效能看，林地资源过度集中于大型林业企业手中，容易形成经营树种的单一化、同龄化，会造成生物多样性锐减、水土流失与土壤侵袭频发，对森林生态系统的自我调节作用与生态功能发挥极为不利。社会效应上，林权过度集中，会造成林农过多失山失地，加大山区贫困，造成新的社会不和谐。

2.2.3 资源配置理论

新一轮林改的基本路径全盘照抄农用地家庭联产承包责任制做法，根据家庭人口按质按量均分集体林权，形成林权“远近搭配、优劣搭配”的资源配置形式。这种分配形式在强调集体组织内部成员间公平原则的同时，造成“一山多主、一主多山”的林权凌乱分配格局，不利于资源使用效率提高，造成资源配置的无效率或低效率。而这种“公平”表象下掩盖的资源低效率配置造成的社会福利损失的结果并不是林改的最终价值取向。林改的最终目的是在保证基本公平的前提下实现资源的高效率配置，通过对有限稀缺资源的高效利用以求得最佳的利用效果，达到森林资源三大效益发挥的均衡点。因此，通过西方经济学中资源配置理论的学习与消化，对集体林权流转中资源配置问题有很大启发。

资源是一个十分宽泛的概念，不仅包括天然存在的自然资源，还包括人才资源、技术资源、财务资源、劳动力资源、信息资源等各种生产要素。资源要实行合理配置的一个主要前提是资源的稀缺性。如果资源存量犹如空气、太阳能一样取之不尽、用之不竭，就没必要去研究通过什么途径、如何去优化配置。所以说，经济学意义上的资源是指稀缺资源，说明相对于人们的现实需求而言，现有资源是有限的，是不可能取之不尽、用之不竭的。资源稀缺性使得资源优化配置的研究成为经济学上的核心问题。由于资源是稀缺的，我们才需要研究社会如何从各种可能的物品与劳务中进行选择，不同的物品如何生成和定价。谁最终消费社会所生产的物品（P. A. Sanuleson，1993）。

对资源配置效率的研究从古典经济学就开始了，但传统福利经济学对它的研究做出了巨大贡献。庇古在《福利经济学》中第一次提出边际私人净产品与边际社会净产品相等是资源最优配置的效率标准，可以通过市场自由竞争和资源自由流转来实现资源最优配置（黄和亮，2003）。意大利经济学家维弗雷多·帕雷托提出帕累托效率、帕累托标准、帕累托改进和帕累托最优等资源优化配置重要理念，对资源配置理论研究做出了巨大贡献，得到很多经济学家的推崇。帕累托最优是指资源分配的一种状态，在不使任何人情况变化的情况下，不可能再使某些人的处境变好。帕累托最优是建立在完全竞争市场、信息完全公开、交易费用为零等一系列严格假设条件下的，是一种理想状态下的市场，在现实中是不可能存在的，但它为人们判断资源配置的效率提供了评判标准。而且，随着理论发展，对帕累托最优作出进一步补充，提出“帕累托改进”概念，即如果对某种资源配置状态进行调整，使得一些人的状况达到改善，而其他人状况不至于变坏。科斯、诺斯等制度经济学家从交易成本费用与产权制度效率关系角度研究资源配置问题。科斯（1994）认为，交易费用决定权利配置效率，由于交易费用的存在，不同的权利界定和分配会带来不同效益的资源配置；如果交易成本为零，不论将初始产权赋予谁，市场均衡的最终结果都是有效率的。诺斯（1994）从制度变迁角度出发，认为一定约束机制下是否有产出的增加是衡量制度效率的依据。并不像有的经济学家说的那样，资源配置理论是西方经济学的理论，马克思在这方面并无建树。尽管《资本论》没有直接使用资源配置一词，但马克思从社会劳动必要时间概念方面解释了资源配置问题，对资源配置进行精辟的阐述，形成完整的资源配置理论（王元龙，1995）。

西方经济学资源配置理论认为，市场和政府是资源配置的两种方式。我国社会主义市场经济体制内，市场应该成为社会资源要素配置的主要手段。市场配置方式是指由市场充当资源配置的调控器。市场通过价格机制调节产品的供给与需求关系，又通过市场供求关系表现价格与价值偏离程度，彼此间互相作用，形成一个周而复始的循环流。市场配置资源的结果是资源从低效率的部门流向高效率的部门，增加部门间的经济活力。但市场这只“看不见的手”对资源配置并不是万能的，存在产品垄断、外部性、公共产品及信息不对称条件下的市场配置会造成资源分配的低效率或无效率，即所谓的市场失灵。在我国高度计划的经济时代，政府是资源配置的主要方式，大部分社会资源按照中央政府的指令性计划实行配置。政府主导型资源配置方式的优势在于政府通过强制性行政手段实现短时间内资源的高度集合，保障重点项目资源需求。但政府配置资源产生的平均主义，表面上看似公平，实际缺乏对企业、职工的激励机制，不能调动劳动者的积极性、主动性与创造性，社会就没有优胜劣汰，就没有创新力与竞争力。政府配置资源还可能存在职能定位不清、权利越界、权力寻租等现象，造成“政府失误”。

西方经济学资源配置理论对集体林权资源配置的启示：

（1）林权流转必将成为林改的重要组成部分。当前“均人均权”的林权分配制度导致林权的分散化经营，对各家各户而言增加造林抚育、林道修建、森林灾害防治方面的成本开支，加大社会总成本负担。同时，林农经营水平、经营技术、经营市场要素投入等方面的不足造成林分质量低下，单位面积产出低，相对于适当规模的专业化公司经营的低成本与高产出，这些都意味着效率的损失，也就意味着山权均分到户的资源配置方式是低效率的。根据资源配置理论，属于稀缺资源的林地、林木也要遵循资源最优配置理论模型，要实现林权资源的合理流动，促使资源从低效率的经营业主往高效率主体转移。

（2）林权资源流转要以市场机制为主导，以政府为辅助。林权流转中，要尽量发挥市场机制优势，扩大市场机制范围，通过市场的价格机制、供求机制、竞争机制来优化森林资源配置。即在发展具有公共品性质的“生态”林业的同时，也要注重研究把它分解为私有品和社会产品，最大限度利用市场机制来调动私人和社会参与林业建设的积极性（李周，1997）。政府对林权流转的作用应表现在宏观层面，要解决由于外部性等原因使得市场机制不能解决的问题，要解决产权纠葛、制度不规范、法律不健全、体制不完善等更宏观层次的事情，而不能越权越位，插手本应是市场解决的问题。因此，政府的介入要有明确的权利边线，不然很容易影响市场机制配置资源的效率，也会造成制度寻租的腐败现象及社会资源的铺张浪费。

2.2.4　地租地价理论

林木及其他林产品是依附于林地而存在的。森林、林地、林木是林权内涵的共同物质组成，是林业产权流动、转让的物质依托。价格是林权流转中最主要、最敏感的因素。流转价格的合理与否是流转行为的公正性、公平性的主要标志。但林地流转价格的实质是什么，由几部分构成，计量的理论依据是什么，这些理论问题都是进行林权流转系统研究前必须给予说明的。因此，对包括林地在内的土地地租地价理论的探讨构成本书研究的理论基础之一。

大卫·李嘉图的地租剩余理论、斯拉法净产品地租理论与威科斯·蒂德及马歇尔的边际生产力理论是西方古典政治经济学三大地租理论学派。在马克思地租理论之前，大卫·李嘉图的地租剩余理论达到该领域理论最高峰。作为亚当·斯密的后继者，大卫·李嘉图否认斯密关于绝对地租的观点，认为只存在级差地租而不存在绝对地租，地租是高谷物价格的结果而不是原因，其量值总是随着生产的生长而递增，并在利润为零的情况下达到最高值；级差地租是使用两份等量资本和劳动而获得的产品之间的差额。

马克思在批判继承古典政治经济学地租理论基础上，以劳动价值论为基础创造了经典的马克思地租理论。马克思地租理论认为：①地租是土地所有权垄断带来的超额收益，是土地所有者转让土地使用权而获得的经济补偿。②土地分为土地物质与土地资本。未经人类干预的土地没有必要劳动时间在内，是没有价值的，但由于土地的稀缺性，土地有使用价值，并存在价格，其价格是土地地租的资本化。而有改良投资的土地价格包含真正的地租、土地资本投入的折旧及资本利息。③资本主义地租包括绝对地租、级差地租、垄断地租3种形式的地租。绝对地租是土地所有权垄断的结果。只要土地所有权垄断存在，绝对地租就存在。级差地租分为级差地租Ⅰ、级差地租Ⅱ。两种级差地租表现形式不一样，但其形态本质都来自于个别生产价格低于社会平均生产价格的差额利润。

马克思地租理论对现在的林地使用权承包中地租的确定有重要理论指导作用。“均田到户”中林地所有权属于集体经济组织，集体经济组织具有土地所有权的垄断。根据绝对地租理论，在其向集体成员转让林地使用权时无论该林地是优等地还是劣等地，都要求获得一定的经济补偿是有道理的。乡村集体组织按林农承包林地立地质量与经济条件分别收取林地使用费更是级差地租理论与垄断地租理论的实践应用。同样，在当前林地使用权流转中也存在林地的绝对地租与级差地租，科学运用马克思地租地价理论指导林地流转中的利益分配问题，是非常有必要的。当然，马克思地租理论关于农业生产中的资本有机构成低于工业生产资本有机构成的假设合理性，以及凡是不存在土地私有制的地方就没有绝对地租的论点在学术界引起很大争论。

现代西方经济学关于土地价格的理论大多是在市场价格理论基础上发展起来的，土地供求理论与土地收益理论是主要代表。土地供求理论认为，土地类似于其他一般性商品，其价格取决于市场供求关系。当土地供过于求时，地价下降；反之，当市场土地供不应求时，价格上涨。土地供求理论的主要代表学者有马尔萨斯（T. R. Mathhus）、萨缪尔森（P. A. Sanuleson）等。当前林地使用权流转市场中林地价格的变化趋势也比较符合这个理论。特别是最近几年，随着桉树抗寒改良树种的逐步推广，种植桉树的经济效益显著，漳州地区等桉树适宜种植区对林地市场需求剧增，导致林地使用权流转价格大为提高。美国土地经济学家伊利（R. T. Ely）等土地收益理论学派专家认为，确定土地价值的基础是土地收益，土地价格是土地收益的资本化。《森林资源资产评估技术规范（试行）》规定的林地价格测算公式年金资本化法与林地期望价法都是建立在土地收益理论上的。土地收益理论是提供林地计量评价的重要理论基础。

第3章　林权流转的基本方式

林权流转方式规定的是林权由权利人转移给他人的方式，包括这些方式的条件约束以及违反约束条件所产生的法律后果、在不同流转形式中流转主体权利义务关系等内容（孔凡斌，2008；徐秀英，2018）。2002年，《农村土地承包法》第三十二条规定，林权流转包括转包、出租、互换、转让等。2003年《中共中央　国务院关于加快林业发展的决定》指出，各种社会主体都可通过承包、租赁、转让、拍卖、协商、划拨等形式参与流转。2005年，《福建省森林资源转让条例》第二条规定：森林资源流转可以采取承包、拍卖、招标、协议或其他方式进行。根据以上法律条文精神，林权流转应包括承包、转让、租赁、互换、入股、抵押、划拨等多种形式。2008年，《中共中央　国务院关于全面推进集体林权制度改革的意见》指出，林权流转方式包括转包、出租、转让、互换、入股、抵押等。2016年，国家林业局印发的《关于规范集体林权流转市场运行的意见》指出，集体林权可通过转包、出租、互换、转让、入股、抵押或作为出资、合作条件及法律法规允许的其他方式流转。2013年，福建省人民政府印发的《关于进一步深化集体林权制度改革的若干意见》提出，引导林农以入股、合作、租赁、互换等多种方式流转林地。综合上述政策规定、文件条例可见，当前集体林区林权流转的主要方式包括转让、租赁、入股、互换与抵押。本章对这些不同流转方式的概念、特征、具体表现等展开研究。

3.1　转让

林权转让是指原林权所有者将原合同所约定的剩余使用期一次性转让给新的

林地使用者的行为。一般具有四个方面特征：一是将林木的占有、使用、收益、处分职能或者将林地的占有、使用、收益等权能全部转移；二是对于通过承包经营获得的林地承包经营权，权利人放弃了承包期届满前继续承包经营的权利；三是林地所有权人不变，林地使用权受让人和林地所有权人建立新的承包关系；四是林地承包经营权的受让对象可以是本集体经济组织的成员，也可以是本集体经济组织以外的单位或个人。不同于林权出租、林权抵押等流转方式，林权转让是一种更彻底的权利让割方式。转让合同生效后，原林权所有者对该林权的所有权利、义务、责任随之全部转移给新的林权所有者，新承包者与原发包方形成法律关系。属于原承包户承包的土地经营权转让，原承包户与发包方之间对该林地的承包关系终止。一旦原承包户转让出以该集体经济组织内部成员权获得的全部承包地，则意味着原承包方丧失土地承包经营权，在本承包期内不得要求承包本集体所有的林地。

由于土地转让是一种彻底的、完全性的权利让渡，如果允许林地承包经营权不受限制地随意转让，小农经济影响下的林农短视行为在强大的社会资本冲击下会造成土地兼并盛行，很多林农会为追求短期的收入而丧失具有生存及社会保障意义的长期林地使用权，对社会和谐稳定形成威胁。为避免土地的过度集中造成农民失山失地，保障广大农民的合法权益，《中华人民共和国土地承包法》对“转让”形式流转土地使用权做了规定：①采取转让形式流转的，应当经发包方同意。这一点与出租、入股、转包等其他流转方式的规定不一样。出租等方式无须出包方同意，只需向出包方备案即可。②承包方需有稳定的非农职业或收入，才可转让全部或部分土地承包经营权。这一点是从农民的长期生计考虑，以法律法规形式给予保障。③受让方需有农业经营能力。这点规定基于两层考虑：防止农地撂荒与改变土地用途。

当前福建集体林区林地定价机制与社会基本保障体系尚不完善，过分推行林地使用权转让，农民会受到强势资本的掠夺，享受不到林地升值带来的好处。因此，地方政府对农户承包经营的林地使用权的转让比较谨慎，更多鼓励林农通过“限量转让”，与公司、协会等经营实体合作，建立“公司＋基地＋农户”的合作发展模式。实践中，相对于其他流转形式，个人转让林地使用权的比例比较少，且主要是个体林农之间以自行协商方式完成。流转市场上，绝大部分林权转让的主体是村委会、村小组及各种规模的联户。《福建省森林资源转让条例》规定，集体森林资源的流转应当经过本集体经济组织成员的村民会议2/3以上成员或 2/3 以上村民代表同意。为体现公平、公正、公开，大部分集体森林资源的林权转让都是在产权交易市场上通过竞标拍卖形式进行。同时，为化解林农利益与生态保护之间的矛盾，贯彻落实《国家生态文明试验区（福建）实施方案》，创新重点生态区位商品林经营管理模式，福建省林业厅与福建省财政厅于 2015 年联合开展重点生态区位商品林赎买试点工作，对重点生态区位内非国有商品林进行赎买。故拍卖与赎买是当前福建集体林区林权流转中转让形式的两种具体形式，以下着重介绍有关林权拍卖与商品林赎买等相关内容。

3.1.1　拍卖

《辞海》对拍卖的解释是："拍卖，也称竞买，商业中的一种买卖关系，卖方把商品卖给出价最高的人。"《中华人民共和国拍卖法》定义："以公开竞价的方式，将特定的物品或财产权利转让给最高应价者的买卖方式。"美国经济学家麦卡菲认为："拍卖是一种市场状态，此市场状态在市场参入者标价基础上具有决定资源配置和资源价格的明确规则。"农用地拍卖最先起源于对开发难度大、投资收益低、产权主体不明晰的"荒山、荒坡、荒湖、荒滩"即"四荒地"的拍卖（黄丽萍，2006）。随着科学性、公正性、公平性的拍卖方式产生显著的效果，其拍卖范围逐级扩展到其他领域（张维、胡继莲、葛颜祥，2006）。林权拍卖是指经营者通过一次性买断一定期限内林权的一种方式（徐秀英，2004）。一般而言，在公开市场拍卖的林地规模成片，面积较大，其权属一般是集体经济组织的，或原先通过其他方式和途径获得较大规模林地的"二地主"，而普通农户其总体经营面积有限，考虑到拍卖程序的复杂性及手续费用等因素，更乐意通过私下协商方式流转出去。通过拍卖市场获得规模成片的林地使用权对有资金、有实力、有技术的林业专业经营公司而言，可以克服林地经营破碎化带来的规模不经济问题，获得完全意义上的林地使用权权益，稳定了林权，有利于今后林业经营管理的开展，是个较好的选择途径。笔者调研发现，很多较大型林业经营公司，如永安林业集团公司、永安森发技贸有限公司、泰宁南方林业发展有限公司等在集体林改后林地"均分到户"的现实情况下都比较倾向于通过公开市场拍卖获得林权。

3.1.1.1　林权拍卖组织单位

林权拍卖的组织单位有三类：村集体或乡镇招投标中心、林权交易中心及专业拍卖公司。

（1）村集体或乡镇招投标中心，是一种强制性的、较为低级的、欠规范的组织单位，其对参与招投标人员的限制（一般参与人员只限制在本集体经济组织内部成员，如林地流转到本集体外部人员或组织则要经过村民代表大会通过及各基层地方政府允许）、标的物相关信息的披露等都与《中华人民共和国招标投标法》《中华人民共和国拍卖法》等法律法规的精神相违背。但其也有积极的一面，即通过政府行政权力的干预，避免社会投机资本对林地资源的过度炒作造成林权价格严重背离价值体系，导致最后接盘手无利可图而放弃，撂荒土地。同时，把林权流转对象限制在本集体经济组织内部也有利于保护本区域弱势群体，体现社会的相对公平。

（2）林权交易中心，一般是地方林业主管部门主导下集信息发布、交易实施、中介服务于一体的林业综合性管理与中介服务机构。这些交易中心成为目前福建林地使用权流转主要场所之一。相对于乡镇招投标中心，林权交易市场的制度建设更完善，运作更规范，供求信息发布更及时、透明，而且提供“一站式”服务，一旦交易成功可以立即实现林权变更等手续。林权交易中心拍卖程序如图3－1所示。

图3－1　林权拍卖的一般流程

（3）专业拍卖公司，委托社会有资质的专业拍卖公司进行林地使用权拍卖是一种途径，在福建集体林区的某些县市也时有发生，但比较少。拍卖公司运作程序的高度市场化、公开透明化有利于提升标的物拍卖价格。但作为一个专业的拍卖公司，其对受托物拍卖是收费的，而且不论拍卖品是否流拍都要收取一定的费用，对委托方而言是笔不小的付出。

3.1.1.2　林权拍卖进行方式

交易市场林权拍卖一般按竞标形式进行，将林地使用权及林地上林木折价面向社会一次性公开招标。中标者按照统一林业规划的要求自行栽种、自主经营、自负盈亏。不同地区其竞标方式又各不一样，主要有明标明投、明标暗投、暗标暗投、暗标明投等。永安林业要素市场、邵武林权交易中心等一般采取明标明投，即招标人前期通过自己实地林分调查或委托专业的林业评估公司确定标的物底价并通过发布招标公告书提前告知有意向的竞标者。符合竞标条件的竞标人在竞标现场通过公开出价形式竞争，最后出价最高者中标。沙县林权交易中心一般采取明标暗投方式，即指公开标底，在招标大会上投标者以标书的形式当众递交，现场开标，当标价达到或超过核定的标底时，出价最高者中标。也有部分县市采取暗标暗投、暗标明投等各种招投标方式。不同招投标方式都有其优缺点，如明标明投在市场高度开放、信息完全公开透明、程序操作完全标准化、规范化基础上有利于吸引更多有投资购买意向的个体或组织参与公开竞争，实现标的物的保值、增值；有利于林业资源要素向有资金、有技术、懂管理的人积聚，提高经营主体积极性，提升林地生产潜力，有利于实现林业的可持续发展。但由于集体林区林业法制制度不健全、信息流通渠道不畅、林业经营人群较为固定等缺陷，在某些招标会常会出现围标、串标、绑标等不正当竞争行为。明标暗投会在一定程度上抑制围标、串标等违法竞争行为，但不利于提升林业资产价格。

3.1.1.3　林权竞标拍卖的优劣点

从林权转入方、转出方、林业管理者等不同利益主体角度分析通过竞标拍卖方式实现林权流转的优劣点。

（1）转入方层面：通常林权权属是集体所有，权益比较稳定，林权使用周期较长，流转面积较大，买主无须与各家各户逐个谈判以减少搜寻成本、谈判成本、违约成本和监督成本，且有利于其实现规模化经营，克服林地破碎化问题，极大增强其经营信心，调动其经营积极性。不利因素是参与竞标拍卖需要预先支付一定的保证金，一旦成交后还要缴纳拍卖佣金及国家规定的相关税费，增加显性成本费用；竞标成功后到产权变更登记的手续及期限较长，增加时滞产生的隐性费用；一次性资金投入多，增加经营财政负担。

（2）转出方（集体经济组织）层面：通过林权市场公开竞标有利于保证交易行为公平与公正，提升林权价值，减少权力寻租与个人腐败，避免国家资产的严重流失，保证公共权益。但通过公开市场，不论交易成交与否都要缴纳一定的拍卖费用，对转出方形成费用压力。

（3）林业部门层面：林业管理部门作为林权拍卖市场的管理者、监督者与服务者，其最终目的是提高林分经营水平，促进林业三大效益协同发展。相对普通林农经营林业而言，通常参与竞标拍卖的组织或个人具有资金、技术、管理、人才优势，林业经营技术水平较高，能较大程度上实现资源的科学管理，提高资源生态与社会效能，能通过产业化经营起到龙头企业带头与示范效应，为周围林农提供技术示范与就业机会，更易于实现林业管理部门的价值取向。但竞标拍卖通常是社会富人、能人的游戏，容易造成新的社会不公平现象，对管理部门造成新的挑战。

3.1.2 赎买

赎买，即在对重点生态区位内非国有的商品林进行调查评估的前提下，与林权所有者通过公开竞价或充分协商一致后进行赎买。村集体所有的重点生态区位内商品林需通过村民代表大会同意。赎买按双方约定的价格一次性将林木所有权、经营权和林地使用权收回国有，林地所有权仍归村集体。不同于林权拍卖，林权赎买是一种政府主导的，以省、市、县各级政府财政资金为支撑的，以保护生态环境为主要目的的流转行为。自 2015 年开展首批试点以来，截至 2017 年，全省 14 个省级试点市（县、区）对重点区位商品林赎买并收储 23.6 万亩。以第二批试点的南平市顺昌县为例，其 2016 ~ 2018 年重点生态区位的商品林购买数量与金额分别达到 907.4 亩、1286 亩、5530 亩与 474.1 万元、610.9 万元、3393.6 万元，如表 3 – 1 所示。

表 3 – 1 顺昌县 2016 ~ 2018 年生态重点区位商品林购买情况

年份	重点区位购买（亩）	金额（万元）
2016	907.4	474.1
2017	1286	610.9
2018	5530	3393.6

试点区（县）的林权赎买的工作流程主要包括：

（1）申请。有购买意向的林权所有者提交林权证（或有效证件）和所有者身份证向所在地林业站或国有林场提出申请，林业站或国有林场负责核实山场地块和相关权属明晰后，该账户上报林改办。

（2）初审。购买工作小组根据林权所有者申请，对有关资料进行初审并作出初审意见，确定购买方式。

（3）入围排序。按照申请购买总量及年度购买指标，确定合理比例，根据申请者山场的生态区位、林分起源、树种组成、龄组结构、林权归属、林木经营期限、申请报名顺序等综合确定分值与入围顺序。

（4）确定成交价格。以领导小组牵头，组织相关单位根据市场调查提出的各树种交易指导价进行讨论，采用公开招标或集合竞价等方式确定购买成交价。

（5）调查、设计与评估。经竞标或抽中入围的山场，由县级规划设计中心进行调查、设计与评估，最后达成转让协议的，相关费用由林业局支付，未达成协议的，由原林权单位（或个人）支付。

（6）成果审查与公示。调查、设计、评估成果由县级林业部门林改办和国有林场负责审查。交易双方对评估结果有质疑的，可委托更高资质林业评估机构对购买山场进行评估。经审查的所有调查、设计、评估成果和购买价格进行公示，接受社会公众监督。

（7）合同签订与产权变更。购买合同由林业部门与申请人、村集体签订。合同签订后，甲乙双方共同办理林权证变更手续。

3.2　租赁

租赁是指林地使用者通过将其林地使用权、林地上的林木及其他附属物租赁给他人使用而获取租金的经济行为，一般具有四个方面的特征：①只将林地、林木的使用、收益权能转交给承租人或接包人，出租人或者接包人的林权主体没有转移；②对于通过承包方式取得林权的农户，农户与发包方的承包关系不变，农户与承租人或接包方是合同约定的债权关系；③一般采取收取租金或转包费的方式，实现林权收益目的；④租赁关系终止时返还林地及地上附着物的使用权。林地承包经营权出租、转包后，承租方或受转包方通过合同约定从事林业生产经营活动，林地承包经营权和林木所有权主体没有改变。但是，根据《农村土地承包法》第三十七条，林地承包经营权出租、转包合同需向发包方备案。对林地使用权主体没有改变，但林木所有权主体发生变化的，应当认定属于转让方式。

租赁经营是当前福建集体林区最为常见的流转方式之一，曾华锋（2008）对福建林区样本调查数据显示，林地租赁发生频率为54.5%，占总林地流转规模的40.2%；样本村林地流转总规模及单次规模都是租赁所占比重最大，分别为51.68亩/村与256.8亩/次。从租赁活动的行为主体看，林地使用权租入方可以是符合法律规定的任何组织、法人或自然人；出租方可以是集体经济组织，也可以是拥有林地使用承包权的农户个体、联户等。如果转入林地受让对象是乡、村等集体经济组织（按福建林改设计，允许集体经济组织留有少部分的林地使用经营权），则其与该组织签订经营合同、规定合同期交易双方的权、责、利；如果出租方是林地承包经营权的再次出租，则出租后原承包关系不变，原承包方继续履行承包合同规定的权利与义务，承租人按原先约定的条件对出租人负责；同时，林地承包方对其再次租赁出林地无须经发包方同意，但出租合同需向发包方备案；出租期限双方自由约定，通常是一个林木主伐周期，但一般不超过林地承包经营权的剩余期限。下面就林地租赁的租赁形式、租金变化情况及租赁制的优缺点做简单介绍。

3.2.1 主要形式

租赁分为出租与反租倒包。反租倒包是指在承包户保留其林地承包经营权的前提下，村集体支付一定租金向林农租下林地使用权，形成一定的经营规模后再转租给愿意承包的造林大户或专业林业经营公司，或由村组织统一经营，林农通过承担平常的林分管护取得劳动报酬。反租倒包涉及行政公权力的使用边界问题，比较复杂、敏感，在农用地使用权租赁上常有出现，而林业上极为少见。出租是林地租赁中最常见的一种模式。出租包括有偿出租、无偿出租与反补出租。实践中的出租一般是有偿出租，但少部分地区会出现由于林农无心经营林地而又不愿意放弃林地承包经营权，采取先承包集体林地使用权，然后无偿出租或倒贴给他人经营的情况。有偿出租又分为分成租与定额租。分成租是出租双方约定按林地经济产量的比例收取租金。定额租是租金与林地产量脱钩，双方按照事前约定的金额交易。从目前情况看，定额租占主导。从租金支付形式上有货币支付与

实物支付两种。货币支付是主要的，以林木等经济产品支付地租的情况较少，主要发生在乡村小农户之间。从货币租金支付方式看，主要有四种，即前期一次性支付、逐年支付、分段支付与林木伐后一次性支付。从出租方租金收取的偏好上，不论是集体经济组织还是承包户，都倾向于前期一次性获得林地租金。但受让方会综合考虑受让面积、受让价格、自身财务状况、交易对象等诸多因素确定不同的支付方式。如永安森发技贸有限公司在租赁林地经营过程中采取不同组合支付地租，对与集体成交的、大面积的采取分期支付或逐年支付，对面积不大、资金不多的承包户的林地一般采用前期一次性付款。林木伐后一次性支付这种现象主要发生在林权制度改革之前，地方林业采育场、国有林场等生产单位向集体大面积租赁林地上。根据闽政文［50 号］规定，用材林主伐时按所产木材提取的林价款的 30% 支付林地使用费；间伐材折半支付，即按前述标准计算的林地使用费的 50% 支付。林地使用费应在木材生产的当年一次性支付。

3.2.2　租金变动情况

福建集体林区林地租金出现较大波动发生在两个时期，即 2005 年前后与 2009 年前后。2005 年之前，由于林业税费负担重（如 2002 年前后木材税费占其计征价的 35% 左右），林业经营比较效益差，林地租金水平低，闽西北地区Ⅱ类用材林地平均大约 75 元/立方米・年。2005 年后进行林业税费改革，用材林仅剩维简费与育林基金两道税费，同时木材价格，特别是 4 ~ 12 厘米的杉木小径材价格攀升，使得经营林业的经济效益有所提高，相应的林地地租价格也急剧攀升，闽西北Ⅱ类用材林林地平均地租大约 225 元/立方米・年。2009 年后，随着国内木材供需矛盾凸显，杉木规格材价格突破 1000 元/立方米，投资林业的经济效益得到体现，也再次促使租金价格攀升，部分重点林业县（市）立地条件好的林地平均地租达到 500 元/立方米・年左右。2015 年后，不论是规格材，还是非规格材，价格都略有上升，但变化幅度不大，而人工成本上涨幅度却较大，二者相抵后，林地地租价格总体变化不大，较为平稳。2016 年，育林基金取消后，地租价格有小幅度增加。当然，由于区域经济结构、林业经济发展水平、地理区位特征等因素的不同，林地地租价格水平也表现出明显分异性。地租价格最贵区域在闽南山区桉树适宜种植区，其次是闽西北的三明、南平、龙岩地区，而福州、宁德等地区的价格水平较低。

3.2.3 租赁的优缺点

集体林地使用权承包方无须像林权转让那样要征得林权发包方同意，可以自己决定是否出租及出租多少面积林地，也就意味着其经济行为不必受到行政组织的干扰，只涉及林地出租方与租入方二者间的利益，关系比较简单，运作程序简便，更容易达成协议。林地租赁通常发生在普通林农之间，区域狭小，空间封闭，租赁双方的身份基本对等，相关信息流对称，形成流转理论上的公平性。租赁双方可以根据现有林地上林木年龄制定灵活的租赁期限，不像林权转让那样出让方一次性丧失漫长承包期限内林地承包经营权，更利于保护出让方权益。租赁中租金支付方式灵活，出租方可以根据自身情况选择最适合的支付方式，不像转让那样是一次性交易，钱用完就没了，更利于以后的保障。以上这些都体现通过租赁形式流转林地使用权的优点。当然，林地租赁制还存在一些局限性，主要有：①林权纠纷多。林权租赁只发生在新承租者与原使用者之间，是使用者的收益权与处分权的进一步分割，而不是使用权的完全让渡，容易产生一定程度的产权纠纷，特别是在当前林权市场流转不规范情况下，很多租赁流转是发生在亲戚、朋友等小集体间的自发行为，缺乏规范的合同约束，缺乏对交易双方权利与义务的条款说明，容易随着内外部环境的变动产生新的林权纠纷。②难以形成规模经营效益。林地租赁大多发生在林农之间，经营主体的知识技术要素并没有发

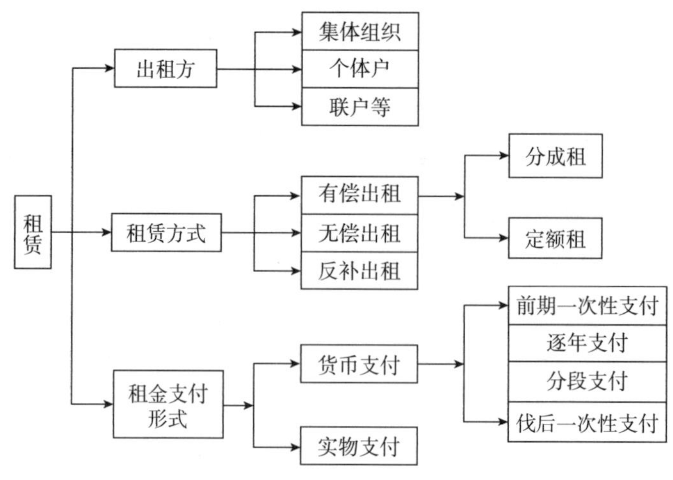

图 3-2 林权出租一般特征

生多大变化，林地经营效率不会有很大提高。特别是租赁的林地也是分散的、小规模的，无法集中连片，即使租入方的经营规模是扩大了，但这种状态下扩大规模并不等于能实现规模经营效益。③增加交易费用。一些林场、大型林业企业大规模租地造林确实能一定程度上提高林地经营效率，实现规模经营效益。但是，它们要面对和千家万户谈判签约带来的高额搜寻成本、谈判成本与监督履约成本。所以说，这种租赁形式的流转并不能真正意义上解决“均田制”下分散经营的规模不经济问题，并不是政府所倡导的最优林权流转模式。

3.3　入股

入股是指林地使用者将其拥有的全部或部分林地使用权作为股权，自愿联合或组成股份公司、合作组织等形式从事林业生产经营，收益按股权分配的行为，其主要有三个方面的特征：一是林权主体发生转移，即林权转为公司所有或合作组织共同所有；二是林地林木资产估算量化为资本，以资本数量确定所占股权；三是按股份比例获取盈利的报酬或收入。这与农民专业合作社等组织实行合作经营形式有本质区别。

以承包为主的家庭责任制面临着小林农与大市场、林地破碎化与规模经营要求的现实矛盾，通过租赁、转让、拍卖等形式的流转又有可能因林农的近期短视行为或其他原因促使林地过度集中造成农民新的失山失地。而由农户比较自身的收益与经营的组织成本、机会成本后自愿联合组建及在区域林业龙头企业带动下形成的林业股份合作制是对单个农户各自独立面对市场时的有效替代，可大大节约交易时间、节省交易费用、提升经营效率的组织，能有效地解决单户经营存在的一些问题，是一种“多赢”的选择，也得到政府的鼓励和支持。

作为我国最早开始集体林权制度改革的省份，福建在林业股份合作制建设方面取得显著成效，获得宝贵经验。目前全省林业股份合作组织形式有三种：家庭合作林场、股份合作林场与林企合作经营。截至2016年底，福建三明市累计建立各类新型林业经营组织2557家，经营面积947万亩，占全市集体商品林地的56%，平均经营规模达3700亩。如沙县林业采育总场与高桥镇林场建立了“股权共有、经营共管、资本共享、收益共盈”四共一体的共享经济新形式，沙县林业采育总场出资收购高桥镇林场51%的股权，但不一次性付清股权转让款，而是每年支付资金占用费、主伐时再全部支付转让款，双方按51∶49股份比例共同出资经营，实现了互利共赢。不同合作形式其形成规模、组织结构、管理模式、利益分配机制等有所区别，也表现出不同的发展优势与内在缺陷。

3.3.1 家庭合作林场

家庭合作林场是指林农通过分林到户所获得的林木林地以居住地就近为标准，将所分到的林木、林地以家庭为单位进行折价入股，并筹集部分资金作为合作林场启动和运转资金而组成的家庭式林业联合经营实体（孔祥智，2016）。家庭合作林场是小农户之间的自愿联合，其表现特征是参与人数较多，户均山林面积较少，其运作模式一般是林场的山林有股东共同管理，或者委托部分股东专门管理，林场经营利润按入股股东的股权份额进行分配。如永安红安林场由该村7户村民联合创办，以全部股东的山林1040亩折价40万元，另外筹集资金10万元作为合作林场启动和合作资金，共50万元的总股本折成100股，每户按其出资的多少确定其股权分配额。

家庭合作林场通常是以“村情、亲情、友情”为纽带的小型化合作林场，林业股权明晰，利益纠纷少，利润分配直接，组织内部交易费用低，实现适度规模经营，缓解产权分散产生的经营困难，促使经营风险的适当分流，提高了经济效益。截至2016年底，福建省三明市累计已成立家庭林场530家，面积93万亩，逐步推行林地经营的规模化、集约化。但缺乏严密的组织机构与规范的组织章程，缺乏对组织领导者及经营者效益激励机制，应对风云变幻市场的抗风险能力及交易谈判能力不足，是其缺陷所在。

3.3.2 股份合作林场

股份合作林场是林农在自愿、互利基础上通过资产价值评估后把承包或市场流转收购的山林折价入股，经营资产净收益按不同股东之间股权数分配的具有股份制特征的林业合作经济组织。相对于家庭合作林场，股份合作林场具有以下几点特征：

（1）对象及规模。家庭合作林场的股东基本上是农村处于相对弱势的普通

林农，其入股的山林面积普遍较小；股份合作林场的股东基本上是大户或能人，其参与入股的山林不仅包括本集体组织内部承包所得，也包括通过市场渠道流转所得，规模较大。如截至2016年三明市累计已成立股份林场107家，面积92万亩。

（2）区域界限。家庭合作林场一般只局限于本自然村或小组以内，而股份合作林场股东间区域跨度更大，有的是村级集体内部，有的甚至是不同的村庄、乡镇之间的合作。

（3）组织管理。家庭合作林场一般是由林场内部股东间实施不同分工协作，共同管理林场造林、抚育、木材生产及销售等事务，股东间基本没有等级区别；而有的股份合作林场是聘请社会有丰富管理经验的专业管理人才，实行类似于公司制的现代企业组织形式与管理制度。如永安西洋镇虎山合作林场由15位股东参与成立，按照股份制企业的管理运作模式成立股东会、董事会、监事会等机构，股东把自己所拥有的山场经过评估作价后，按出资比例承担责任和分享收益。

（4）经营内容。家庭合作林场一般以培育用材林为主（林农一般不愿意把其经营的毛竹林或经济林参与入股），经营内容单一。股份合作林场经营内容丰富，以用材林培育为主导，积极拓宽林业产业链，参与林产加工业开发建设，实现"产、供、销"一体化，增加林场经营收入。如虎山合作林场坚持跨行业、多元化发展思路，不仅培育经营森林，而且投资房地产、并购矿泉水开发股权等。

（5）资本构成。家庭合作林场的管理、运行成本一般由组织内部成员筹资。而股份合作林场运作经常通过山场的物质资产与社会资金对接，利用外部资金解决林场发展过程中面临的资金不足问题。

（6）组织性质。家庭合作林场成员构成基本是处于经济弱势地位的林农，管理机制上实行一人一票制，具备合作经济组织的主要特征，是典型的合作经济组织性质。股份合作林场其成员构成以林农为主，林业资产是其主要资本构成，主导经营产业是林业，股东可以根据自己的意愿自由进入或退出组织，管理上是一人一票制时，其组织性质类似于家庭合作林场，是经济合作组织。有的林场广泛吸纳社会投资资本，引入职业经理人，实行现代企业经营管理制度，实行跨行业、多元化的投资战略，其性质更应该属于股份经济。

家庭合作林场与股份合作林场的区别如表3-2所示。

表 3－2　家庭合作林场与股份合作林场区别

区别点	家庭合作林场	股份合作林场
对象及规模	股东：普通林农 规模：山林面积普遍较小	股东：大户或能人 规模：山林面积较大
区域界限	局限于本自然村或小组以内	区域跨度较大，有的是村级集体内部，有的甚至是不同的村庄、乡镇之间的合作
组织管理	由林场内部股东间实施不同分工协作，股东间基本没有等级区别	有的是聘请社会有丰富管理经验的专业管理人才，实行类似于公司制的现代企业组织形式与管理制度
经营内容	一般以培育用材林为主，经营内容单一	经营内容丰富，实现“产、供、销”一体化，增加林场经营收入
资本构成	管理、运行成本一般由组织内部成员筹资	通过山场的物质资产与社会资金对接，利用外部资金解决林场发展过程中面临的资金不足问题
组织性质	成员构成基本是林农，管理机制上实行一人一票制，典型的合作经济组织特征	可能具有合作经济组织特征，也可能具有股份经济特征

股份合作林场的优点主要表现：

（1）实现规模经营，适应林业适度规模经营的要求。

（2）提高森林资源管理水平，提升农民经营管理理念。

（3）提升企业市场地位，增强企业谈判能力，增加产品价格及企业经营利润。

（4）降低组织内部交易费用，提升组织运作效率。

（5）建立比较完善的组织内部激励与约束机制，有效地激发组织成员参与积极性。

（6）通过产品多元化开发，延伸林业产业链，增加产品科技含量，提高产品附加值。

（7）增强企业抵御系统性风险与非系统性风险的能力。

当然，股份合作林场由于机构组成相对复杂，也容易产生企业制度不完善、利益分配不公平、民主决策机制空置等问题。特别是对于融合合作组织成分的股份制合作林场，如果企业经营不善则要以包括林地及林木在内的全部资产抵押偿还债务，导致林农丧失赖以生存的土地。

3.3.3　林企合作经营

林企合作经营是指在互利、互惠的基础上由企业和农户、集体组织在签订合同，明确双方职责基础上展开合作。通过缺资金、缺技术、抗风险能力较弱的林农与具备资金、技术优势而有原料需求的大型林业企业有机结合，互取长短，优势互补，形成经济利益共同体。林企合作形式是林业合作经济组织内容上的丰富，形式上的创新，体现了“农民林地入股、企业出资合作、收益比例分成”的合作意义。从当前福建集体林区情况看，林板纸一体化等大型林业企业与林农、集体组织等合作的方式有两类，即订单式造林经营模式与股份制合作经营模式。

（1）订单式造林经营模式通常采取“公司+农户（或大户）+基地”模式，企业与林地使用者签订木材订购合同，由企业提供种苗、肥料、技术，由林地使用者进行造林、管护，产出的木材按照原先合同价格或现时市场价格收购，企业前期投资折算后在木材款中扣除。建瓯、顺昌、将乐等县（市）部分有国外固定订单的木材家具厂经常通过这种模式与当地林农进行合作。这种合作方式对林农而言只需投入劳动力资本，克服其资金不足、技术障碍的弱项，且对今后木材销路与价格有了基本保障，收益预期明显。从企业层面看，企业对生产所需的原料有了一定保障，减缓外部木材市场可能的供给紧张对企业经营产生的风险。

（2）股份制合作经营模式指企业与林地所有者、其他投资者签订协议，共同投资造林，共同参与管理，收益按股份分成。企业以造林直接费用计算股份，林地所有者以现有林地与林木价值计算股份，其他投资者按投入的资金或技术等计算股份，林木所有权归各方投资者共有，收入按参股比例进行利润分红（王国熙，2009）。这种合作模式类似于股份合作林场，其经营性质也属于引入合作经济成分的股份经济，其主要差别在于合作对象的不同。股份合作林场主要是林农大户之间的合作，而林企合作经营中的股份制合作经营模式主要参与对象是大型林业企业、农户（包括小农户与大农户）、集体组织等。如福建南纸集团与光泽华侨林场开展合作，由公司负责基地建设的资金投入与宏观规划，林农以林地入股并参与林地种植、管护，林场根据公司要求进行原料林基地建设，三方按签订的合约分享收益。福建金森集团前期投入220万元作为运作资金并整合其在将乐上华村的941.6公顷的森林资源与上华村集体及林农合作，组建“上华—金森林业股份有限公司”，形成企业、集体、村民经营联合体。通过组织化、规范化经营大大提高了收益，使村民年均林业收入提升 4 倍，集体收入也大幅提高，实现了合作三方的共赢。这种股份合作模式产权明晰，利益分配直接，能极大调动林农参与营林、护林的积极性，能充分发挥大型林业企业比较优势，克服小林农面对大市场的不适应，但对合作双方的诚信水平有较高要求。

3.4 互换

林地承包经营权互换是指承包方之间为方便经营或者各自需要，对属于同一集体经济组织的林地承包经营权进行交换的行为。也就是林地承包经营权人将自己的林地承包经营权交换给他人使用，自己行使换来的林地承包经营权，承包期届满继续承包经营的权利也互相交换。互换实质上是“以权换权”的转让方式，但互换对象是本集体经济组织实行家庭承包经营的农户，目的是便于经营和更好地开发、管理和利用。互换在农村土地承包经营中很常见，大多采取经济补偿方式进行，可以较好地解决因地理位置而造成生产经营不便的问题。

互换作为一种特殊概念，与一般提到的转让概念略有差别：一是互换的主体范围狭窄，主要指林权承包方，一般指本集体内的承包经营农户。二是互换的受让方范围狭窄，主要是集体经济内部同事进行家庭承包的其他个人，而一般转让受让方可以是集体组织外的组织和个人。福建集体林区组织内部的林权互换，大多通过私下流转，只是口头协议或不正规的文本协议，许多不经过发包方，不约定互换时间，容易产生纠纷，为林权的稳定性和林业的正常生产埋下隐患。

3.5 抵押

抵押是债务人或第三者对债权人以一定财产作为清偿债务担保的行为。当债务人不履行债务时，债权人有权依照规定以该财产折价或者以拍卖、变卖该

财产的价款优先受偿。林权抵押本质上是一种融资行为，是林权权利人将相应的权利作为一种担保物进而申请贷款的行为。具体来讲，在集体林权改革的确权阶段向林农颁布林权证，银行根据林权证上标注的权利和附属的其他物权进行估值，借出资金。一旦权利人无法在到期前偿还债务，或发生合同约定的其他可实现抵押权的情况，银行或者债权人可以通过折价变卖、拍卖等方式先获得补偿。

林地使用权、林木所有权和使用权作为债权人债权的担保，在抵押过程中都是抵押标的物，权利人不可随意处置相应的权利。另外，在抵押权尚不可实现的情况下，林权的权利人仍然拥有林地使用权、林木所有权和使用权，在法定范围内，仍然可以继续使用林地或林木。此处重点讨论林权抵押的基本模式与流程，其发展状况及存在问题等将在第 7 章重点展开讨论。

目前，福建集体林区林权抵押贷款出现了商业性贷款与政策性贷款两种模式下多种贷款方式。

3.5.1 单户直接林权抵押贷款

农户个体以其自身拥有的林权证作为抵押向农村信用社申请贷款。林权所有者持林权证直接向金融机构申请贷款，凭森林资源资产评估机构出具的评估报告书或相关形式的证明与金融机构签订贷款合同。以福建尤溪县为例，主要内容和程序步骤如下：

（1）确定贷款对象。凡在尤溪县行政区域范围内，从事森林资源培育、经营活动的自然人，均可列为贷款的对象。

（2）明确贷款的用途。林权抵押贷款只限于森林资源培育和保护、林业基础设施建设等林业生产经营活动中使用，不得挤占或挪作他用。

（3）控制贷款额度。每个农户贷款额度控制在 2 万元以下。

（4）确认抵押物。可以作为抵押物的森林资源资产为用材林（包括竹林）、经济林、薪炭林的林木所有权、林木使用权及林地使用权，用材林、经济林、薪炭林的采伐迹地、火烧迹地的林地使用权。森林或林木资产抵押时，其林地使用权同时抵押。

（5）测算抵押物价值。由尤溪县林业局会同县信用社联社对该县可作为抵押物的森林资源资产进行分类细化，制定全县统一的抵押物价值测算标准。在办理贷款手续时，由农村信用社自行测算抵押物价值，作为发放贷款的风险控制指标。涉及联户小额贷款，数额较大时，也可按担保程序进行操作。

（6）提交贷款申请材料。

（7）办理抵押登记；由尤溪县林业局委托各乡镇林业工作站初审、办理林权抵押登记手续，并向贷款申请人出具《森林资源资产抵押登记证》。

（8）提取贷款。抵押贷款合同生效后，农村信用社以活期存折方式发放贷款，农户随用随取，不用即还。贷款期限届满，还清本息。

（9）风险控制。农户在贷款期限届满不能还本付息的，抵押物按法定程序挂牌拍卖。拍卖所得在扣除必要的费用后偿还金融机构贷款本息，余额全部返还贷款户。如图3－3所示。

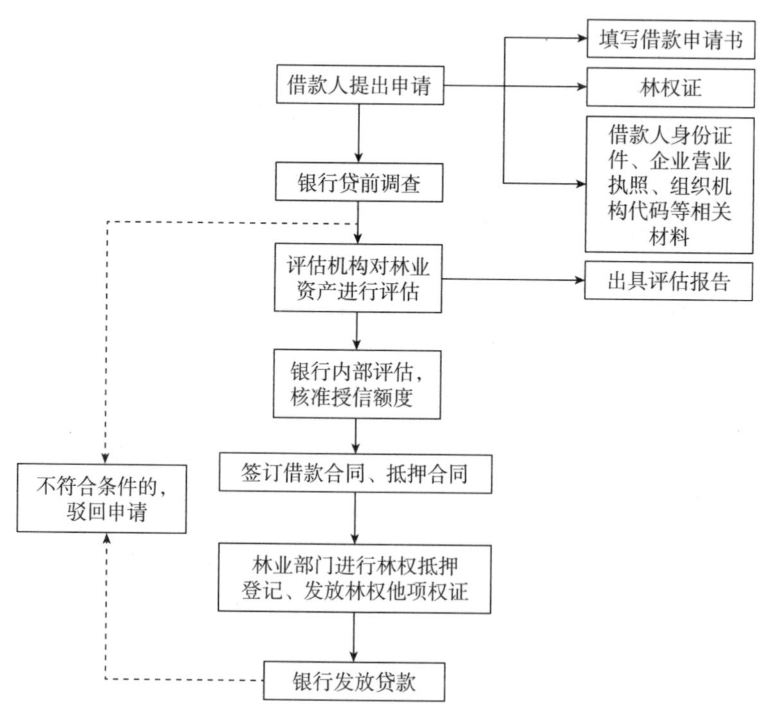

图3－3　林权直接抵押贷款一般流程

3.5.2　联户联保林权抵押贷款

农户以林权证为信用保证，在自愿基础上组成联保小组，农村信用社对联保

小组成员提供的免评估、免担保林业联保贷款，其基本原则是“自愿联合、多户联保、定期还款、风险共担”。以福建永安市为例，以市国有资产投资经营有限责任公司为借款人，农户或中小企业提出贷款申请后，由林业信用协会负责项目申报和推荐，国有资产投资经营有限责任公司受理后，委托森林资源资产评估中心评估，并经林权抵押贷款评审委员会审查同意后，委托金融机构签订贷款合同，向农户或中小企业发放贷款。

抵押贷款联保小组通常由有借款需求的 3 ~ 5 户农户自愿组成，其申请贷款步骤：一是联保小组成员共同签署联保协议；二是借款时，联保小组成员应分别填写借款申请表；三是联保小组成员分别填制《林权证基本情况调查表》，并由林权登记中心（林权登记管理机构）审核，签署证明意见；四是农村信用社对借款人申请的项目进行审查；五是农村信用社与借款人签订借款合同向借款人发放贷款。农户联户联保贷款的期限原则上不超过 1 年，最长期限不超过 3 年，贷款利率及结息办法在不违反国家有关规定及适当优惠的前提下由农村信用社与借款人协商确定，每组最高额度为 10 万元。

3.5.3　信用基础上的林权抵押贷款

农户以其信用为前提条件，在核定的额度和期限内发放的免评估、免担保林权抵押小额信用贷款。其借款人的资信必须经过农村信用社评定，并符合信用社信贷有关规定的条件，向农村信用社申请用于发展林业的贷款。以福建永安市为例，借款人必须是本辖区内拥有林权证的农户或股份合作林场，其信用观念强、资信好，具备清偿贷款本息的能力。借款用途主要用于林业经营，林业小额授信贷款期限原则上不超过 1 年，最长期限不超过 3 年，授信贷款额度一般为 1 万元（含）以下，最高不超过 2 万元，贷款利率按人民银行公布的贷款基准利率和浮动幅度适当优惠。

3.5.4　协会担保林权抵押贷款

以林权证作为抵押，通过信用建设促进会、农村党员信用担保会等中介组织向农村信用社申请贷款。以福建省屏南县为例，其主要内容如下：在屏南县林业小额贷款领导小组的统一组织和领导下，以各乡镇“信用建设促进会”“长桥金森林业协会”“屏城乡党员村级信用担保会”等社会团体或“林权担保公司（担保促进会）”为中介，创设以林权为担保的贷款机制。其具体做法，在农村信用社调查认可下，农民通过森林资源资产评估中心或担保中介机构对其林木资源进行评估，然后与担保中介机构签订抵押合同，将林权抵押给中介团体，并向信用社提供森林资源评估报告，中介团体审查后出具证明，与信用社签订借款保证合同，由中介团体提供担保，便可在信用社贷款。当农户出现还贷难时，由县林木收储中心或担保中介机构收储管理处置，也可通过流转将林权转让给他人，自行还贷。

3.5.5 专业担保机构保证林权抵押贷款

这种贷款由农户以林权证向专业担保机构提供反担保，由担保机构为农户提供贷款保证。担保机构按金融机构发放贷款额的一定比例向农户或中小企业收取担保费，并以林权证进行反担保；农户或中小企业完成担保程序后向金融机构贷款，金融机构发放贷款后担保机构履行担保责任。此方式适用于商业银行、农村信用社、邮政储蓄银行发放的贷款。专业担保机构有担保公司、担保中心和担保协会等具体形式。

专业担保机构担保林权抵押贷款是通过成立专业担保机构，开展林权抵押贷款。近几年福建在实践当中，一般按商业原则组建担保公司提供担保的林权证反担保的方式。以福建尤溪县为代表，担保公司按一定比例收取成本费用，主要有两项：一是收取评估费，一般采取差额累进方法计算；二是担保费，按担保贷款初始金额每月 1.5‰收取。

3.5.6 其他创新性抵押贷款模式

随着林业改革的不断深入，林业金融产品不断创新，出现了如“福林贷”“林权按揭抵押贷款”“邮林贷”等创新性抵押贷款模式。以福建省三明市的“福林贷”为例，其是林业小额担保基金模式，由林农们出资成立合作社，并设立担保基金为林农提供担保，林农再把林权作为反担保给合作社，对林权实行免评估并在林业部门统一备案。如果形成不良贷款，林权将由政府统一收储。截至 2017 年 9 月底，“福林贷”已发放贷款 398 个村、2219 户，金额达到 22734 万元，如图 3－4 所示。

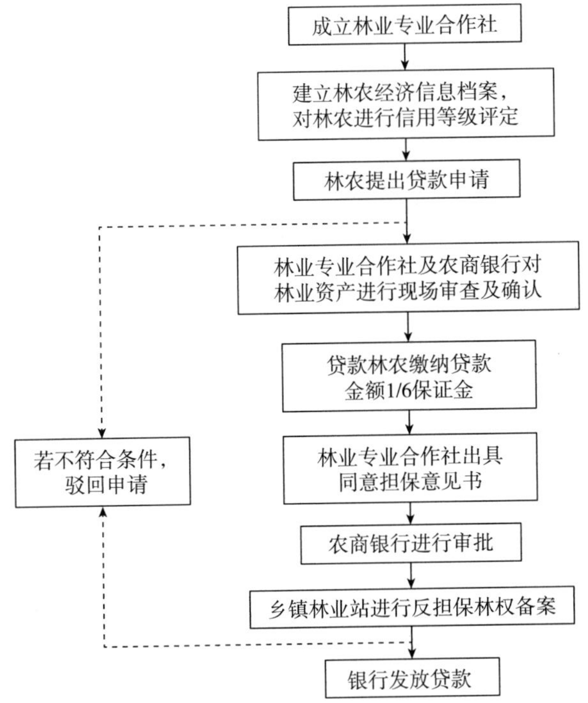

图3-4　“福林贷”贷款流程

本章小结

流转方式，是实现林权转移的具体表现，是林权流转问题研究的基础。当前，转让、租赁、入股、互换、抵押是福建集体林区林权流转中最常见的方式，也是本章重点内容。

（1）林权转让。拍卖，是林权转让最常见的一种子方式，有其特殊的组织形式、运作方式及优缺点，在林权流转的高峰期最为常见。林权赎买，随着近几年林业生态价值的凸显，在政府政策驱动下，成为重点林业区（县）储备林建设的一种主要手段。

（2）林地租赁经营，长期存在于集体林区，是村社集体与国营林场、林农与林农间最为常见的一种流转方式，具体形式上包括出租与反租倒包，出租是最主要形式。不同时期、不同地区在租赁双方的出租期限、租金支付方式、租金水平等方面各不一样，其本身也表现出不同的优缺点。

（3）林权入股，兼顾合作经济与股份经济特征，当前福建集体林区的主要存在形式有家庭合作林场、股份合作林场与林企合作经营，且它们之间在对象与规模、区域范围、组织性质、组织管理、资本构成等方面各有区别、各有优缺点。

（4）林权抵押，是一种林业金融创新，一种特殊的流转方式，福建集体林区主要包括商业性贷款与政策性贷款两种模式，具体有单户直接抵押、联户联保抵押、信用抵押、专业机构担保抵押与林权按揭抵押等创新性抵押产品，不同的抵押产品有各自的适应条件、应用区域、运作程序。

第 4 章　林权流转问题分析

中国最新一轮的林权制度改革开始于福建。完成“确权发证”主体工程后的福建林权制度改革也面临着和全国其他地区一样的均田制下单个农户超小规模经营的困境。走与社会主义市场经济体制相适应的、符合现代林业发展要求的规模化、集约化经营道路，促进林业生产要素的合理流动与森林资源的优化配置，提高林业经营效率，实现林业三大效益的协调发展，是福建林业发展的时代要求。林权流转是在保留林地所有权不变，维持林地承包经营权基础上，在自愿、平等、有偿原则下，将土地使用权按一定年限（不超过一个承包期）出租、抵押、入股转让（聂影，2010）。通过实践调研数据，结合相关理论支撑，研究特定时代背景下福建集体林区林权流转现状、问题及其风险，较系统、全面地了解流转过程中出现的新现象、新问题，可为下一步深入研究提供事实依据，也可为相关个体及部门的行为决策提供有益参考。

研究基础数据通过三个途径获得，即 2010 年、2016 年夏季的实地调研、国家林业局“集体林权制度改革监测”项目组、地方统计数据。实地调研总样本涉及福建省尤溪、顺昌、永安、泰宁、邵武、延平 6 县（市）22 个村庄有流转历史的 450 户农户及部分其他农户。待调查农户采用随机等距抽样法确定，其步骤如下：①请村委会提供全村花名册，对所有农户依次排号；②用村户总数（K）除以 3，得到等距抽样的间隔数 L（$L = K/3$）；③在每组 3 个名单中随机任取 1 户，并询问村委会干部是否有林权流转史，如有则作为调查对象，如该户没有进行林权流转则另在同一组内选他户。同时，要求访谈对象最好是能了解其实际情况的户主或其配偶。地方统计数据主要是各调研县（市）的林业局统计资料。

需要说明的是，根据《中共中央　国务院关于推进集体林权制度改革的意见》等文件精神，林权入股、林权抵押也应该属于林权流转方式之一。但由于认知偏差，地方林业部门统计林权流转相关信息时通常仅包括林权租赁、林权转让、林权转租等，而把林权入股、林权抵押数据单列。基于此，笔者设计调查问卷及进行流转特征分析时也采取这种思路，把一般意义上的林权流转与林权入股、林权抵押分开讨论。

4.1 林权流转现状分析

4.1.1 流转主体多元

林改前，林农基本不会把自留山拿出来交易，即使有也是发生在亲戚朋友、邻里邻居间私下的、自发的、口头协议的少量流转，大部分靠林业收入运转的山区集体经济组织成了林权转出方主体。林场、采育场、林业公司等国有单位是林权转入的主体。林改明晰产权后，流转市场主体呈现多元化趋势。转出对象有村集体、村小组、各种形式的联户及个体林农。林改主体工程完成前，村集体是流转市场的主角。大部分集体林权通过要素市场、乡镇林权交易中心等实体平台以招投标方式流转出去。目前，个体林农逐渐成了市场主角，农户间及农户与社会其他群体的交易活动更为频繁。国家林业局“集体林权制度改革监测项目组”调研结果表明，2015 年样本农户间的林权流转仍以村民间的交易为主，本村村民占到农户流转总规模的 61.98%，加上与外村村民的交易，村民间的流转交易占总流转规模的 76.35%。同期，流向合作社的面积则大比例下降，交易面积比例较 2015 年减少大约 17.8%，降幅达到 99.20%。流向城镇居民的交易面积也大幅减少，交易面积比例较 2014 年减少大约 4.45%，降幅达到 95.85%（集体林权制度改革监测项目组，2016）。农户更倾向于林木所有权的流转，对林地使用权流转比较谨慎，认为林地不仅是今后生活的保障，也是后代子孙的饭碗。村小组及联户的流转比重较小，且大部分发生在本集体内部，往往是由于亲缘关系或平时人缘较好，交给集体内部某个人经营。

林改后，林业政策暖风频吹，经营林业的利润空间打开，林权转入主体也由单一的国有对象向多元化方向发展。参与主体不仅有乡村集体经济组织及其成员，还有一些林农大户、私营业主、营林业企业甚至合资性质的大型林业企业都参与林权竞买。而后者由于具有资金、人脉、信息的相对优势，所占比例逐渐增加。近几年，永安、邵武、沙县等林权交易市场所拍卖的林地、林木等森林资源几乎全被这些强势主体竞拍所得，甚至很多理论规定只有本集体组织可以参与的拍卖活动背后也有其他社会资本的影子。调查发现，不同参与主体对林权内容及流转方式的偏好有所区别。林农之间一般是林地使用权租赁经营，通常面积较小，属于小规模流转；木材商人及有木材加工厂配套的林业企业对交易市场拍卖的活立木更有兴趣；营林业企业对村集体流转的林地+林木更有热情，但希望是规模成片的林地；一部分林业系统外的社会投机资本更热衷于炒地皮。

4.1.2 流转方式多样

林改前，除了林农间自留山的私下流转，林权通过行政划拨方式主要由村集体向国有林场、国有采育场及其他国有林业企业单向流动。这种行政手段调控森林资源的结果造成林权价格畸低，严重脱离其实际价值，极大侵害了集体经济组织利益。林改后，政府宏观调控下市场配置资源的灵活性、开放性、渗透性、便利性的优势展现充分，林权流转趋于活跃，流转形式多样化，市场选择手段也丰富了，林农所经营的林地摆脱了过去那种以集体承包经营为主的单一形式，呈现多样化趋势，租赁与转让是其最主要的方式。国家林业局经济发展研究中心集体林权制度改革监测数据显示，在全国流转的林地面积中，通过租赁方式流转的林地已达到524.18万公顷，占全国总流转面积的41.27%，成为最主要的流转方式。通过转让方式完成的流转林地达到513.21万公顷，占全国总流转面积的40.13%，作价出资和入股方式仅占10.20%，是第三大重要流转方式，其他流转方式完成了剩余的8.29%流转面积（朱善利，2017）。

笔者2018年对450农户的调查结果显示（见表4-1），租赁与协商转让是最主要的两种流转方式，分别占到调查样本的47.13%与43.03%，以拍卖及承包方式获得林地的比例极少。

表4-1 林农经营林权来源调查数据

获得方式	承包	拍卖	租赁	协商转让	其他
选择频数	10	30	230	210	8
选择频率（%）	2.05	6.15	47.13	43.03	1.64

4.1.3 流转内容丰富

当前，福建集体林区林权流转对象从经营类型上包括生态公益林与商品林，从林种上包括用材林、经济林、竹林及其他林种，交易品种多，内容丰富。而此与产权市场发育程度密切相关。林改前，集体林地 + 林木一次性转让给国有林业企业是主要内容，其他林种极少流转。林改后，产权流转市场逐步发育，流转品种更加丰富了。不仅优质林地，一些荒山荒地、采伐迹地、火烧迹地在很多地方也成了抢手货。而且现在林农有了一定话语权后，林地流转期限上有更多的主张。林木流转是林权交易市场的主要内容。林木流转分为活立木转让及采伐证转让。活立木转让是指林权主没有办理采伐证，通过双方协商或中介组织价值评估后直接流转出去。采伐证转让是指林权主在办理完采伐证及设计完林分蓄积量以及出材量后由承包商采伐，伐后把林地归还给集体或个人（聂影，2009）。活立木流转一般要求转让期不能超过一个轮伐期，买主主伐完林地上的林木后把山场归还卖主。很多林农家庭由于劳动力及资金、技术限制，更倾向于办理采伐证后承包给他人采伐，因此采伐证转让近年比例不断攀升。毛竹林、经济林收益高、见效快，是很多家庭经济收入的主要来源，林权市场出现流转的案例较少。

通过“集体林权制度改革监测项目组”2015 年对福建的监测数据分析（表 4－2），当前主要流转林地类型是商品林，占总流转数量的 99.3%，从林种上看，用材林占比最大，约为 74%，而经济林与竹林分别仅为 10% 与 6%。

表 4－2　2015 年福建省监测样本各类型林地流转情况

类型 1	公益林	商品林		
数量（亩）	78	10796		
类型 2	用材林	经济林	竹林	其他
数量（亩）	7529.5	1062.5	576	1706

4.1.4 流转趋势放缓

林改前，林权流转只是林农间的自发行为，交易量虽无从统计，但肯定不多。诸多专家研究发现，林改后南方林区林权流转呈加速发展态势（曾华锋、聂影，2009；聂影，2009；王润章，2006；徐正春，2005），而笔者调查福建集体

林区却得出相反结果。以福建三明市为例，如图 4－1 所示，从 2005 年到 2009 年，三明市林权交易次数及面积均呈逐年递减态势。2009 年交易次数 134 起，面积 0.89 万公顷，分别仅为 2005 年的 15% 与 53%，但从次均交易面积看，基本处于递增状态，说明整个流转趋势逐步向规模化方向发展。根据数据拟合 5 年来不同年度的交易次数知：$y = -6.42x^2 - 161.23x + 1060.8$，$R^2 = 0.928$，可见三明市林权交易次数每年递减趋势明显。考察其他区（县）情况也是如此，如沙县 2005 年交易次数 83 起，交易面积 1326.7 公顷，而 2009 年仅交易 9 起 121.5 公顷，如图 4－2 所示。

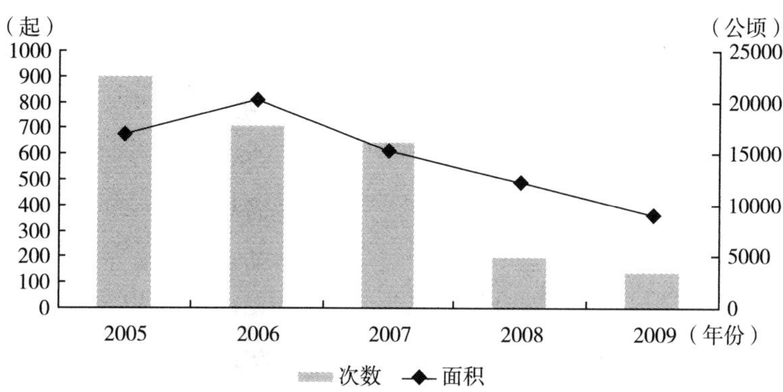

图 4－1　2005～2009 年福建三明市林权流转情况

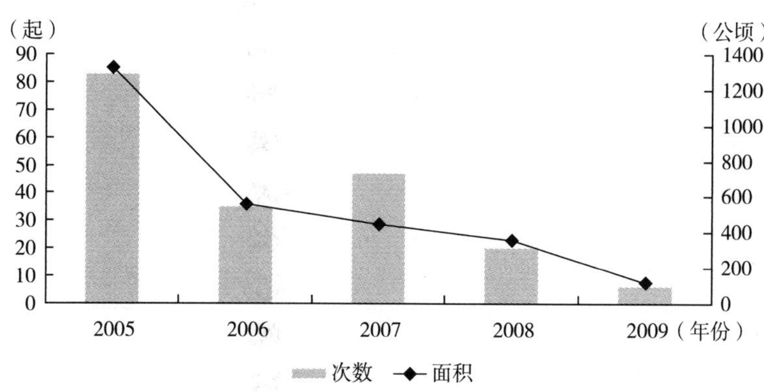

图 4－2　2005～2009 年福建沙县林权流转情况

采用"集体林权制度改革监测项目组"2010～2016 年对福建 10 个县 50 个

村500户农户的调查数据（见表4－3），林权流转规模基本趋势是逐渐萎缩。如监测对象2016年的流转规模仅为4335亩，占家庭经营林地的10.69%，仅为2012年的25%左右。

表4－3　2010～2016年福建省监测样本的林权流转规模

年份	流转面积（亩）	占家庭经营林地的比例（%）
2010	12634	28.52
2011	9826	23.07
2012	17893	45.09
2013	4805	20.48
2014	5560	17.41
2015	10875	32.23
2016	4335	10.69

4.1.5　流转区域不平衡

林权流转区域分布不均衡，各地区间差别很大。从全省概况来看，基本是闽南、闽中等经济发达地区的林地流转比率高于南平、三明、龙岩等闽北、闽西重点林区。究其主要原因，改革开放以来，该地区经济社会整体发展较快，一部分林农涉足兴办木材加工企业，更有部分林农选择其他非林就业机会，双方的流转意愿比较强烈。即使在同一地区的不同区县，林权流转的次数、频率也有较大区别。如表4－4所示，2018年流转次数上，大田506次，其次分别是永安、尤溪与三元，而最少的泰宁仅有16次。当年流转金额上，永安最高，高达7425万元，其次分别为尤溪与大田，泰宁最少。

表4－4　2018年三明地区各县（市、区）林权流转基本情况

地区	次数	面积（亩）	金额（万元）	单位价格（万元/亩）
梅列	19	3100	2380	0.77
三元	168	5200	3619	0.70
明溪	58	1050	2106	2.01
清流	103	4170	1598	0.38

续表

地区	次数	面积（亩）	金额（万元）	单位价格（万元/亩）
宁化	14	2040	1800	0.88
永安	191	2820	7425	2.63
大田	506	2470	5724	2.32
尤溪	175	2810	6120	2.18
沙县	37	2840	2714	0.96
将乐	60	1860	2357	1.27
泰宁	16	620	1101	1.78
建宁	29	1120	2139	1.91

形成林权流转区域差别的原因：①地方政府的政策导向。政策导向影响林业经营效益预期。如泰宁有世界自然遗产大金湖丹霞地貌、世界地质公园等丰富的旅游资源，旅游产业是当地的支柱产业，也是政府重点开发与挖掘的特色产业。旅游区政策调整频繁，造成林农对林业政策的长期性、稳定性心存疑虑，自然早期流转出林权的意愿就较强，林权交易量较多，而近几年基本形成固有格局，不再出现频繁流转现象。②地方经济结构布局。泉州、厦门等沿海发达地带，工业、服务业等第二、第三产业发达，给周围县（市）大量劳动力提供就业机会。对当地很多家庭而言，林业只是副业，林业收入只是家庭收入的零头，林业并不能成为其生活、社会保障的主要来源，在与其抛荒林地不如转手赚点收益的心理预期下，很多老百姓选择转出林地。而明溪、宁化等地方经济结构单一，林业占区域国民经济比重大，老百姓对林地经营的依赖程度高，自然把林地看为最后的生活保障而惜售。③永安、大田等地森林资源丰富，林业经济发展，市场交易体系较为完善，更多社会资本参与到林权流转中，促进交易量上升。

4.1.6 流转价格差异大

尽管福建大部分地区有专业的资产评估机构，给林业资产定价提供专业服务，但林权流转的定价也往往由流转双方协商而定，随意性较大。加之交易成本高，信息不对称，行政干预多，林权价格愈发不合理。表 4 – 4 结果显示，永安的林权交易单价最高，达 2.63 万元/亩，是最低区域清流 0.38 万元/亩的 7.5 倍。其中，固然有流转方式、森林资源特征等因素影响，但人为的、非市场化的因素依然占主要原因。笔者调查同样发现如下特点：①流转期限越短，其平均单价越高；②林分面积越大，其流转单价越高；③非联户经营面积比越大，流转价格越高；④本村村民间的流转交易价格较低，与外村村民或林业企业的流转交易价格较高。

4.1.7 流转意愿不高

作为流转市场最微观、最主要行为主体的林农，其流转意愿如何对林权流转市场化发展有重要影响。“集体林权制度改革监测项目组”的数据表明，样本农户流转意愿一直很弱，愿意流转林权的农户数量占全部受访农户的比例最高为2015 年的 19.43%，最低为 2011 年的 8.80%，7 年平均水平为 15.23%。相对应的是绝大部分样本农户不愿流转林权，不愿流转林权的农户比例平均占到受访农户的 84.77%，最高为 2011 年的 91.20%，最低为 2015 年的 80.57%。

笔者实地调研南平、三明地区的 450 户农户数据，形成农户林权流转意愿，如表 4－5 所示。

表 4－5 农户林权流转意愿调查

<table>
<tr><td rowspan="2">调查样本总数（人）</td><td>愿意流转林权人数（人）</td><td>愿意流转林权比重（%）</td></tr>
<tr><td>68</td><td>15.11</td></tr>
<tr><td rowspan="2">450</td><td>不愿流转林权人数（人）</td><td>不愿流转林权比重（%）</td></tr>
<tr><td>382</td><td>84.89</td></tr>
</table>

表 4－5 结果显示，在总调查样本 450 户农户中，有 382 户农户不愿意把自家的林地、林木流转出去或转入他人林权，占总样本的 84.89%，仅有 15.11% 的 68 户林农有流转意愿，可见总体上普通林农林权流转意愿不强。调查中发现，相当比例的农民把林地看作是自身的基本生存保障或今后就业无门的最后退路。有的农户甚至认为转让林地是在透支后代子孙财产，即使无力经营宁愿选择抛荒也不愿转出林地。

农民总体林权流转意愿较弱，但在不同人群组合中是否存在差异、差异程度如何，都值得关心。因此，问卷设计了不同文化程度、不同就业人群中的林权流转态度，其调查结果如表 4－6、表 4－7 所示。

表 4－6　不同文化程度林农流转林地意愿调查

流转意愿		小学以下	小学	初中	高中及以上	总数
否	数量	85	172	91	34	382
	比例(%)	18.89	38.22	20.22	7.56	84.89
是	数量	17	28	19	4	68
	比例(%)	3.78	6.22	4.22	0.89	15.9
总数	数量	92	200	110	38	450
	比例(%)	20.44	44.44	24.44	8.4	100.0

表 4－6 结果显示，根据不同林农（户主）的文化程度区分，高中及以上文化程度的林农不愿意流转林地比例最高，这可能跟其文化程度较高，对林业未来发展预期较为看好有一定关系。其次是小学文化的占 57%，而初中文化的林农不愿转出比例最少，为 20% 左右。对多数小学及以下文化的受访者咨询其不愿意流转林地的主要理由是文化程度低，怕不适应外面复杂环境而不敢外出打工，一旦流转出林地后就失去最基本的生活保障。

表 4－7　不同职业林农流转林地意愿调查

流转意愿		林业	以林为主兼业	林业非主业	总数
否	数量	125	193	67	385
	比例（%）	27.78	42.89	14.89	85.56
是	数量	15	28	22	75
	比例（%）	3.33	6.22	4.89	14.44
总数	数量	140	221	89	450
	比例（%）	31.11	49.11	19.78	100.0

从表 4－7 不同职业分布者意愿调查结果看，在总样本 67 户林业收入不作为主业的林农中有 22 户愿意流转林地，占 32.84%；林业收入是其主要收入的林农愿意转出比例仅占 10%（在其认为合理流转价格范围内），这个结果与其他人的研究基本是相一致的（赵阳，2007；刘克春，2006；聂影，2008；谢屹，2015；朱再昱，2013）。分析发现，非以林为主的兼业农户对山林收入的依赖小，林地对他们的保障作用远不及以林为主的兼业户，一旦脱离林地，他们的生活所受影响不大，也就意味着相对于林业专业户，在合适的时点，有合理的价位，他们转

出林权的意愿更足。

总体来看，绝大多数农民不愿意流转林地。不同文化程度、不同职业形式的组群内部对林权流转态度表现出明显差异性。导致林权流转意愿弱、组织内部差异显著的原因较为复杂，有林农个体自身原因，有传统文化理念影响，有社会保障制度建设不健全，等等。农户林权流转意愿的具体特征分析，可见第 6 章的实证研究结果。

4.2 林权流转障碍分析

4.2.1 农民参与决策权落实不到位

集体公有产权属于本集体内部成员共有。权利分配上，每个集体成员应该都具有参与决策权，这是社会民主进步的标志。林改前，村干部是集体产权的名义代理人，又是实际控制人。这种村干部既当“运动员”又当“裁判员”的扭曲的委托代理关系造成林业产权管理权限不清，利益分配机制不明，监督管理机制缺失，使得农民很难从林业经营中获得实际收益，也没有动力去参与森林资源管护与林业管理，造成林业经营“造林难、护林难、防火难、农民增收难、干群关系处理难”的“五难”尴尬局面，也形成农民集体事物参与决策权虚位。林改后，政府加大民主宣传力度与林权升值的经济驱动提高了林农参政议政的觉悟，村级民主建设得到很大提高。特别是福建出台《关于开展村务决策听证工作的意见》后，大部分村集体林权的转让都能够严格遵守《农村土地承包法》《中华人民共和国村民委员会组织法》等法律规定，经村民共同决策，在获得村民会议 2/3 以上成员或 2/3 以上村民同意后方进行流转。但个人权利凌驾于公法之上的事情也不少见。有些地方村干部利用自身人脉或宗族势力，对村级事务独断专横、瞒天过海、谋取私利，对集体共有的林业产权不经过村民代表大会通过，擅自转让、出卖，造成林农无地可耕、无山可种，极大侵害老百姓的民生、民权，激起群众很大民怨。如延平区某村几个村干部在大部分村民不知情的情况下以较低价格私自转让集体杉木林 3.85 公顷，直到事件曝光后造成很大的林权纠纷；永安安砂镇某村村主任私自转让村集体林地 17 公顷，转让金额、年限连他的后

任都不知道；等等。农民集体事物参与决策权的旁落容易滋生贪污腐败，不利于村级民主制度发展，不利于规范的集体林权流转市场的形成，不利于林权市场健康、有序发展。

4.2.2　部分地方政府过度干预

按照传统经济学理论，市场是资源配置的基础性手段。通过市场这只“看不见的手”，利用价格杠杆调节市场需求，在完全竞争市场中实现资源配置的帕累托最优。但林权流转市场中的商品——林地、林木等森林资源具有很强的外部经济性，其发挥的生态环境服务功能具有明显的非排他性与非竞争性特征，市场机制调节资源流动容易造成其配置的低效率，无法实现森林资源外部效应内部化，即存在市场失灵。根据传统的国家干预理论，当市场出现配置资源失灵的时候，国家作为一种替代性资源配置手段是合适选择。政府参与市场的森林资源流转积极性表现在：①通过制定林权流转的法律制度，规范流转行为秩序，弥补市场机制配置资源的不足，避免森林资源流转的外部不经济；②合理行使国家行政权力，给予财、金、税等政策支持，创造良好的林权流转市场宏观环境。但“乞求一个合适的非市场机制去避免市场缺陷并不比创造一个完整的、合适的市场以克服市场缺陷的前景好多少”（沃尔夫，1994），政府也不是万能的，也会犯错误，即“政府失误”。“政府失误”的最大表现是其并没有划清职能界限，认清自己的角色作用，常出现权力越界，使自己在调配资源时既当“运动员”，又当“裁判员”。当前部分地方政府受增加地方财政收入、显示地方政绩等利益驱动对土地流转的参与性过强，在林权流转中扮演着十分强势的角色，如部分地方政府以调整林业产业结构、推行土地规模经营为借口，用行政命令强行收回农民承包的林地，搞“反租倒包”；不经村民代表大会通过，也不和农民协商，采取下指标、搞摊派的办法强流硬转；动用国家机器力量，对“抗拒”乡村两级命令的所谓“钉子户”采取强制手段；等等，由此导致广大农民的主导作用难以得到充分尊重和发挥（蒋永穆，2010）。

4.2.3　非规范性流转大量存在

林权规范流转是发育成熟的产权市场制度健全、机制完善的标志。相比林改前的稚嫩市场，当前林权流转程序，特别是关于集体林权的流转更加规范、有序，但不规范现象也大量存在，主要表现在三方面：定价非规范性、流转合约非规范性及流转程序非规范性。

4.2.3.1 定价非规范性

价格是市场商品交换的重点。合理的价格形成机理是商品市场发育成熟的标志。森林资源不像普通商品市场上的标准化产品有统一的市场价格。世界上找不到两片林地与林分质量完全一样的森林资源。森林产品的不规则性与异质性决定其价格确定的复杂性、技术性。林权价值评估是一门技术性很强的学科，需要有专业的理论及技术支撑。受限于自身技术知识缺陷及聘请专业评估公司高昂费用与复杂程序，发生在普通林农之间的林权流转交易价格基本没有经过科学核算，仅凭毛估目测，定价相当随意，相当不规范。笔者对466户有流转历史的农户调查结果显示，有聘请林业专业技术人员估算林权价格的仅为12户，占总样本的2.58%。也有很多村组集体转让的林分仅靠集体内部村民的简单估计作为招标拍卖的标底，没有经过有资质的森林资源资产评估机构的核定测算。

4.2.3.2 流转合约非规范性

中国农村是一个组织，有时候人缘人脉、村规民俗比法律上的条款合同更有适生土壤。当前很多林权只限于本村、本小组、本宗族间的小范围的流转。受血缘、地缘关系影响，多数流转仅有口头协议而没有具体合约，即使有合约也是很粗糙的简单规定，缺乏流转双方权责利的规定，有的甚至连流转期限、流转面积、流转价格等基本要素都没有标明。调查显示，发生在本集体内部的258个样本中，有流转合约的仅为107户，占41.5%，而这107份流转合同中规范的更是不多。当问及为什么不签订合约时，103户（40%）认为自己人或熟人，签合约显得生疏，没必要；32户认为也想过，但不好意思开口。

4.2.3.3 流转程序非规范性

林权交易市场明确规定，交易物要经过包括是否符合转让范围、是否进行资产评估、是否经过集体经济组织代表会议通过、拟转让标的物是否发出招标公告、投标方是否符合招投标要求等程序的严格审核；拍卖现场要有公正、工商部门参与过程监督等一系列规范程序。但实践中经常出现村干部不经村民代表大会集体表决擅自出让山林、政府部门插手林权流转，少数几个强势木材商人围标、串标等现象，非规范性流转时常存在。

4.2.4 法律、法规与制度建设滞后

由于林业自身固有的特点及时代特征差异，当前林权流转的主要法律法规依

据如《农村土地承包法》《土地管理法》《森林法》《森林法实施条例》等都显得适应性不强，林权流转实践中出现的诸多问题无法用现有的法律条文加以约束。《中共中央　国务院关于加快林业发展的决定》第十四条再次明确要求"国务院林业主管部门要会同有关部门抓紧制定森林、林木和林地使用权流转的具体办法，报国务院批准后实施"。但时至今天，林权流转的全国性立法仍未出台。

林权流转，作为深化林改的重要举措，需要有一套系统、完备的法制法规来规范其运作程序。在全国性立法缺位情况下，福建各级部门也出台了一些规范林权流转的法规条文，如《福建省森林资源流转条例》对规范森林资源流转，保护森林资源流转当事人的合法权益，促进福建集体林区林权流转有积极意义。但有的相关文件规定却值得商榷，如《福建省林业厅关于进一步规范林权登记发证工作若干问题的通知》（闽林［2007］2 号）规定对于已经流转的林地，受流转方申请林权变更登记的，林权登记机构依法予以登记，并在流转方的林权证上登记备案流转合同的主要内容，暂不换发林权证，流转双方的权利义务按合同约定执行。该通知出发点是防止炒买炒卖山林，避免造成新的失山失地，维护广大林农利益。从维护社会公平角度看，有其合理性。但根据该通知，一旦流转后不能进行林权证变更，会造成山林的实际经营管理者无法获得相应的权证，林权证持有者却不是真正的山林经营管理者的尴尬的"权""证"分离，会使拟转入山林经营方畏惧后期山林纠纷而削弱流转意愿。更甚的是，实际山林经营者不能凭借林权抵押贷款的唯一合法凭证——林权证获得金融贷款以解决林业建设资金不足问题，造成山林经营困难。从这个角度看，该通知不利于林权流转市场的培育。

4.2.5　林权流转配套措施不完善

林权流转配套措施不完善主要体现在宏观层面的社会保障体系与中微观层面的社会化服务体系。对集体林区林农而言，林地不仅是一种满足生存、提供就业保障的基础生产资料，更是一种对现金型社会保障的有效替代，具有一定程度的社会保障作用（蒋永穆、杨少垒、杜兴端，2010）。福建集体林区多处于经济欠发达地带，还未形成比较健全的社会保障体系网络，较低的社会保障水平还难以起到保障农民基本生活的作用，林地作为林农基本生活保障的物质属性没有发生根本性变化。

林权流转社会服务体系建设固然取得可喜进展，但离满足成熟的市场化体系建设的需求还有很长的路要走。社会服务中介组织欠发展；林权流转信息传播渠道过于狭窄；政府服务意识与行政职能转变不到位；集体组织功能发挥不合理；林业科技与法律服务缺位；森林资源资产评估专业机构与技术人员不足；等等，都严重制约着林权流转市场规范运行。

4.2.6 森林采伐限额制度制约

森林是生态、经济、社会三大效益的统一体，具有显著外部效应。在森林所提供的生态效益总量不高于人类对生态环境总需求量之前，生态效益与经济效益永远处于对立面（许接眉，2010）。为控制森林资源的过度消耗，维护自然生态环境，《中华人民共和国森林法》第二十九条规定："国家根据用材林的消耗量低于生长量的原则，严格控制森林年采伐量。国家所有的森林和林木以国有林业企业事业单位、农场、厂矿为单位，集体所有的森林和林木、个人所有的林木以县为单位，制定年采伐限额，由省、自治区、直辖市林业主管部门汇总，经同级人民政府审核后，报国务院批准。"森林，包括商品林，生态正外部性效益显著，具有公共物品属性。法理上看，森林资源这种公共品性质决定林权人在行使私权时必须履行维持森林持续经营等公法义务（《中国集体林产权制度改革主要政策问题研究》课题组，2010），国家基于保护生态环境和维护国土安全角度考虑，通过立法以行政手段控制森林资源消耗量是合理的。但是，采伐限额制度是对公民森林物权的一种侵犯，是剥夺了林权所有者的处置权与收益权，是对完整产权制度的一种破坏。产权经济学理论认为，让渡部分产权以获得经济补偿是天经地义的。建立林业生态补偿基金，弥补采伐限额制度对公民财产权的侵犯，是所有权的本义，也是市场经济的本义。中国当前已建立生态公益林补偿基金，而对商品林生态效益补偿制度缺失。森林采伐限额制度的存在与商品林生态效益补偿制度缺位，对集体林权流转的影响体现在：林权转入者不能根据自己的意志行使法定权利，不能根据瞬息万变的市场环境调整经营策略与经营方向。其结果是抑制社会资金参与林业建设的积极性，抑制林权市场的成长、发育，不利于缓解林业经营资金不足瓶颈。

从资源配置方式看，森林采伐限额制度属于完全意义上的"看得见的手"在主导。政府行政权力的无限扩大与监督管理机制缺位，造成制度性寻租现象不可避免。采伐指标的稀缺性使得其在分配中由单纯的木材生产问题上升为"林农关心、媒体关注、政府关切"的社会热点和焦点，权力腐败事件并不少见。"跑采伐指标"成了一些"能人"炫耀的本事。当然，也有一些"有权人"相继被

银弹击中落马，如泉州德化县林业局原副局长黄某，利用分管林木采伐职便，共 41 次收受木材经营者贿赂 25.6 万元，被判处有期徒刑 10 年 6 个月。综上认为，这种强制性的制度约束严重破坏了林权流转秩序，极大制约林权流转市场的健康发展，不利于资源要素的合理配置。

4.3 林权流转风险分析

所谓风险，是关于人们不愿意看到的事件发生不确定性的客观体现，具有客观性、普遍性与不确定性。林权流转中的风险是指林权流转过程中由于各种主客观因素综合叠加作用导致其经济行为偏离正常的运行轨道而产生损失的可能发生概率及损失强度，其同样具有普遍存在性、不可预测性。借助于市场机制作用下信息公开透明、交易费用低、资源配置效率高的优势及服务型政府的宏观组织与监督协调，形成政府宏观调控下的市场机制资源配置过程，促使林地、林木等森林资源的合理流转，实现林业经营的适度规模，达到生态、社会、经济三大效益协调的帕累托最优，是林权流转的终极目标。但由于当前市场协调机制不成熟，政府职能定位不准确，社会配套改革措施不完善，使得森林资源难以按市场化规律进行配置，由此可能产生一系列经济、社会与生态风险。

4.3.1 经济风险

4.3.1.1 损害林权转出方利益

作为林权流出方主体的个体林农处于经济行为链的弱势端，在林权流转中可能受到的损害包括：缺乏林权流转的知情权、话语权、参与权；无法获得事前约定的林权流转收益。其主要原因有三：

第一，地方政府出于自身局部利益利用行政权力过度参与林权流转（有的甚至是强制性的单方面流转）形成过低的林权征用补偿价格，对林农经济收益造成损害。据韩国康（2016）研究，在多种森林资源产权变动定价方式中行政定价的成交单价远远低于租赁、招投标、转让等其他定价方式。

第二，经营权归属于集体经济组织的林权管理，具有明显委托代理特征。委托—代理经济模型中委托人与代理人责任与激励方面的不一致以及信息间的不对称，使得代理人有可能利用自身的信息优势背离委托人的利益，采取机会主义行为，为自身牟利（陈建斌、郭彦丽，2010）。集体林产权主体关系模糊情况下，以村干部及少数几个村民为核心的集体林权经营代理人在缺乏有效的监督激励机制作用下更多的是从自身利益最大化角度考虑，把名义上集体共有的资产变成“干部林”“私有林”，从而损害个体林农利益。如三明市将乐县白莲镇多位村民上访反映村集体干部非规范性流转集体林权，涉及合同200多份，林地面积4.67万公顷（陈先中，2010）。

第三，当前风险防范机制尚未建立，投融资体系建设不完善，林业经营长周期性的特点结合国家产业政策及林产品市场环境的剧烈变动都有可能对投资林业收益预期产生很大风险，从而加大林权转入方的经营风险。理论上，林权转入方与转出方既是博弈主体，也是一对利益与风险共同体。一旦转入方承担风险超过其自身承载力时，其最优选择策略是违约，经济术语称之为“理性违约”。转入方“理性违约”的败德行为对林农而言意味着经济损失。特别是近年谋求暴利的社会投机资本参与林地积极性高涨，林地多序流转现象增加，部分林区资本投机倒把苗头显现，买方违约事件频有发生，如2017年某木材经销商以分期付款方式在闽北某县租赁280公顷的种植工业原料林，后该商人因资金链断裂而采取不道德的违约行为，给相关签约户造成较大的经济损失，等等。

4.3.1.2 损害转入方利益

转入方利益的损失主要有两方面原因：

第一，合约对象的违约行为引起效益的损失。作为“经济人”的林农也是“理性个体”，比较利益差异决定其林权流转态度。当林农觉得价格合理，可以接受时，愿意转出林权。但当经济、政策环境变化，原先已转出林权出现理论增值时，林农也许会出现微妙的心理变化，可能采取机会主义行为，单方面违约，要求收回林权或对方追加林价款差价。而一旦要求得不到满足，可能会采取盗砍林木、毁坏林道等各种非常规手段。这种现象对林权转入方造成很大的经营风险。永安林业集团、青山纸业、南平纸业等大型林板纸一体化企业在林区所并购的山场极易成为林农盗砍的对象，在很大程度上印证了这个论述。

第二，地方政府政策的频繁调整带来的风险。林业是弱势产业，在福建集体林区很多林业不是主导产业的区县，为了拉动经济及追求官员政绩，政府可能频繁调整产业政策，大量林地被改为他用。按政策规定，土地补偿款归林地所有权属所有者集体经济组织，林地使用权者仅能获得林木及其他地上附属物价值赔

偿。而很多转入方在签订林地使用权转让合同时已经足额支付给林农合约期内的全部使用费。相对于大额的林权转让费而言，政府青苗费的补偿款就是杯水车薪，经济损失可想而知。因此，这种政策不稳定造成林地使用权被强行剥夺而产生经济损失风险，极大损害转入方的利益。

4.3.2　社会风险

4.3.2.1　加大居民之间的贫富差距

贫富差距加大是个社会结构性矛盾，是当前社会关注焦点。即使在相对贫困的林区，贫富差异与社会不平等同样存在。早些年，在林业税费负担沉重，木材价格萎靡不振，经营林业无利可图的情况下，很多林农选择到城市务工或自主创业而流转出林权，在一定时间内失去了土地这一基本的生活载体。随着国际经济形势剧变及国家产业政策调整，闽南地区大量劳动密集型的、低技术附加值的企业面临倒闭或产业升级，导致林区大量的农民工失业返乡。在目前社会保障体系不健全情况下，这些失地失业的农民工丧失了基本生活与社会保障，生活水平有可能急剧下降。而早期那些低价转入林权的林业大户在林业税费改革、木材市场行情升温等多种利好要素推动下，加上自身经营管理经验及技术优势，通过适度规模化经营，获得高额的经济回报，迅速走上致富道路，从而拉大农村内部收入差异，影响农村社会和谐稳定。

4.3.2.2　增加林权矛盾纠纷

林权流转过程存在多方博弈。面对强势的非农业资本、强权的地方政府与“营利性经纪人”乡村干部，林农处于博弈弱势方，其林权权利容易被侵犯。大量林农的过快失山失地，不仅加大农村内部贫富分化，也产生大量林权纠纷，造成新的阶级对立。当正当权益受到侵害的林农失去基本生活保障，丧失基本生存权的时候，破坏、反抗是他们不二的选择。强制性的、不规范的林权流转产生大量林权纠纷，容易酿成群体性事件或越级上访，成为农村社会不稳定的主要因素。据统计，2012 年全国林地承包纠纷数量新增 25.6 万件，是 2011 年 11.15 万件的 2 倍多，2013 年比 2012 年增加林权纠纷 41.63 万件，争议面积 38.74 万公顷，涉及 29 个省（市、区）（邢红，2016）。仅福建省三明市 2005 年以来林区群众到市级上访有 48 批 268 人，省级上访 20 批 90 人，特别是将乐白莲、明溪紫云、尤溪葛竹、清流范元等反映集体暗箱操作、非规范性大面积低价流转山林的信访案件更为突出（陈先中，2010）。厦门大学“中国林改百村跟踪观察项目”的调研监测显示，“几乎所有的村都不同程度地存在林权纠纷现象，最少的数起，最多的达上百起，因此，真正的纠纷远高于各县的统计数据，且不断有新的纠纷出现”（贺东航等，2015）。

4.3.2.3 造成资源配置低效率

市场与政府是实现资源配置的两种基本方式。对于一个健康运行的经济形态来说，市场和政府这两个部分都是必不可少的，现代经济的操作如果没有市场或政府就像一个孤掌难鸣的经济。林业外部性和公共服务效能及林权市场存在的信息不完全与不对称性决定了市场机制在调节林权流转中存在天然缺陷，即市场失灵。市场配置资源的失灵需要政府这只“看得见的手”承担起资源配置任务，以提高林业资源配置效率。但当前政府又存在职能定位不清、权利错位等弊病，特别是部分政府官员出于谋求局部利益或个人私利，过分强调其行政职能而忽视服务意识，对林权流转市场健康运行并没有起到应有的作用。“市场失灵”和“政府失误”共同造成市场资源配置的低效率。

4.3.3 生态风险

林业资源具有经济和生态双重属性，作为林权流转主要对象的商品林亦不例外。近年来，自然灾害的频发对人们生命与财产造成的重大损失更是体现了森林资源生态效能的重要性。通过森林采伐限额等林业政策整合提升森林资源存量与功效，保障森林生态安全与国土资源安全是林业战略发展的主要目标。政府也一直希望通过规范化的林权流转来优化资源配置效率，提高林业经营管理水平，从而提升林分质量，使森林达到更优的生态防护效用，实现林业发展战略目标。但是，实践中“理性小农”和作为人格化资本的企业的自身目标导向与国家的战略意图是矛盾的，从而引发微观目标和宏观目标之间的冲突。林农或企业追求的是经济效益，是通过收获木材等林产品实现其经济目标，在没有获得足够生态基金补偿情况下不会考虑到森林的生态效能。利益驱动下的林农采取短视行为乱砍滥伐林木的概率是很大的。林农“蚂蚁搬家”式的违规作业则对林业部门的管理形成巨大挑战。如果通过规范流转，实现林权相对集中，则对林业部门的统一管理很有帮助，也就能在很大程度上减少破坏森林资源的行为。从这个层面看，当前林权流转障碍间接破坏森林资源，加大水土流失，危及森林生态安全与国土资源安全。

此外，部分地方政府局部利益与国家宏观战略目标不一致也会影响正常流转，破坏森林资源，危及森林生态安全与国土安全。如有的地方政府官员为了GDP和个人政绩，开出丰厚条件招商引资，强制要求林农或乡村集体组织低价转让林地林木作为大型企业工业原料林培育基地。当在这种强制性交易过程产生政府、企业与个人激烈矛盾冲突时，森林资源通常会成为弱势林农泄愤与获取补偿的对象。同时，林地大量集中在林业经营公司手上，公司必将对林地进行大规模统一规划造林，使得区域内林分结构单一，植物多样性降低，导致森林生态系统多样性遭到破坏，系统内能量流、物质流、信息流交换受限，系统抗干扰能力下降，最终可能导致区域生态环境恶化。

本章小结

（1）在不断完善的林权流转制度及更加健全的社会化服务体系支撑下，林改后福建集体林区林权流转参与主体更加多元化、流转形式更为多样化、流转内容更为丰富。当然，也表现出其他特点，如林权交易量呈逐年放缓趋势；受区域产业政策、经济结构等因素影响，不同地区交易分布极为不平衡；林农总体流转出林权的意愿不强，并且在不同文化程度、不同就业结构的人群中具体表现也有所差异。

（2）集体林权流转障碍大量存在，归纳起来包括以下几点：农民参与权得不到有效保障；地方政府行政权力滥用；林权定价机制、流转合约条款与操作程序规范性差；林权流转全国性立法缺失；现有若干条文规定不利于流转市场健康发展；农村基层社会保障体系与林权流转社会化服务体系建设有待加强；森林采伐限额制度抑制林农间的小规模流转，极易产生权力寻租，不利于公平、公正的市场环境形成。

（3）林权流转障碍的存在，自然会造成一系列的风险。经济风险上，行政权力的过度干预、流转合约的不规范、市场信息的不对称等会造成林权转入方与转出方二者的利益受损；社会风险上，主要表现为林权流转障碍形成的林权矛盾纠纷增加，村民间贫富差异加大，造成社会不稳定；生态风险上，流转障碍形成了对森林资源的破坏，从而危及森林生态安全与国土资源安全。

第 5 章 林权流转问题的经济学分析

集体林权规范流转对于避免林权纠纷及森林资源遭到破坏、保障各利益主体合法权益、促进林业生产经营的规模化、集约化，提高林业生产力水平有重要现实意义，是实现林权制度改革目标的主要内容。第 4 章通过实地调研发现，当前林权流转规范性还比较欠缺，流转制度绩效并没有充分显现。为进一步追本溯源，更深刻了解当前流转特征背后的本质问题，本章基于相关经济理论，从宏观角度探讨驱使林权流转经济行为发生的各种推动力及当前流转激励不足的主要原因，进而讨论激励流转的机制优化问题。

5.1 林权流转驱动力分析

5.1.1 比较利益是内在动力

竞争性市场环境中，比较利益或机会成本是资源和市场要素流动配置的“指挥棒”。比较利益是指一种市场要素投入不同生产领域给生产者带来不同利益或福利的比较（祝海波，2006）。机会成本是指一种资源（如资金或劳力等）用于本项目而放弃用于其他机会时所可能损失的利益。比较利益理论或机会成本理论实际上都是描述一个资源要素所有者实现自身效用最大化的最佳路径选择。林权流转其实也是一个行为双方进行利益比较或机会成本考虑后的行为选择结果。理论上，当流转双方都基于经营能力、经济实力、家庭劳动力等诸多方面综合权衡后发现进行交易可获取高于其从事其他行业所获取的机会成本时，交易行为才会

发生。具体而言，当转出方获得的林权转让收入及其从事其他非林行业的收入大于其继续从事林业收入时，其才有转出林权动力。同样，只有当通过转入的林地及林木的预期收入大于其支付成本及其他方面的机会成本时，转入方才愿意转入林权经营。其机理数学表达式：

（1）转出方：$B+X_0/(1+r_0)+X_1/(1+r_0)>A_1$，其中，$B$ 表示通过转出林权的前期一次性收入；X_0 表示林地经营收益时的阶段性分红；X_1 表示从事非林行业的经济收入；A_1 表示放弃经营林地的机会成本；r_0 表示转入方的目标收益率。

（2）转入方：$f(t)-B-X_0/(1+r_0)>A_2$，其中，$f(t)$ 表示转入林权经营后的纯收入预期现值；A_2 表示转入方经营林业而放弃经营其他行业的机会成本。

福建林权制度改革实行以家庭或联户为单位的产权均分化配置模式。产权落实到位确实极大激发了林农营林造林积极性，出现部分农民“把山当田耕、把树当菜种”好兆头。但这种均分化产权分配模式在强调社区居民间“人人平等”的同时造成土地经营的凝固化，形成“一山多主，一主多山”的林地经营格局，违背了资源配置的重要原则——效率原则，无法实现森林资源的最优配置。对部分林农而言，自家林地分布的破碎化、分散化、小型化不利于其合理开展森林病虫害防治、森林防火、森林抚育管理、林木采伐等生产经营活动，经营林业增收增效并不显著。经济学理论认为，利益是行为的原始驱动力。林农也是“理性经济人”，心里也有一本明白账。当其他产业能提供其力所能及的工作机会且有更高经济回报时，“经济人”农民自然有流转出林地的意念与行动，林权流转供给市场就此产生。近几年，随着城市第二、第三产业的发展，城镇化、工业化脚步加快，为农村劳动力转移提供较大空间，也由此引导着很多林农选择转出林地，外出打工。当然，林农转出林权的影响因素是多维变量，且不同人之间变量维数与维度都不相同，经济驱动力是其充分条件而非必要条件。

资本的嗅觉是灵敏的，对利润最大化的追求是资本的本质。当某行业的经营利润率大于社会平均利润率时，就会诱使社会资本进入该行业，追求超额经济利润，这是市场基本规律。林业是弱势行业，同样也是朝阳产业，有着巨大发展前景。当林业经营达到适当的经营规模，实现专业化的分工带来劳动生产率的提高，实现劳动力、资金、技术等资源的合理化配置时，林业经营的投资收益率是有可能高于社会平均投资收益率的，就可能诱使社会资本进入林业行业，通过林权流转市场达到适度规模效应，实现超额利润的一般要求。图 5－1 中横轴表示投资，纵轴表示收入，AB 表示社会平均投资收益率，CD 表示经营林地边际收益率曲线，P_1、P_2 分别表示 AB 与 CD 相交的两个点 M_1、M_2 所对应的投资额。假设单位林地所对应的投资额相等，则 P_1、P_2 分别对应的林地经营面积 S_1、S_2。当林地规模处于 S_1、S_2 间时，经营林地的投资回报率高于社会平均回报率，则会吸引社会资本进入林业行业，而当林地经营面积小于 S_1 或大于 S_2 时，由于投资收益水平小于社会其他行业平均水平，就会促使社会资本向其他更高收益的行业流动。当然，图 5－1 也揭示了规模经营的"度"的问题，即经营规模的无限扩大并不一定能实现规模经济，经营规模要强调"适当规模"，而不是"无限规模"。

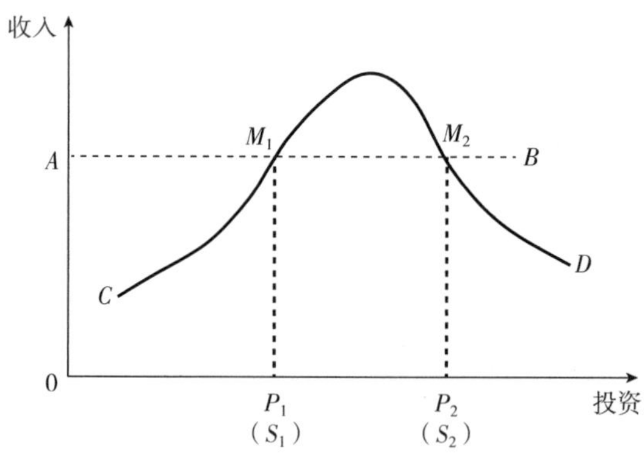

图 5－1　比较效益对林业投资抉择的影响

5.1.2　科教文化是外在推力

竞争性市场中，社会生产要素由低收益行业向高收益行业流动的规律使得理论上不同社会生产部门的资本投资收益率处于一个相对均衡的状态。但在同一行业（或部门）不同经营者之间存在明显的经营效益差别化，营林业也不例外。经营着自家"一亩三分地"的林农与适当规模经营的林业企业的经济利润是不一样的。而这种利润差异来源除了摊薄生产、销售、管理等方面的成本外，林业科技效应显著。林业科技因素包括技术科学与管理科学。相对于文化程度低、信息获取渠道不畅和分析处理能力弱、经济基础薄弱、抗风险能力差的一般林农而言，作为林权转入方主体的"农村能人"、木材商人或林业经营企业对于林业科

学技术应用以提高经营管理水平及效率，在增加林产品科技含量以提升其产品附加值等方面处于明显优势，如转入方在实现一定经营规模情况下会考虑引进抗逆性强、单产高的林木良种壮苗；借助 GIS、GPS、RS 等信息技术进行森林病虫害防治与森林火灾防患；采用标准化技术造林以提高林木生产率及单位蓄积量；通过缜密计算后的科学、合理的森林采伐以保证森林的可持续经营；建立产、供、销一体化的经营体系，实现采伐三剩物的高效利用；等等。从管理科学上看，林农生产是独自经营、各自为政的，品种混杂、布局凌乱，难于形成专业化经营，无法体现经营的区域化优势和品牌优势。而一些大型林业龙头企业根据现代企业经营模式要求，运用先进的管理技术，通过内部人力与技术资源的整合，实行高度专业化分工协作，实现产品深加工，提升产品利润和经营效率，实现高额利润。科技应用方面的不对称性导致经营效益的巨大差别化，可能促使双方在充分对比自身利润差后产生流转行为。

相关研究表明，区域教育事业水平是经济发展的函数，二者存在很大的正相关。中国长期以来实行城乡分离的二元化经济体制，区域间、城乡间经济发展水平落差大，导致教育经费、教师队伍、教学设备等教育资源向经济发达地区的过度聚合，城乡教育不公平现象颇为突出，“城乡教育均衡化”“城乡教育一体化”等理想词汇成为没有实质内涵的政治口号。有的学校是教学大楼，有的学校却是土地砖墙甚至是危房；有的学校是宽阔的塑胶跑道，有的学校却连个操场都没有；有的学校有现代多媒体设备，实施信息化管理，而有的学校只有录音机、幻灯机，实施黑板加粉笔的管理体制（李华，2010）。随着城乡间信息交流增多及公共媒体平台的宣传作用，越来越多的农村家长也意识到知识的重要性及其区域教育资源薄弱性，更多的人希望通过城乡迁徙为子女创造更好的教育条件，出现村、镇、县、市、省多级单向流动的学生“择校热”。这种由于区域教育资源禀赋差异导致部分偏僻乡村林农为子女接受良好教育考虑采取打工、经商、投靠亲戚等多种方式进行家庭迁徙，推动林权流转的产生。笔者对三明市沙县高桥镇、青州镇 200 多位林农调查发现，家有上学适龄儿童的户主中超过 35% 的受访对象有流转出林权，迁徙到市、县一级教学条件较好地方居住的想法。

文化因素对林权流转的作用表现在人的更高层次的心理需求上。随着经济发展差异进一步扩大，城乡间的文化鸿沟逐步拉大。经济的高度发达造就了繁荣的城市文化，城市的高楼大厦、车水马龙对长期处于信息闭塞的贫困乡村林农而言是巨大诱惑，会诱使其做出进城定居行为，出现了农村人口城市化。进城定居的林农就会转出林地使用权与林木所有权，林权流转就必然产生。

5.1.3 经济环境是基础前提

如上所述，林农的林权流转决策是建立在比较利益或机会成本基础上的。而实现优势利益的前提是从林地上转移出去的劳动力的再就业。一旦不能实现再就业，对于王景新（2001）笔下“视土地如命根子，无论是自耕地还是租赁土地，除非极端情况绝不放弃土地和土地经营”的农民而言，是不会放弃土地的。可见，林区劳动力的有效转移与劳动者身份转化是实现林地使用权流转的关键，而劳动力转移又与客观经济环境联系紧密。

改革开放前，农民身份是凝固的，土地是农民的“责任田”“保命田”，不论国家政策还是社会经济环境都不利于农民身份转变，农业成了我国劳动就业贡献率最大的产业。改革开放后，工业化、城镇化进程加速，为农村劳动力转移提供了广阔的就业空间，大量的农村劳动力从土地中解脱出来，实现由农民向工人、商人的身份转变。福建地处我国东南沿海，皮革、服装、鞋业、建筑材料等传统制造业发达。传统制造业的特点就是有机构成中劳动资本所占比重大，单位产值吸引劳动力份额多，属于典型的劳动密集型产业。张烨（2017）的研究表明，福建皮革制品、服装等传统产业集群就业贡献率为73%，而支柱产业集群与农产品加工产业集群就业贡献率仅为21.7%与5.3%。劳动密集型制造业的发展创造了闲余劳动力转移条件，弱化了林地保障功能，极大地促进了林地使用权流转市场的形成与发展。

林业企业面临着各种交易费用和规模经济要求。但同时，林产品市场的供求状况及其未来价格预期更是企业经营决策的重要支点。当前经济环境打开了林业经营利润空间，激励更多资本参与林业建设，为林地使用权市场化流转奠定基础。林业经营环境改善主要表现在：

（1）国家林业战略调整凸显福建商品林业地位。1998年前，林业基本以提供工业发展所需的木材等林产品为主，是典型的生产型产业。“98长江洪灾”后，我国林业发展战略发生重大改变，林业建设由以木材生产为主向提供生态服务为主转变。国家实行林业六大重点工程，全面停止长江上游、黄河中上游地区工程区天然林商品性采伐，大幅调减重点国有林区木材产量。国家林业发展战略的转变更突出福建集体林区在商品性林业经营中的重要地位。

（2）关联产业发展迅速，市场空间广阔。全国2017年房地产住宅投资

75147.88亿元，是2007年18005.42亿元的4.17倍；房地产业增加值由2007年的1389.7亿元增加到2017年的53965亿元；福建的家具制造业总产值由2000年的19.83亿元增加到2009年的168.5亿元，增幅为850%；造纸及纸制品业产值由2000年的81.01亿元增加到2009年的400.31亿元，增幅是494%（福建省统计局，2010）。建筑业、木材加工业、造纸与纸制品业等关联行业的快速发展为商品林业提供了广阔市场空间，福建林区的木材产量也由2000年的334.9万立方米飙升到2009年的11109.4万立方米，毛竹生产量也由1.58亿根增长到2.46亿根（福建省统计局，2010）。

（3）木材进口环境恶化提供了商品林业发展的良好契机。中国是世界最大林产品出口国，同时也是世界第一原木进口国，截至2015年，中国林产品进出口贸易额达1400亿美元（熊立春、程宝栋，2018）。随着林业六大工程实施，中国原木对外依存度也由1997年的23.56%上升到2005年的57.32%，2015年超过50%。过度依赖于海外市场解决国内木材供需矛盾，使中国不仅受制于木材出口国的产业政策调整，也背负着巨大的国际环境责任压力。面对尖锐的木材供需矛盾和日益恶化的木材进口环境，商品林业发展迎来了良好契机，而福建林区依托良好的立地质量和便利的交通运输体系，林业发展大有可为。

5.1.4　制度完善是根本保障

根据新制度经济学的制度变迁理论，制度变迁分为诱致性制度变迁与强制性制度变迁。诱致性变迁是指一群（个）人在响应由制度不均衡引致的获利机会时所进行的自发性变迁；强制性变迁指的是由政府法令引起的变迁（林毅夫，1994）。集体林权制度改革后林权流转的初期阶段是典型的诱制性制度变迁，是由于家庭承包责任制的强制性制度安排致使农民经营困难而自发进行的私下非规范性交易。自发阶段产权交易的无序性、混乱性、非规范性致使政府制定法律法规、采取政策手段规范市场交易行为，林权流转制度安排由诱致性制度变迁转化为强制性制度变迁。同时，林权流转制度是一种次生性制度变迁，明晰的产权边界界定是其形成的根本保障。从市场经济运行机制看，产权制度是否健全关系着"无形的手"能否发挥作用。产权界定不清楚，则交换就很难产生，产权的转让促使生产要素合理流动，实现资源要素优化配置。如果产权不能转让，只能通过非市场手段配置资源。产权界定明晰，林农知道拥有林地的四至界限及对该林地的权利、责任与义务，形成较为完整的权利束，是流转行为发生的基础。

具有强制性法律效力的林业产权制度安排对林权市场化运作起着关键作用。新中国成立后，我国经历了土地改革、初级合作社、高级合作社与人民公社、林业“三定”、林权市场化运作五次以林地使用权为核心的林权制度改革。在制度约束下，从1953年的林业生产合作初级社到1980年的林业“三定”之前，林地、林木等集体林权是禁止流转的。直到20世纪90年代初才零星出现林权市场化运作。随着我国社会主义市场经济体制改革的逐步深入，集体林权市场交易不断增多，各级政府制定相关法律法规，形成林权合法化流转的制度保障，如《中华人民共和国森林法》（2009）第十五条规定用材林、薪炭林、经济林等林分的林木所有权与林地使用权（不改变林地用途情况下）可以依法转让，也可以依法作价或者作为合资、合作造林、经营林木的合资、合作条件；《中华人民共和国农村土地承包法》第三十二条规定“通过家庭承包取得的土地承包经营权可以依法采取转包、出租、互换、转让或者其他方式流转”；《中共中央　国务院关于加快林业发展的决定》（［2003］9号文件）第十四条规定“加快推进森林、林木和林地使用权的合理流转”；2005年，《农村土地承包经营权流转管理办法》指出，农村土地承包经营权应在“协商、依法、自愿、有偿”基础上规范有序流转，不得损害利害关系人和农村集体经济组织的合法权益；等等。这些政策法规为林权流转提供法律依据和制度保障，在一定程度上鼓舞了林权流转的行为，激励更多民间资本流向林业经济领域。

同时，中央及地方各级政府通过推进林业税费改革，减免林业税款与税基，提供政策性林业贴息贷款，建立林业风险保障基金，进行森林资源与林政管理示范点建设，允许达到一定规模的林业生产单位森林采伐指标单列等制度建设都是形成林权流转的基本保障，形成林权市场重要驱动力。

需要特别指出的是，当前的林木采伐管理机制虽然对林权规范化流转形成障碍，但从形成流转动力机制上，有显著作用。在目前森林采伐管理制度还未真正实现“阳光操作”，制度寻租现象时有发生的现实下，没关系、没门路、不灵活的部分林农成为林木指标的贫困户，这部分林农就有马上变现林权，落袋为安的想法。笔者对三明市尤溪县部分林农的实地问卷调查结果显示，超过65%的林农认为林木采伐指标的限制是影响其生产经营计划的首要因素，超过13%的林农担心林木成熟后无指标可采，考虑流转其林木所有权。而一些乡村“能人”、大型林业企业能通过各种途径获取林木采伐指标，基本不为指标所困。根据2002年发布的《福建省加快人工用材林发展的若干规定》要求，经营者可以自主编

制森林经营方案，个私造林规模达66.7公顷以上（含66.7公顷），企业工业原料林规模达1333.3公顷以上的，如有需要可申请实行林木采伐指标单列。此规定更是为这些林区的强势群体创造转入林权经营的有利条件。所以说，森林采伐限额制度的存在在一定程度上促进了林权市场化流转。

5.2　基于供求理论的弱市场化分析

市场经济条件下，财产的流转速度与其价值往往是成正比的。只有在市场机制作用下实现财产的高效流动才能体现其应有效用。农业相关研究表明，农地产权如果不可转让，农地资源配置效率就得不到改善，土地流转的交易收益效应与边际产出拉平效应就无法显现。实行林权制度改革，林地所有权与使用权明晰的前提下，必须通过市场交易和产权转移的方式促进林权自由流转，通过市场这只“无形的手”实现资源的优化配置，才能提高资源利用效率。基于动力机制的林权流转理论分析，集体林改实现林地所有权与家庭承包经营权有效分离，在政府相关政策支持及制度保障驱动下会出现林权流转高潮期。但福建集体林区的林权流转事实与理论预期是相背离的。截至2016年底，全国集体林地使用权流转面积仅为0.019亿平方千米，仅占家庭承包林地面积的14.5%。2014年，国家林业局集体林权制度改革监测小组在福建、辽宁等7个省份的调查结果表明，有林权流出意愿的家庭仅占样本的16.31%。福建省三明市林业局提供的数据显示，2003~2009年，全市林地流转面积约14万公顷，仅占林地总面积的7.39%，扣除可能出现多序流转的林地的重复计算，实际流转面积比例约为4%，特别是近几年来，林地流转面积更是呈逐年萎缩状态。笔者对林农、林业企业等相关流转主体的调查结果显示，各方的流转意愿不强，流转市场供求动力不足。

集体林权流转供给方包括集体经济组织、个体农户及联户。大部分乡村集体干部作为集体林权“委托—代理”关系中最主要的代理执行人，或是基于农村基础设施建设、医疗教育支出、社会保障体系建设等方面资金需求，或是出于政府形象工程及标榜政绩，或是谋取自身利益，更愿意立即变现林权。据统计，林改后林权流转市场中集体林权比例大约占到60%，目前相当大部分集体组织已经无林权可出售。因此，此处以乡村个体林农为林权供给对象分析集体林权流转的供求约束问题。

5.2.1 基于供给视角分析

5.2.1.1 林地功能效用多重

与一般性生产资料不同，我国的土地（包括林地）被赋予多重的功能与作用。生产效用是林地最本质、最核心的属性。通过林地与劳动力等生产要素的有机结合，林农获得林产品，以满足其生活、生存所必需的物质资料。但在我国目前整体经济发展水平较为落后、城乡间经济落差大、二元化经济体制壁垒尚未打破的前提下，林地具有提供社会保障、维持社会和谐稳定等多种功效，内涵更为丰富、价值体现更为多样化。农村家庭联产承包责任制实际上“是一种形成制度改变的交易：政府向村社集体和农民在土地和其他生产资料所有权的让步，交换的是农村集体自我管理和农民必须自我保障”（温铁军，2003）。土地不仅要为农民提供失业保障，还要提供养老、医疗等保障作用。根据经济学一般商品交易理论，当公开市场林权交易价格超过林农自己经营该林地的货币所得时，作为理性经济人的农民就会选择流转出林权。但事实并非如此。因为林农除了考虑其交易出林地后的经济收入，还要考虑到生活的连贯性、延续性、保障性，考虑到流转出林地后可能产生的负面作用，考虑到今后数年甚至数十年基本生存保障。所以有些农民即使转移到第二、第三产业，但由于失业的风险与收入的不确定性，他们仍然把土地看作最后的退路，不愿流转出土地。福建社会保障体系逐步健全，居民养老、医疗、最低生活保障都有相应的制度安排，但限于其政府财力，社会保障覆盖面还较小，广大弱势林农还基本没有享受到政府政策的“阳光普照”，土地还是他们目前最为朴实的基本保障。关于林农不会出售林地原因调查中，42.5%的林农认为，留着林地以后失业或者不想在外面工作后回来还有退路；32%的人回答，作为一笔财产以后还可以留着给子孙后代。

5.2.1.2 农村剩余劳动力转移困难

林区剩余劳动力是指劳动边际生产力等于或接近于零，从林业部门转移出去而不会减少林业总产量的那部分劳动力。一个国家或区域农村劳动力转移的难度与单位经营面积人口容量呈正相关。从区域比较看，美国、加拿大等土地资源颇为丰富的国家在农村劳动力转移方面基本不存在什么障碍，很顺利就实现了农业经营的规模化、经济非农化。日本、中国台湾等人均土地较少的国家或地区在农村剩余劳动力转移、实现农业经营规模化与经济非农化转型进程比较缓慢，成效不显著。我国东北地区部分地多人稀区域也实现了农地使用权兼并后的农业机械化作业、科技化经营。而福建属于典型的人口稠密区，人均拥有林地面积约为 0.7 公顷，林农对林地的依赖性极强。人多地少的现实状况严重制约着林区劳动力的转移，阻碍着林权市场供给。

非农产业较高的劳动力价格和收入是流转的内在动力，工业化和城市化则是推动农村剩余劳动力转移和促进城市非农产业发展的两大重要手段。但福建集体林区实现剩余劳动力流转存在诸多障碍：①林区相当部分劳动力文化素质低、技术特征单一、环境适应性差，不能很好地适应市场经济大环境，把林地、林木看作其生活的主要来源，形成对林地资源的严重依赖；②我国目前歧视性的户籍制度与就业制度造成农村剩余劳动力在职业技能培训、义务教育、社会保障、就业工种等方面与城镇居民存在巨大差别并受到严重歧视；③外部市场环境的风险性与不确定性抑制部分剩余劳动力转移念头，特别是 2008 年国际金融危机造成我国东南沿海大量劳动密集型中小型企业倒闭，成千上万的农民工失业返乡形成的心理阴影至今还缠绕在人们心头；④当前社会服务体系建设滞后，特别是职业中介组织运行极为不规范，中介组织不能根据拟就业人员的专业特长提供相应的工作岗位，一些非法中介机构和人员充斥着市场，这些都极大地损害了外出务工人员的合法权益。以上因素都直接制约着林区剩余劳动力的转移与林权流转。

5.2.1.3　林业经营低技术与良好预期

“现代的劳动者，是由脱离他的生产资料——土地，转而依属于新的生产资料——机器”为特征的（王亚南，1998）。在科技要素作用下，优良品种选育促使作物单产增加，大规模机械化作业提高了生产经营效率，土地因素在农业生产要素中的相对地位显著下降，技术因素作用日益凸显。但是，林业特别是营林业，是一个比较特殊的产业。林木自身生长周期性、林业科研投入不足、科研人才短缺等诸多因素制约着林业科技发展，科技贡献率一直不高。郭良（2007）的研究结果表明，河南“十五”期间林业科技进步贡献率为 28.98%。吴成亮（2007）测算“十五”期间广东与福建两省的林业科技进步贡献率分别为 32.2% 和 28.13%。而我国农业科技贡献率为 48%，远高于林业科技贡献率。林业经营的低技术含量使得长期以来林农形成了林业就是刨坑种树，无须费多大力气，可以自主增长的传统观念。同时，杉木、马尾松等工业原料林的种植有明显的时季性，主要劳动投入在造林、幼林抚育的前三年时间内的特定季节。这种人人都可以从事的低技术含量活动，加上劳动时间分配的自由性，促使很多林农宁肯把林地放在山上作为今后的“绿色银行”，也不愿意放弃林地保有权，极大遏制林权流转。笔者设计的调研问题中，有超过 87% 的林农认为搞林业就是简单的种树，无须什么专业技术，只有 4.5% 林农认为需要专业水平；问到不愿流转林地的理由时，超过 55% 林农认为自己可以耕作，无须很多的劳力投入。

2003 年以后，木材经营市场完全放开，以更公开、公正的市场化自由议价方式取代以前由采购站、木材经营公司独家进山收购的统销统购方式，木材市场价格由市场供需状况而非政府行政命令确定。随着我国经济的快速发展，与木材原料相关的建筑业、造纸业、装饰装修业、家具板材业发展迅速，也带动了对木材等原材料的高需求，拉动林产品价格节节攀升，2010 年底，杉木规格材平均价格已经突破 1000 元/立方米，超过 2003 年平均价格的 1 倍。在国家实行“天然林资源保护工程”等大型生态建设工程而大量调减林木采伐量，国外林木进口渠道受阻、进口价格高昂等一系列因素影响下延续木材价格强势趋向已是行业内共识。预期效用理论（Expected Utility Theory）认为，风险情境下最终决策结果效用水平是通过决策主体对各种可能出现的结果加权估价后获得的。作为“理性经济人”的林农，虽然在外来信息的获取及加工处理方面有所缺陷，但这并不影响其对未来林产品市场价格的乐观预期。产品价格的高预期促使林农可能采取惜售和抬高售价两大举措，自然导致市场林权供给受限。实地调研发现，超过 92% 的林农对木材等林产品价格趋势看好，85% 受访者认为现时的林权流转价格过低，即使自己想卖也要等到价格符合预期时再出售。

5.2.1.4 恋土情结及林地经营兼业化

中国的历史就是一部土地革命史，传统农业大国农耕文化思想烙印随处可见。农民对土地的热爱正如费孝通所说“守着直接向土地里掏生活的传统”（费孝通，1998）。常年以来“日升而作，日落而息”的耕作习惯使得农民与土地形成一种无形的质朴情感，即使在当今工业化时代农业比较效益低下，青壮劳动力大量转移至第二、第三产业情况下，很多农民基于对土地的深厚情感也不舍得流转已经撂荒的土地。这种发自林农内心深处难以言表的朴素情怀对林权流转的实际影响无法用具体的指标来衡量，但其影响程度是不言而喻的。从现在林区劳动力年龄结构看，大部分林业经营者（或者户主）出生于 20 世纪 50 年代左右，经历了“大跃进”“文化大革命”等特殊阶段，对贫困、饥饿的理解更为深刻，对土地的情感也更为质朴，有时甚至是偏执，相较于其后代而言，更不愿意流转出土地。笔者对福建林区农户流转意愿调查结果也验证这个结论。在 53 户有流转意愿的林农中，户主年龄50岁以上的仅有13户，且其中5户是由于子女进城工作，没有足够的劳动力经营。

兼业农户是指既从事农业生产，又从事非农业生产的农户。以农业收入为主的称为第一种兼业农户，以非农业收入为主的称为第二种兼业农户。工业化的发展及其向农村不断渗透，为乡村剩余劳动力提供了大量就业机会，是我国农业兼业化现象形成并迅速扩展的主要原因。但这种农业兼业化常常伴随着农村劳动力的无效转移（无效转移是指转移非农产业的农民并没有与土地经营分离，仍然保持经营土地），对流转市场林权供给起到抑制作用。如日本由于农业兼业化的存在，1982年与1970年相比农业劳动人口减少47.8%，但农户数下降幅度远没有农业劳动人口下降幅度大，仅为17.2%。其结果是农户平均经营规模并没有随农业人口的减少而增加多少（梅建明，2013）。福建丰富的森林资源及良好的交通设施条件吸引了很多社会资本参与林业建设，林产工业在该地区获得发展良好。但林产工业在拉动区域就业、促进区域剩余劳动力转移的同时，并没有明显降低区域内农户数，更多的林农选择在工厂工作的同时保留自家林地，或者利用自身假期时间耕作，或者利用妇女、老人等其他劳动力作业。这部分兼业户通常把林地看作生活的最后保障，特别是第一种兼业农户对林权流转的意愿更低，调查结果显示，有流转意愿的占6%，而且是仅停留在意愿阶段，是否流转还要看价格及交易对象而定。永安作为一个工业强镇，但很少有人在从事第二、第三产业的同时放弃经营林地就是最好例证。

5.2.2 基于需求视角分析

需求是对维持生存发展所必需的客观条件的反应。按照行为意愿实施与否，需求分为现实需求与潜在需求。现实需求是指已经存在的市场需求，表现为消费者既有购买意愿又有购买能力。而虽有意愿，但由于种种原因没有明确显示出来的需求称之为潜在需求。在林改背景下，各种经营主体对林权的需求表现出其矛盾性，即潜在需求强劲，但现实需求不足。在当前民间资本充裕而投资渠道缺乏、银行存款利率与CPI指数倒挂等宏观经济背景下，受林业税费改革、林产品价格预期、国家政策扶持等多方激励，社会闲置资金对投资林业表现出前所未有的热情。但这种潜在需求并未转化为有效需求，购买动机向购买行为演进路径并不畅通。除了买方（为表述方便，对这些潜在需求者暂称为买方）基于信息问题产生高额交易费用外，林业产权非排他性、比较效益低下、林业投资长周期性等都制约着林权交易的现实需求。

5.2.2.1 林业产权残缺

林业产权残缺包括林地承包经营权缺乏排他性与处置权不完全性等。类似于20世纪80年代初农业上的家庭联产承包责任制，我国集体林区林权制度改革也强调森林资源在集体组织内部成员间平均分配。“均山”制的做法不承认集体成员在资金、地位、身份等方面的特权，体现不论性别、不论身份的社员间的平等关系（张敏新，2008）。但这种所谓的平等是在一定社区范围内的静态平等。随着时间的推移，社区的并撤，社区成员自然增减、户籍的迁徙等因素都会促使静态社会发生动态结构变化。而这些增加的社区组织成员也应该天然地、无差别地拥有土地承包经营权，而且这种观念已经形成一种制度安排——土地随人口变化进行周期性调整。而这种缺乏排他性的周期性土地调整在影响林地承包者经营林地积极性的同时，对于买方的购买意愿及林地经营长期投入与效益预期也形成了一种心理威慑。

理论上，林地承包经营权作为一种用益物权，经营者对林地享有排他性的占有权、使用权、处置权。但在林权经营实践中，乡、镇等地方政府行政干预色彩浓厚。地方政府经常以实现规模经营、对外招商引资、城镇统一规划等为借口，凭借行政权力任意调整林地，以实现自我利益最大化。这种对林地物权随意践踏的经常性的行政强制性调整使得买方会重新评估投资林业的利润与风险预期，抑制社会资本进入林业的积极性。

产权包括使用权、处置权、收益权和占有权。根据产权经济学原理，产权机制是激励市场投入，实现国家目标的重要手段。但产权激励有效是以产权完备为前提的，产权的残缺会有碍于产权激励效应的发挥（田淑英，2010）。1985年以来，我国实行森林年采伐量不得高于林木生长量的森林采伐限额制度与“凭证采伐、凭证运输、凭证加工”的林木采伐管理机制是以提升森林生态服务质量，保障国土安全为目标函数的。但是，严格的林木采伐管理制度与林权主追求自我经济利润最大化目标相背离。利益导向的不一致使得林地使用者只能选择屈服于国家宏观决策而牺牲自主经营权，林业生态外部性效益无法得到合理补偿，也不能根据林分生长特点及林产品市场信息自主处置林木。从产权角度来讲，森林采伐限额制度的存在使得林地使用者的林木处置权残缺。而处置权残缺直接影响林权所有者经营积极性，同时对林权潜在需求者产生化学效应，也对外来资金参与林业建设产生震慑作用。

5.2.2.2　比较效益低下

根据马克思主义政治经济学地租理论，林地经营者必须在支付地租等成本费用后获得的利润大于或等于平均社会资本报酬率，否则资本就会退出林业经营而寻找其他高回报的投资机会。也就是说，林业比较效益高低与林权市场需求呈正相关，比较效益高，就更受到资本青睐，促进林权市场需求，反之亦然。回顾福建集体林区林权流转历程，可以验证以上理论。2003 年，福建林业税费改革前，沉重的林业税赋加上木材政府垄断收购的低价格，经营林业几乎无利可图，社会资本对投资林业几乎不屑一顾。林权市场流转更多的案例是靠山吃山的村集体出于维持组织运转需要低价变卖集体林权。2004 年，税费改革及木材交易市场化以后，在林产品价格高涨的驱动下，造福了一批原先低价买山者。由此，社会资本嗅到了经营林业的高利润，众多资本纷纷涌入林业市场，林权交易出现了短暂的繁荣。这时，作为市场机制中最敏感、最有效的调节机制，价格机制发挥了充分作用。林地使用权流转价格急剧攀升，如 2003 年永安市Ⅱ类地地租平均 75 元/公顷，2009 年飙升到 225 元/公顷，2015 年升到 800 元/公顷，个别地块甚至达到 1000 元/公顷，导致林权需求市场又从疯狂中回归理性。据笔者访谈了解到，大部分潜在买主都抱怨现在价格太高，处于观望状态，不准备出手收购。

造成林业经营比较效益低的原因有：①流转信息不完全、不对称，产生高昂的交易费用（下节有详细分析，此处不再赘述）。②从动态看，林业经营的长周期性造成资本长期沉淀，产生高额机会成本。以闽北地区主要用材树种杉木为例，租赁经营 66.7 公顷林地前期地租约为 15 万元，造林及前三年抚育费用按平均 2.25 万元/公顷算约需 150 万元，总共约需 165 万元，以近几年 1 年期银行平均固定存款利率 2.5% 测算，20 年后主伐的沉淀资本约为 2600 万元。即使通过前期间伐收回部分投入，也是一笔不小的资本投资。③林业经营高风险性与收益不确定性。林业经营风险包括经营环境风险、经营技术风险、经营市场风险、经营管理风险、经营财务风险等。高风险性伴随着未来收益的不确定性，意味着经营者在承担高风险的同时要求有高回报。而现实的林业投资收益还满足不了这种要求。④林业技术创新不足。林业科技创新贡献率极低，相对于农业上优良品种对增加农作物产量的作用几乎微不足道。同时，福建林区林地大多处于多山丘陵地区，不利于连片的、大规模的机械化作业，难以真正提高劳动效率，造成即使经营规模扩大也很难形成真正的规模经济。

5.2.2.3 经营环境约束

林业产权市场需求不足的经营环境制约部分内容前面已有涉及，此处进行系统归纳与分类。①市场环境：市场信息不完全；市场秩序不规范；中介组织欠缺；农民诚信缺失；政府公权力越位；林业科技、法律服务缺位。②制度环境：采伐限额制度；产权变更制度；林业税费制度；林权抵押贷款制度；森林保险制度。

微观层面，对于林农家庭或林业企业，还存在劳动力不够、经营资金不足等一系列因素，在此不作讨论。

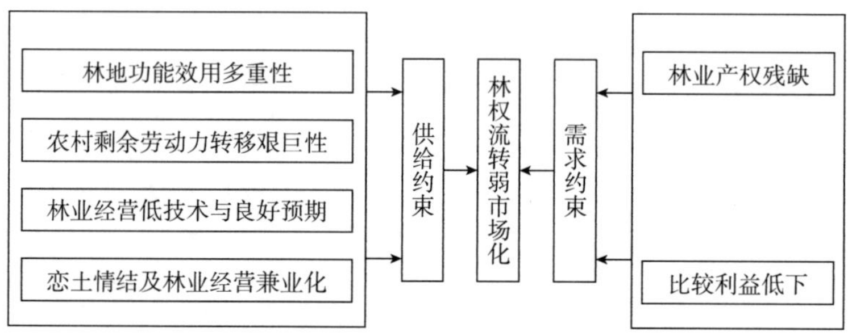

图5-2 林权流转中供求约束因子解析

5.3 基于交易费用理论的弱市场化分析

新古典经济学认为，完全竞争的自由市场经济中，价格机制的运作是无摩擦的、不需任何成本的，能实现各种资源配置的帕累托最优。而科斯的交易费用理论否认价格机制形成的无成本假设，认为正常市场交易中价格机制形成存在必然的交易成本，企业替代可以在一定程度上降低市场交易成本，企业与市场是两种可以互相替代的资源配置机制（科斯，1991）。威廉姆森、德姆塞茨、张五常等经济学家对科斯的交易费用理论的外延与内涵做了进一步的深入研究。此处，基于交易费用理论基本分析框架，结合集体林权流转实际，认为林权流转过程中的交易费用主要包括事前的信息搜寻成本、契约谈判成本，事后的协议履行监督成

本及违约处置成本，并对集体林权制度改革实施前后的各项交易成本变动情况展开讨论。

5.3.1　流转行为的形成机理

一般认为，作为理性“经济人”的林权转入方形成流转动机并最终做出流转行为决策的主要依据是：经营该林业资产产生的未来预期收益的折现大于其为购买该资产所支付的成本。同样，林权转出方的行为决策也基于成本—效益考虑。但以上所谓“成本”隐含一个假设：该交易处于完全竞争性市场，林权流转价格构成流转行为的全部价格依据，整个经济行为完成过程不存在其他的任何交易费用。很显然，这种建立在新古典经济学完全竞争自由市场经济的假设与现实是不相符合的。只有生产成本的现象只能产生于“鲁滨逊经济”中，现实世界中的交易都会产生交易成本，交易成本是客观存在的，有时甚至远大于物质生产成本。交易成本的存在通过影响转入方流转成本和转出方流转收益而影响流转双方林权流转的选择。当林权流转的交易成本过高，超过交易双方心理预期时，可能导致潜在的林权交易行为由于成本的原因被搁浅，造成经济效率的损失。如图 5－3 所示，假设某潜在林权购买者拟转入一定数量的林地使用权进行经营，当单位林地均衡价格为 P_0 时，其转入的林地面积为 D_1。但由于交易费用（P_1-P_0）的存在，理性买者转入林地的面积由原先的 D_1 减少为 D_2，造成的效率损失为 $S_{\triangle ABC}$。同理，如图 5－4 所示，由于属于林权转出方需要支付的交易成本（$P_1'-P_0'$）的存在，导致其意愿转出林地面积由原来的 S_1 减少到 S_2。

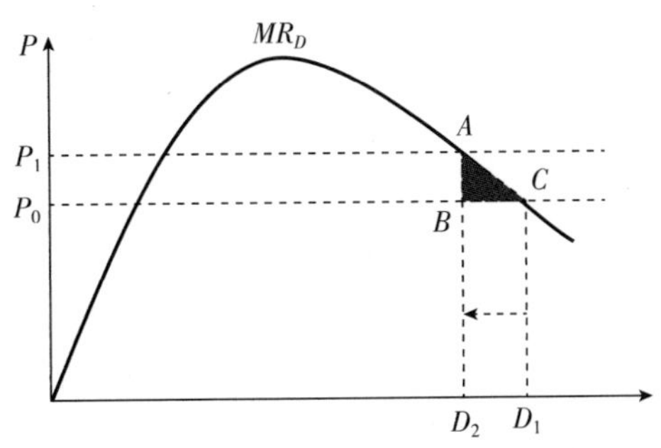

图 5－3　林地使用权转入面积确定

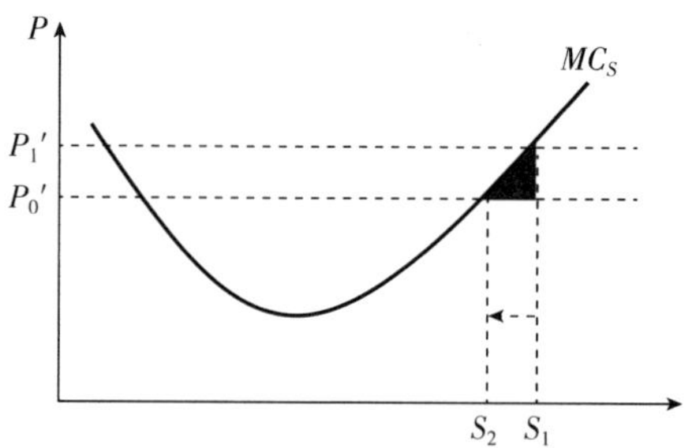

图 5-4　林地使用权转出面积确定

5.3.2　流转的信息搜寻成本

信息成本指取得交易对象信息与和交易对象进行信息交换所支付的成本，具体到集体林权流转中的信息搜寻成本是指，具有林权流转意愿的权益主体为克服流转过程中的信息弱势，实现流转意愿向流转事实演进过程所支付的信息费用，包括流转意愿信息成本及商品信息成本。

5.3.2.1　流转意愿信息搜寻成本

林改前，村社领导班子与领导干部名义上是集体林权委托代理人，其经营决策需要获得林权法定所有权人——集体经济组织全体成员的通过。实际上，由于基层权力治理结构的缺失，在不改变林地用途的前提下个别领导干部对林权的流转与否具有决定性作用。所以，一些大型林业经营公司及有实力的私人企业主可以直接通过与集体组织负责人谈判而获取大面积的林木所有权与林地使用权。林改后，随着林业权益归属到具体微观个体，同等林地面积下林户的数量大为增加，也就意味着想要取得与林改前同等的林地、林木经营权益，涉及的交易对象大为增加。而不同对象对林权流转意愿的表现程度各异，这就需要有林权转入意愿的林业经营公司及个人对如上信息有充分的了解。要取得相关信息是要付出一定成本代价的，显然，林改后的这种交易对象流转意愿信息搜寻成本远远大于林改前。同时，林业政策及木材价格等多种利好因素推动了林权转入主体多元化的表现特征促使一些有转出林权意愿的林农（特别是一些林业兼业户）在寻找林权购买对象时面临更多的选择，需要通过多渠道信息发现并确定理想的林权买家。而这种林农寻找买家的信息挖掘与发现过程也需要支付一定的信息搜寻成本。从数量级上，林权流转意愿信息搜寻成本与涉及交易对象数量间呈显著的正

相关关系。如图5-5所示，当流转市场中可能参与的个体数量是Q_1时，其交易对象流转意愿信息搜寻成本仅为X_1，而随着林改后产权拥有个体数量的激增，可参与流转的对象增加到Q_2，自然地，为获取潜在买卖双方交易意愿的信息搜寻成本也增加到X_2。

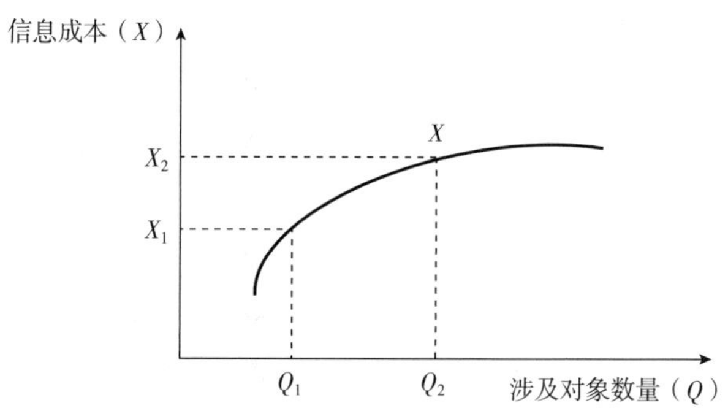

图5-5 流转意愿信息搜寻成本与涉及对象数量关系

5.3.2.2 商品信息搜寻成本

类似于其他商品交易，林权买者在购买林权之前需要对其购买对象的形态特征、生长状况及林权归属等商品信息有基本了解，才可能做出购买行为。而在对商品信息了解过程中，自然而然地产生信息搜寻费用。“一般来说，交换活动的空间范围越大，则交易费用的数额越高。交易费用是市场范围的函数”（盛洪，1994）。不同于一般商品的是，林权流转中的特定交易对象——林地、林木具有分布范围广的特点，决定了其较高的商品信息搜寻成本。同时，林业资产的权属结构复杂、信息包容量大、对专业技术要求高的特点也决定了相对于林农而言，处于商品信息弱势的林权购买方要想充分了解交易品信息以获得交易均势（或优势）必须聘请林业专业技术人员和机构进行资产的核查、评定与估算。而这笔为了解交易品信息而支付的间接交易成本通常比较高，并且其与同等林地面积下拥有农户数的多少成正比。如图5-6所示，假定林改前后某林权转入方购入相同的林地面积S，林改前只需向乡村集体组织大面积购买，所以其单位次数购买面积较大，涉及购买对象较少，则其只需支付的商品信息搜寻费用仅为Y_1，而当林改后，林权零散化分布时，由于涉及的对象较多，需要了解更多林权商品信息，所以必须支付更多的商品信息搜寻成本（Y_2）。调研比较发现，林改后同等林权交易规模的商品信息搜寻成本明显高于林改实施前。

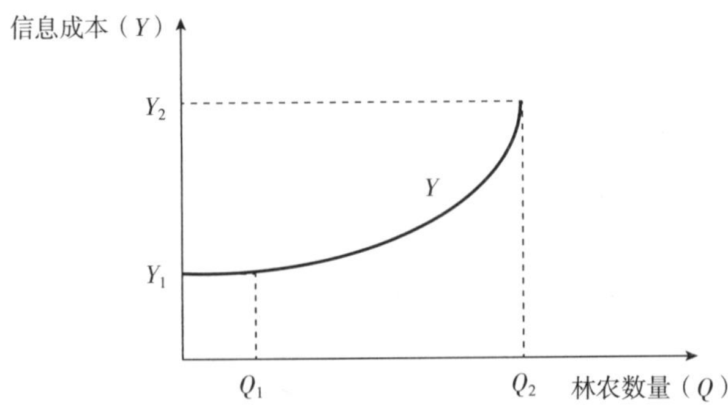

图5－6 商品信息搜寻成本与林农数量关系

5.3.3 流转的契约成本

本质上，市场经济是一种契约经济，契约是一种防止相关权益主体肆意扩张自身的效用而无视他人效用损失的产生而制定的成本最低、最为可行的规制与约束机制。林权流转作为一种市场经济行为，流转合约提供了流转过程中各参与主体权益界定技术，对相关事项给予清晰而完整的界定，使得各契约方能按合同办事，不至于以损人利己方式无节制扩大自身效用。但契约机制的形成并不是“免费的午餐”，从其形成前彼此各方的讨价还价到拟定契约直至最后的合约签订过程都会产生相应的成本费用。林改前，林农之间私下的、口头的、自发的林权流转协议大多是建立在亲戚、邻里之间的，以亲情、友情、血缘为纽带的，以社会信任为基础的，是一种典型的自给经济体制下的产物。而这种非规范性流转合约形成的谈判成本是非常低的，有时甚至可忽略不计。林改后，随着林权流转市场机制不断成熟和完善，要求有一种更加规范、更有法律约束力的合约制度进行替代，以契合市场经济的本质要求。而这种规范性契约的形成过程本身就需要一定的制度成本。同时，社会投资资本对林地成片、规模经营的需求与林地产权分散化现实间的矛盾使得林权转入方为满足其适度林地规模经营以取得规模经济效益必须面对数目众多、性质各异的谈判对象（有时甚至必须面对如房地产领域出现的“林业钉子户”），必须要有足够的谈判技巧与耐心。而由此产生的契约谈判成本正如布坎南所说的“如果要求两个以上的人就某项决定达成一致，那就要另花时间精力，以保证达成一致。这样的成本将随着达成一致所需要的全体规模的扩大而增加。而且，在那些规模巨大的群体中，谈判成本也许会接近于无穷大（黄丽萍，2007）”。当然，完成讨价还价后进入签约阶段，随着签约对象的增加自然会导致签约成本增加。

5.3.4　流转的履约监督成本

现代经济生活中，“契约人”的有限理性和机会主义行为导致交易成本的发生。有限理性是一个无法回避的现实问题，因此需要正视为此所付出的各种成本，包括对交易实施监督所付出的成本。林权流转合约的签订是签约双方基于现时市场静态环境要素的判断形成的，是在有限条件下的理性行为，但合约的履行通常是个漫长的过程。随着时间的推移，各种主客观环境发生变化，不确定因素增加，有可能使得某个合约当事方出于机会主义动机形成新的有限理性判断，采取单方面撕毁协议的不道德行为，从而造成合约另一方的巨大损失。所以，对林权流转合约中双方约定的权责利进行“实时监督”需要昂贵的监督成本。笔者调研、走访福建、江西等地发现，随着林改后政府的政策性税改让利及林产品价格的节节攀高，林业经营利润空间打开，林业投资显得有利可图，促使部分原先出让林权的林农或采取违约手段强行收回经营权限，或通过偷砍盗伐、堵路设障等极端方式索取不当权益。彼此沟通无效后，契约另一方只能通过大量雇用护林人员、聘请公共监督员甚至贿赂政府公职人员来保障合约顺利执行，维护自身权益。而这种为监督履约而支付的显性成本及隐性成本在当前林权合约保障制度与违约惩罚机制缺失的情况下表现得尤为突出，也正是由于高昂的履约监督成本使得很多社会资本对进入林业行业裹足不前、动力不足。

5.3.5　流转的违约处置成本

林改后，林权流转主体多元化趋势明显，很多林业龙头企业及经营大户参与林权流转，成为林权市场的一股强势力量。由于契约双方存在显著的力量不对称及自利性机会主义行为，使得契约本身固有的约束与协调效应大打折扣（朱冬亮，2007）。理论上，一旦某一契约方出现违约行为得不到及时制止以及有效解决时，另一方可寻求通过组织仲裁与司法程序等组织制度安排给予维权。但这种借助于中立机构的第三方协调（或仲裁）需要交易成本，有时这种协调成本甚至高得惊人。笔者调研发现，一旦随着外界环境因素的波动出现明显的林权升值时，某些法律意识淡薄、视合同契约如儿戏的林农就会采取机会主义的违约行为。而一些企业很难通过有效的法律途径维权，而即使实现成功维权也经常出现其追回对方违约的有限赔偿资金难以抵消其求助于仲裁机构的诉讼费用。有些企业对林农违约的理性行为是“选择沉默”。所以，违约处置成本高在林业资源管护及资产价值计量困难、林农法律意识淡薄、契约缔结各方地位不对称等综合因素作用下表现得尤为突出。而反观林改前，违约谈判基本发生在林农—林农、企业—集体组织之间的“均势”对话，较低的发生概率与畅通的解决渠道决定了其更为低廉的违约处置成本。

表 5－1　林改前、后林权流转的交易成本比较

林权流转交易成本构成要素			林改前后交易成本对比	
			林改前	林改后
事前成本	信息成本	流转意愿信息搜寻成本	低	高
		商品信息搜寻成本	低	高
	契约成本	契约谈判成本	低	高
		签约成本	低	高
事后成本	监督履约成本	显性监督成本	低	高
		隐性监督成本	低	高
	违约处置成本	机构仲裁成本	低	高
		司法程序成本	低	高

5.4　基于信息不对称理论的弱市场化分析

西方经济学关于完全竞争市场理论分析是建立在完全信息假设基础上，即消费者、企业和资源拥有者们都对有关的经济和技术方面的信息有充分和完整的了解。但在现实市场经济中，这种信息完全性是相对的，信息不完全与不对称才是绝对的（彭泰中、廖文梅，2007）。所谓信息不对称是指有关某些事件的知识或概率分布在相互对应的当事人之间不作对称分布的一种情景，也就是说，在相互

对应的当事人中，各方所掌握的信息不均等，其中一方在某些方面要比其他参与者占有更多信息。诺贝尔经济学奖获得者阿克尔洛夫、斯宾塞、斯蒂格利茨三位学者分别从商品交易、劳动力和金融市场展开研究，认为由于信息不对称现象的普遍存在可能使得在市场交易中信息优势方利用其信息优势采取使自身利益最大化而损害他方利益的败德行为，而信息劣势方可能采取的逆向选择从而扭曲市场机制作用，造成市场失灵。信息不对称理论作为信息经济学发展的主要理论支撑，在金融市场、保险市场、商品交易市场、劳动力市场等领域得到广泛应用，揭示了诸多传统市场经济理论无法解释的问题，为人们的研究开拓了新视野。在林权交易市场，信息不对称现象同样存在，并且这种现象所传递的错误的价格与供求信号造成市场失灵，形成市场配置资源的低效率。因此，基于信息不对称理论的林权流转弱市场化研究很有意义。

5.4.1　影响林权流转的信息类型

影响林权市场的信息类型有商品信息、价格信息与政策信息。

（1）商品信息，包括林地信息与林木信息。林地信息由林地面积、林地土壤类型、林地坡度、林地坡向、林地海拔、林地气候特征等组成。林木信息包括林种、树种、林龄、出材量、蓄积量等。一般地，林农比较了解自己经营多年的林地肥力、林分质量等产品情况，具有明显的商品信息优势。而买方通常对此了解较少，处于信息劣势，只能通过咨询林业专业人员，聘请经验丰富的林农上山实地踏查了解具体情况。

（2）价格信息，包括林产品价格、苗木价格、肥料价格、劳动力价格、可比案例的成交价格等。价格信息上，买方有绝对优势。林农一般是一次性转让林权，其对林权价格判断依据通常是根据最近时间附近区域已成交类似林权的价格，其不会由于拟转让少量林权而持续地、不间断地跟踪相关价格动态信息，这样做不论从时间成本还是从货币成本上都划不来。而买方大多是专业的木材商人或林业企业，其一般不限于单一的交易对象，价格信息变化产生的巨大差价促使他们有足够的动力去了解市场木材价格、劳动力价格等价格信息，单位信息搜寻成本也会由于交易数量的庞大而减少。

（3）政策信息，包括林权登记与流转、林业税费调整及林木采伐机制改革等林业产业发展政策；国家或地方相关对林权流转市场产生影响的经济、法律、政治层面政策。林改后林业政策调整频繁，且这些政策基本符合林权市场化运作，如林业税费改革、林木采伐机制改革、林权流转登记新办法等。这种政策调整所带来的赚钱效应被林权买主理解得更透彻、运用得更到位，尤其是部分村干部或林业部门工作人员的买家就是靠政策信息的优势取得第一桶金。而林农大多居于偏僻山区，远离权力中心，缺乏信息来源渠道，更由于自身知识与素质限制缺乏对政策的辨识与解读能力。因此，在政策信息上，买主有绝对优势。

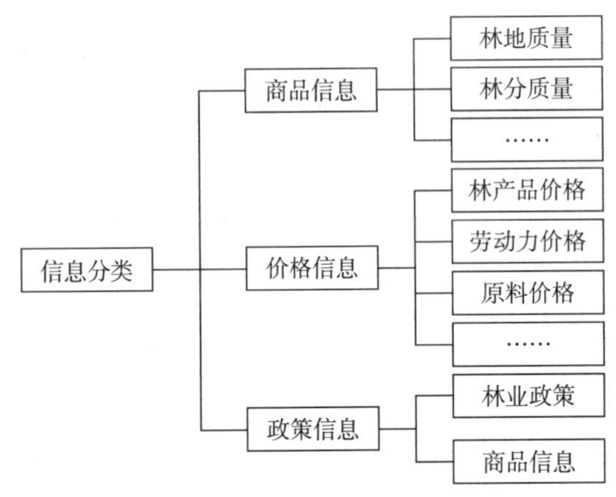

图 5－7　林权流转市场信息类型

5.4.2　信息不对称的原因

“信息”一词出现历史悠久，但在不同行业不同研究范畴对“信息”的含义有不同的理解。因此，至今对“信息”没有一个公认的定义，“信息”所包含的内容也包罗万象，极为宽泛。但信息不对称理论中所指的信息范畴比较狭隘，是指对某种特定交易品属性认知的信息，如阿克尔洛夫“柠檬市场”中的信息是关于旧车质量的信息，斯宾塞关于劳动力市场中的信息是指应聘者综合素质等个人信息。因此，虽然影响林权流转市场的信息有商品信息、价格信息与政策信息等，但都是基于信息不对称理论下的，“信息”应指商品信息，即流转中林权的相关信息。在这个信息范畴内，林农是信息优势方，买主处于信息劣势。

5.4.2.1　林业的特殊性

森林资源分布于幅员辽阔土地上的各个山头地块，有的还处于林业专业术语上的“将可及与不可及”状态（当然，福建集体林区的森林基本处于可及状

态），不同林区的地理、气候、土壤等自然因素复杂多样，林区内植被资源丰富、结构类型多样。另外，流转市场上的森林资源商品异质性很强，并不像一般市场上商品那样有规则，容易分辨质量、判断价值。为获得准确的商品信息，需要通过实地踏查，通过样地调查、角规调查、全林分调查等了解林区的平均树高、平均胸径、林分密度、优势木胸径与树高等测树因子，再通过计量公式推算其蓄积量与出材量。所以说，具体地块林区价值的准确估算是一门专业性、技术性很强的功课。林业的特殊性给买方认知森林资源商品信息的便利性、准确性提出很大挑战。理论上，买方可以通过林业主管部门的森林资源管理档案，查询小班一览表了解情况。但小班一览表数据犹如各地的统计数据，其准确性遭到普遍质疑，稍微有经验的买家是不会通过查询小班数据推算林分价值的。小班一览表登记的林分数据充其量只能作为浅层面的参考。而对“靠山吃山，靠海吃海”，祖祖辈辈以耕作山林为生的很多林农来说，对其所经营的山林的生产能力的认识是买方所不能比拟的，这一点与其他交易商品市场上卖者对买者有天然产品信息优势道理类似。

5.4.2.2　产权纠纷

新中国成立后多次的林业产权调整，特别是林业“三定”时期自留山、责任山的划定，留下很多林农间的产权隐患。南方集体林区实行林权制度改革，名义上以“山头地块”为微观单位进行确权发证，但由于时间紧、经费少、人员缺等原因，确权发证工作还不彻底，林权证与山林不符的纠纷现象还大量存在，不可调和的矛盾冲突还并不少见。截至2018年，福建已基本完成确权发证，但山权不符、界限不清的事例也大量存在。通常这些有纠纷的林权是市场上流转意愿最强的。特别需要提的是林权分配模式中的“联户”。“联户”是按亲缘关系或朋友关系组合而成，形成一个集体后与村集体组织签订林地承包合同，共同拥有一本林权证。经常出现“联户”内部管理意见不一致而集体决定转出林权，也很容易出现内部产权纠纷和利益分配矛盾违反流转合约的行为。林权纠葛上，卖主肯定比买主清楚，形成信息优势。

5.4.3　信息不对称的危害

由于林权交易双方间存在严重的信息不对称，信息优势方可能基于自身利益最大化考虑，采取机会主义行为，从而导致逆向选择与道德风险产生。

5.4.3.1　逆向选择问题

逆向选择，源于事前的信息非对称性，是指处于信息优势的代理人可能采取有利于自己的行动，而委托人由于信息劣势而处于不利于自己的位置上（陈建斌、郭彦丽，2010）。逆向选择的研究始于阿克洛夫对旧车市场的研究。林权流转市场中逆向选择形成机理分析如下：假设在林权流转市场上存在多个买者 s 与多个卖者 b，卖者对自己所出售的林权质量 a 了解充分，而买者不知道具体卖主的林权质量，只知道整个流转市场林权的质量分布函数 $f(a)$。则买主对整个市场林权评价质量的预期是：$\bar{a}=\frac{a_1+\cdots+a_n}{n}$，其期望成交价格为$\bar{p}$。但由于卖主有林权信息优势，在$\bar{p}$价格下只愿意出售低于平均质量$\bar{a}$的林权，结果导致流转市场上林权平均质量下降为$\bar{a^*}$（$\bar{a^*}<\bar{a}$），从而买主肯支付的平均价格也由原来的$\bar{p}$降为$\bar{p^*}$，这时林权市场上质量高于$\bar{a}$的部分由于不能接受价格$\bar{p^*}$而退出市场，而一些质量低于$\bar{a^*}$的林权继续充斥市场，导致买主的平均质量预期继续降低，平均可接受价格继续下降，促使一部分高于买主出价的林权退出市场。如此循环，最终导致交易不存在，整个市场消失。在逆向选择与竞争机制下，“优胜劣汰、适者生存”市场原理是相反的。正常市场的竞争机制：好的留下来，差的淘汰出去。“逆向选择”机理在一定程度上解释了现今林区很多林农只愿意出售劣等地而惜售立地质量与地利等级优越林地的现象。事实上，买方可以通过其他信息方面的优势实现信息对冲，减少交易成本，但由商品信息不对称导致的逆向选择总是存在的。

5.4.3.2　道德风险问题

道德风险，也称败德行为，是指经济代理人在使其自身效用最大化的同时，损害委托人或其他代理人效用的行为。区别于逆向选择，道德行为是一种事后机会主义行为。林权交易是个瞬时的短暂过程，但完成交易后的林权并不能改变其空间位置，如林地。林地上生长着的林木也不能实现即时采伐，要等到林木成熟并获得采伐指标后才能作业。在完成产权更换到履约期限结束的合作期内，卖方可能利用其信息优势采取盗砍林木等不道德行为为自己牟利；甚至随着林权升值，林农可能提出买方弥补“差价”，缴纳“过路费”等不合理要求，有的在苛刻要求得不到满足的情况下采取违约方式单方面撕毁条约；林区很多地方林权转让后，买方考虑到林地位置偏僻，自己管理费用高昂等原因，签订合约以支付固定工资等形式委托原有林权主给予管护。由于产权已不属于自己，林农缺乏管护动力，倾向于减少林分防护的时间投入，有的甚至发生监守自盗现象，这些都属于道德风险。同时，霍姆斯特姆证明，尽管信息优势方（亦称代理人）的道德

风险问题是主题，但有时契约另一方也存在道德风险问题。如买方在合约签订后拖欠林权款、少支付管护工资、无故毁约等。

5.4.4　信息不对称对林权流转的影响

5.4.4.1　增加交易成本，抑制市场供求

信息成本是在信息搜寻过程中发生的内生交易费用，是信息需求者为弥补信息不对称给自己带来利益损失而付出的代价，包括为签订合同而支付的成本（事前信息成本）、合同签订过程发生的成本（事中信息成本）和合同签订后为监督合同执行情况而支付的成本（事后信息成本）。由于信息不对称，买方对拟交易林权的认知不足，需要通过咨询相关林业专业人士、聘请有经验的林农实地踏查、请林业评估机构预估林权价值、通过亲戚熟人了解林权纠纷情况及卖方诚信水平等都需要付出时间与货币代价，即事前信息成本。市场处于多变的不确定性中，林权买卖双方都想尽量避免风险，增加自身收益，会考虑到合同过程中的细枝末节。因此，从合同的协商、起草到签订是一个双方博弈的复杂过程，需要支付一定的成本代价，形成事中信息成本。合同双方在利益上并不一致。由于机会主义动机，即使合同签订后，其中一方也有可能利用自己的信息优势或有利环境条件在实现自我利益最大化的同时做出不利于对方的行为。因此，制定一套合同执行监督管理机制以防止不道德行为发生，需要支付成本费用，形成事后信息成本。高额的信息成本费用加大了林权买方的总体成本支出，买方自然会全面衡量成本效益后做出交易与否决策。买方放弃购买林权行为发生意味着林权市场需求受到抑制。同样，一旦林农也需要支付超出其预期的信息成本来防范买方不道德行为的发生，则市场上的林权供给也受到影响。

5.4.4.2　产生资源配置低效率

有效率的资源配置对消费的要求是：要把各种物品分配给对这些物品评价最高的个人去消费，评价用他们愿支付的价格表示。只有这样，才能使消费者剩余最大化。市场对资源配置起基础性作用，完善的市场机制是实现资源合理流动与高效配置的重要手段。传统经济学认为，公共物品、外部性与垄断是造成市场失灵的主要原因。信息经济学研究表明，信息不对称会使市场丧失资源配置的正常功能，造成市场失灵。林权流转市场中的信息不对称现象产生的逆向选择与道德风险增加了经济行为信息成本，扭曲市场功能，造成资源配置效率低下。

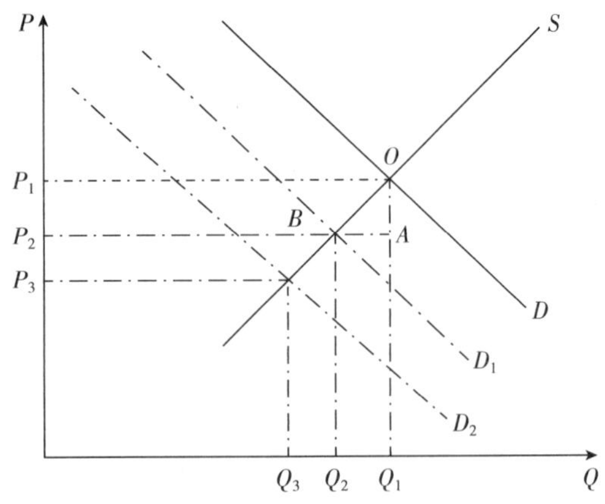

图 5-8　信息不对称下林权流转效率损失

如图 5-8 所示，假设在交易市场上可供给林权质量相当。在信息对等的公开竞争市场上均衡价格是 P_1，市场成交量为 Q_1。现在存在信息不对称，买方由于存在信息劣势，为了获取足够的交易量以实现规模经营及保证交易后产权安全性，同时要保证其转入林权后经营有利可图，它只能以 P_2 价格流转入林权，其对应市场交易量为 Q_2，市场林权交易额萎缩，萎缩量 $\Delta Q = Q_1 - Q_2$。由于不能实现资源最优配置而导致效率损失额：$S_{\Delta Q} = S_{P1OAP2} + S_{AQ1Q2B}$。随着林权交易价格的进一步降低，更多欺诈、违约行为出现，进而导致买方要承担的成本进一步攀升，双方实际交易价格进一步降低，资源配置更加低效。

5.4.4.3　产生诚信缺失，影响市场环境

信息分布不对称容易引发人们的机会主义动机，产生机会主义行为，采取不道德方式获取利益，比如市场上充斥产权纠纷隐患的产品，时常有行为主体单方面毁约等。而这些不道德、不诚信的经济行为会对遵法守信的人们产生强烈心理冲击，造成他们对进入市场的畏惧心态，不利于林权产品的正常交易，严重危害整个林权流转市场经营环境与经济秩序。从大层面上讲，诚信是社会存在的基础，诚信的丧失就意味着社会伦理道德的沉沦，会严重影响社会的和谐稳定。

本章小结

（1）林业经营比较效益、科学文化知识及教育资源禀赋差距、林权流转制

度激励、林木采伐管理机制存在等共同形成林权流转的动力机制。其中，比较利益衡量是流转双方决策的主要依据，也是林权流转市场形成的内在主动力。

（2）当前林权流转市场存在供给与需求的双向动力不足。从供给约束角度看，林地不仅是林农的生产资料，也是其重要的社会保障。在当前农村劳动力转移困难情况下，林农对林地的依赖程度加大，特别是由于经营林业对文化程度与技术水平要求不高，林产品市场价格趋势看好，更促使林农不肯放弃林地而转为他业。当然，千百年农业古国传承的恋土情结对林农的流转意愿影响也不容小觑。从需求约束角度看，潜在需求强劲，但现实需求不足。林权排他性与处置性残缺、林业经营比较利益较低是导致林权现实需求不足的主要因素。

（3）林权交易成本大小对权益各方的流转行为决策的影响显著，一旦交易成本过高使得转出收益（或转入收益）超过其保有效应（或机会成本），潜在交易者就可能放弃交易，而其效应的综合累加可能致使流转的弱市场化。基于交易费用理论视角的研究发现，新一轮的林权制度改革形成的产权配置格局使得不变林地规模下林权流转的实际参与对象大为增加。而这种新变化导致流转市场信息不对称现象加剧、机会主义行为增多，其结果不仅增加了信息获取与契约签订成本，也自然导致监督履约、违约处置等事后成本的增加。

（4）构成林权流转市场的信息可分为商品信息、价格信息与政策信息。林权交易双方在某些信息量方面各有自身优势。但对林权物质这个客体的认识，买卖双方存在明显的信息不对称，卖方处于信息优势。并且这种不对称性信息极易形成机会主义动机，造成事前的逆向选择与事后的道德风险，从而增加林权市场交易的信息成本，进而抑制林权市场供求，造成市场配置基础的低效率，严重影响市场经营环境与经济秩序。

第 6 章　林权流转意愿及影响因素实证分析

自 2003 年新一轮集体林权制度改革实施以来，通过“确权到户”，使得广大林农成为集体林地使用权和林木所有权的权利主体，成为真正意义上的“林权主”。但同时，块状化、零散化、破碎化的林地资源配置方式不利于高效率资源利用，造成大面积林地资源的闲置。通过林地适度规模流转，形成经营的适度规模化，可以降低劳动成本，提高劳动效率，达到林业增收增效的目的。为此，国家及各个地方层面纷纷出台相关政策、法规，鼓励和引导林地流转，一定程度上促进了资源的合理配置。但是，由于乡村林农根深蒂固的落后观念、缺乏完备的林改配套措施建设等多方面原因，使得集体林区林农流转意愿并不强烈，很多地区的林权流转存在实施上的较大障碍，严重制约林区经济发展。笔者于 2010 年、2016 年分别赴福建集体林区重点林业区（县）的尤溪、顺昌、永安等 22 个村庄进行实地调研，通过问卷设计，对 450 个农户样本进行林地使用权转出、转入的意愿调查，结果显示，仅有 15.11%（68 户）的农户有意愿参与林权流转，而高达 84.89%（382 户）没有参与林权流转的主观意愿。

以农户作为研究对象，探析其流转意愿、行为及影响因素的研究，最早见于对农业用地流转的研究。林地属于农业用地组成部分，最近几年关于集体林地流转意愿的相关研究较多，如聂影（2009）通过对永安林业要素市场的调查研究发现，尽管近年来林权流转的速度明显加快，但林权流转的效率总体偏低，主要表现为林农流转意愿不强，且在流转中，更多地选择私下流转，而不选择林权交易场所进行交易。李智（2011）通过对浙江丽水 180 户农户的林地流转意愿调查分析结果也表明，样本农户大多选择在农户内部进行林地流转的私下协议，林权交易市场并未得到流转农户的广泛认同。冉陆荣（2011）以辽宁省 409 户农户为样

本数据，采用二分类 Logistic 模型分析集体林权制度下农户林地经营权流转意愿，分别建立农户综合流转意愿模型、流入意愿模型与流出意愿模型，定量分析农户林地流转意愿主要影响因素及其影响程度。谢屹（2014）采用辽宁、浙江等四省（市）调查数据，基于计划行为理论，从行为态度、主观规范、控制认知三方面构建农户林权流转意愿影响因素理论分析框架，分析影响农户流转意愿的因素。许凯（2015）采用7省3500个样本农户数据，从人力资本、资源禀赋、机会成本、制度约束、政策扶持等方面分析影响林地流转的因素，并采用 Logistic 计量经济模型进行实证分析。林丽梅（2016）选用福建三明、南平的13个乡镇179份样本农户的问卷调查数据，从农户家庭人力资本、经济资本、林地自然资本以及社会资本等方面选取变量，分析家庭禀赋对农户林地流转意愿及行为的影响。袁茜露（2017）根据广东、安徽、甘肃和河南的农户调查数据，基于计划行为理论，利用 Logistic 模型分析农户林地流转意愿的影响因素；等等。

林权是个集合概念，包括对林地、林木、森林的占有、使用、收益、处分的权利集成。为了研究便利，本章以农户林地使用权为基本对象，开展流转意愿研究。本章运用笔者2010年、2016年两次赴南平、三明地区进行农户实地调查的450个样本数据，采用二项式 Logistic 回归模型实证解析农户林地使用权转入和转出意愿的影响因素，以期揭示农户林地使用权流转行为的形成机理。

6.1　流转意愿影响因素体系建构

农户作为农村社会的基本生产单元和组织细胞，林地经营是其生产生活的重要部分。我国集体林权制度改革后，林地承包到户，农户有了经营自主权，成为林业生产决策的基本单元。在农户微观视角下，林地流转是农户的个体行为，其作为理性（或不完全理性）个体，对林地流转的选择不仅需要遵循成本约束下的收益最大化原则，也需要考虑家庭生计和社会环境影响（许凯，2015）。根据相关学者研究成果及影响农户林权流转的实际特征，从农户内部因素与农户外部因素进行理论分析。农户内部因素主要集中在四个方面：农户户主特征、农户家庭特征、农户资源禀赋状况、农户生产经营特征。农户外部因素主要包括外部政策环境以及外部市场特征两个方面。

6.1.1 内部因素

6.1.1.1 户主特征

户主在我国农村长期以来都充当着家庭领导角色，对家庭决策选择起着关键作用。因而户主的特征直接影响着家庭林业生产经营行为与林权流转意愿。户主特征最为关键的是两方面。

其一，户主年龄。一般而言，户主年龄越大，思想观念越保守，越有恋土情结，不愿意离开故土外出谋生，同时其经营林业技能及经验更为丰富，更为不愿意放弃已有的林地资产。相反，户主年龄越小，越有外出拼搏、谋生的欲望，越愿意流转出自有的林地、林木资产。林地使用权转入方面，一般年龄越大，考虑到自身身体状况、精神状态及林木培育的长周期性，越不愿意转入林地。

其二，户主受教育程度。户主学历越高，受教育时间越长，能获取的知识、经验越多，具备从事其他高收入行业的能力，越愿意转出其持有的林业资产。林地转入方面，户主学历越高，越了解林业发展潜力，掌握规模化林业经营的能力越强，越愿意转入林地。

6.1.1.2 农户家庭特征

家庭特征指的是农户家庭的人口数量、经济情况、教育水平等，可以从以下三方面进行分析：

其一，家庭负担水平。林木生长周期长，且受采伐限额制度、公益林调整等方面的影响，收益时间长，收益率通常低于外出打工就业等。如果农户家庭的经济负担较重，可能会采取转出林地的短期行为以缓解经济压力。同时，如果经济情况较好，农户可能考虑到林地是“绿色银行”，不投入也能在自然环境下实现自然增值，也就不愿意流转出林地。转入方面，家庭负担重，考虑到没有经济能力支付购买对价，也承担不起林业长周期经营的沉淀成本，转入林地的意愿不强。反之，家庭经济条件较好，负担小，有能力购入更多林地进行经营，转入意愿更强。

其二，家庭劳动力。可提供林地生产经营的劳动力也会影响农户流转决策。如果农户家庭大部分劳动力外出经商、打工，缺乏从事林业生产的劳动力，其可能会转出林地，获取短期资本；如果家庭劳动力充沛，农户可能不仅不愿流出林地，反而会通过各种方式转入林地资产，通过林业经营保证生计。

其三，家庭是否有成员是村干部。村干部一般是村里的“贤人”“能人”，

对林业政策敏感，善于抓住时机扩大经营规模。如果家庭主要成员是村干部，且更有可能自己留存林地资产而不愿转出，甚至更有意愿转入林地资产。

6.1.1.3　农户资源与生产状况

不同的生产资源禀赋，会导致不同的生产经营决策。作为理性的生产个体，农户在生产过程中将根据资源禀赋特征对其所拥有的生产资源进行合理安排，采取相应的经营决策（许凯，2015）。农户的资源禀赋更多表现在其所拥有的林地面积及其林地细碎化程度两方面。其一，林地面积。农户拥有的林地面积越多，其林业收入占家庭收入的比重越大，对林业经济依赖越重，越不会放弃林业经营，越会想方设法转入更多的林地进行适度规模经营。其二，林地细碎化程度。林地细碎化指的是单块林地的面积。同样的林地面积，如果块数越多，意味着可能分布越为散落，可能给生产经营带来成本的增加与收入的减少，会促使农户转出林地。如果块数越少，经营上越便利，林业经营变得有利可图，可能促使农户转入更多的林地。

生产状况一般指的是农户家庭中非农收入占比。如果家庭收入主要靠农业收入，非农收入占比低，则农业经营收入是家庭的主要来源，则其不仅不愿意放弃农林业经营，更可能愿意转入更多林地，实行规模化、专业化经营。反之，如果农林业收入仅占家庭收入的一小部分，绝大部分的家庭收入靠外出务工、经营商业等获得，则其更愿意转出林地。

6.1.1.4　农户所属的村落特征

农户所属村落对于其林权流转意愿的影响可能表现在以下两方面：

其一，村集体是否存在林业合作组织。许多山区村庄地域偏僻，资信落后，农民常年以经营林业为主，压根就没有林权流转的念头。如果村落中有林业合作组织，该组织会把更为先进的经营理念，更为市场化的相关资信带给村民，也会通过多种方式引导村民进行联合经营、股份经营，村民们也更倾向于转出林权，进行股份合作经营。同时，由于合作组织的经营示范效应，使得农户个体转入林地，扩大经营的意愿也更强。

其二，村集体对林权流转的态度。村集体对农户进行林权流转的态度主要是赞成、中立或者反对。农户若认为他们进行林权流转很大程度上会受到村集体态度的影响，那么他们更倾向于林权转出。因为这个村集体从整个村资源利用的角度出发，一般都会支持村民对闲置的林地进行流转。

6.1.2 外部因素

6.1.2.1 采伐限额制度

采伐限额制度对农户的林地经营和流转决策有重要影响。严格的采伐限额制度将影响农户对林地流转的态度。林木采伐指标越难获取，农户获得林地经营收益越难，其经营林地的意愿越小，越有可能放弃林地而流转出去。相反地，如果农户不认为申请采伐指标困难，那么农户在一定程度上对林木生产的积极性相对较高，而更愿意转入林地经营。

6.1.2.2 流转手续的烦琐程度

林业经济发达区域，林权流转程序较为规范，流转手续较为简便，给转入、转出双方带来交易上的便利，会使农户更愿意参与流转。特别是部分农户，文化水平较低，语言沟通上存在一定障碍，烦琐的流转程序会成为其心理障碍，会抑制其流转意愿。

6.1.2.3 林业专业化服务组织

林权流转服务专业组织对林农流转意愿有直接影响。有了完善的服务组织体系，提供便利化的交易平台，会促进林农流转意愿提升。专业化服务组织包括林权交易中心、林业资产评估机构、森林资源保险机构、社会担保机构与金融服务机构等。此处主要选取了农户是否知道有第三方的交易服务这个影响因素。农户如果知道有第三方帮助林权流转，那么他们进行林权转出或转入的意愿都较高。如图6－1所示。

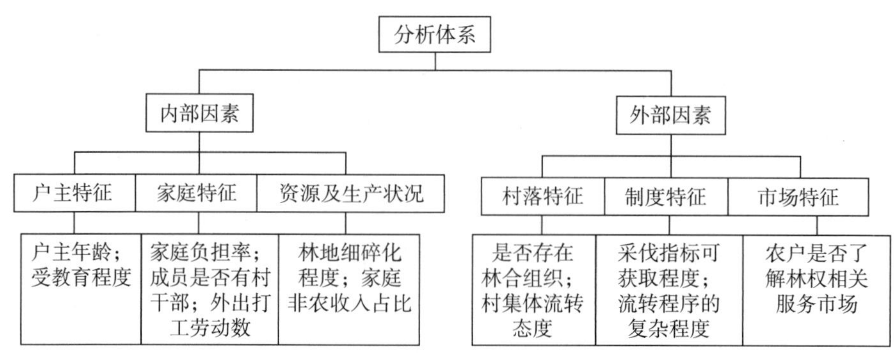

图6－1　农户林地使用权流转意愿影响因素

6.2　模型选取与变量定义

6.2.1　模型选取

在运用计量模型对意愿方面的定量研究中，线性回归的模型是完全不适用的，对离散的被解释变量进行回归分析，最常用的模型就是 Probit 模型以及 Logistic 模型。运用 Probit 模型进行回归分析的前提是假设被解释变量服从正态分布，适用于样本量比较大的研究。而在样本量比较小的情况下，大多学者选择 Logistic 模型。根据被解释变量取值的不同，Logistic 回归可以分为二元回归和多元回归。多元回归的被解释变量可以取多个值，而二元回归模型的被解释变量只能取两个值。本文所研究的农户参与林权流转意愿的被解释变量即为“愿意转出”“不愿意转出”和“愿意转入”“不愿意转入”，所以在这里运用二元 Logistic 模型进行回归分析。Logistic 预测的是事件发生或者不发生的概率，此概率的函数形式为：

$$p = \frac{\exp(z)}{1 + \exp(z)}$$

其中，z 是解释变量 x_1，x_2，…，x_n 的线性组合：

$$z = \alpha + \beta_1 x_1 + \beta_2 x_2 + \cdots + \beta_n x_n = \alpha + \sum_{i=1}^{n} \beta_i x_i$$

进行 Logit 变换：

$$\mathrm{Logit}P = \ln\left(\frac{p}{1-p}\right) = \alpha + \sum_{i=1}^{n} \beta_i x_i$$

基于此 Logistic 回归的基本理论和方法，本书所构建的农户参与林权流转意愿的模型如下：

$$y = a + \sum_{i=1}^{n} b_i x_i + \sigma_i$$

被解释变量的取值为 1 和 0，当农户有转出或转入林地意愿时，被解释变量取值为 1；当农户没有转出或转入林地意愿时，被解释变量取值为 0。

6.2.2 变量定义

通过对林地流转影响因素的理论分析，笔者认为农户林地流转意愿受到多种因素的影响，且不同因素对农户流转林地的决策影响不一样。以农户是否愿意流转林地作为因变量，将户主年龄、家庭负担率、家庭外出打工劳动力数、家庭成员中是否有村干部、户主受教育程度、林地细碎化程度、家庭非农收入占比、村集体是否存在林业合作社、是否受村集体对林权流转的态度的影响、申请采伐指标的难易度、林权流转手续的复杂度、农户是否知道有第三方的交易服务市场共12个变量作为自变量（解释变量）。模型中各影响因素选取的具体变量如表6－1所示。

表6－1 解释变量的度量方法

变量	变量名称	度量方式	变量类型	愿意转出	愿意转入
X_1	户主年龄	至问卷调查日	连续变量	－	－
X_2	家庭负担率	家庭总人数/家庭劳动力数	连续变量	+	－
X_3	家庭外出打工劳动力数	统计的劳动力数量	连续变量	+	－
X_4	家庭成员中是否有村干部	是＝1，否＝0	虚拟变量	+	+
X_5	户主受教育程度	按实际受教育年限	连续变量	+	+
X_6	林地细碎化程度	林地块数/林地面积	连续变量	+	－
X_7	家庭非农收入占比	非农业收入/总收入	连续变量	+	+
X_8	村集体是否存在林业合作社	是＝1，否＝0	虚拟变量	+	+
X_9	是否受村集体对林权流转的态度的影响	是＝1，否＝0	虚拟变量	+	+
X_{10}	申请采伐指标的难易度	难＝1，易＝0	虚拟变量	+	－
X_{11}	林权流转手续的复杂度	复杂＝1，简单＝0	虚拟变量	－	－
X_{12}	农户是否知道有第三方的交易服务市场	知道＝1，不知道＝0	虚拟变量	+	+

6.2.3 模型估计与检验

6.2.3.1 模型预测总体情况

对450个农户调查样本进行处理后，采用SPSS17.0软件进行二元Logistic的回归计量，检验结果显示（见表6－2）：林地转出与转入意愿模型的Chi－Square统计量分别为78.26、97.12；对数自然值－2Log likehood分别为102.15、

117.89；Nagelkerke R Square 分别为 0.417、0.486；Cox&Snell R Square 分别为 0.235、0.279。以上统计量说明林地转出与转入两个模型的拟合优度较好。模型总体预测准确率分别为 79.5%、81.3%，两模型预测效果均较理想。

表 6－2　林地流转意愿模型检验结果

检验类型	预测准确率（%）	Chi－Square	－2Log likehood	Nagelkerke R Square	Cox&Snell R Square
转出模型	79.5	78.26	102.15	0.417	0.235
转入模型	81.3	97.12	117.89	0.486	0.279

6.2.3.2　林地转出意愿

林地转出意愿模型的各解释变量的系数估计结果与显著性检验见表 6－3。共有 6 个因素在 10% 以上的置信水平下对农户参与林权流转意愿有显著影响。其中，村集体是否存在林业合作社、林地细碎化程度以及农户是否知道有第三方的交易服务市场在 1% 的水平上具有显著性；家庭外出打工劳动力数以及是否受村集体对林权流转的态度的影响在 5% 的水平上对被解释变量有显著影响；家庭成员中是否有村干部在 10% 的水平上影响显著。

表 6－3　Logistic 模型回归结果与检验（转出意愿）

影响因素	B	Sig.	Exp（B）
X_1 户主年龄	－0.048	0.121	0.857
X_2 家庭负担率	0.821	0.201	2.238
X_3 家庭外出打工劳动力数	0.732**	0.037	1.961
X_4 家庭成员中是否有村干部	0.208*	0.072	1.485
X_5 户主受教育程度	－0.221	0.293	0.913
X_6 林地细碎化程度	1.656***	0.008	4.753
X_7 家庭非农收入占比	－0.702	0.495	0.503
X_8 村集体是否存在林业合作社	3.25***	0.001	9.014
X_9 是否受村集体对林权流转的态度的影响	1.752**	0.043	6.314
X_{10} 申请采伐指标的难易度	1.201	0.201	4.502
X_{11} 林权流转手续的复杂度	－1.214	0.324	0.281
X_{12} 农户是否知道有第三方的交易服务市场	2.013***	0.003	6.362
常量	1.235	0.896	2.635

注：回归参数采用 t_2 检验，***、**、* 分别代表在 1%、5%、10% 的置信水平上显著。

在模型回归结果中，户主年龄、户主受教育程度以及林权流转手续的复杂度与预测结果呈现负相关的关系，其余变量与预测结果均呈现正相关的关系。在预计结论与实际结论的比较中，只有户主受教育程度的预计结果与实际结果不一致，如表6-4所示。

表6-4 预计结论与实际结论（转出）

解释变量	预计结论	实际结论	显著性
X_1 户主年龄	-	-	
X_2 家庭负担率	+	+	
X_3 家庭外出打工劳动力数	+	+	显著*
X_4 家庭成员中是否有村干部	+	+	显著*
X_5 户主受教育程度	+	-	
X_6 林地细碎化程度	+	+	显著*
X_7 家庭非农收入占比	+	+	
X_8 村集体是否存在林业合作社	+	+	显著*
X_9 是否受村集体对林权流转的态度的影响	+	+	显著*
X_{10} 申请采伐指标的难易度	+	+	
X_{11} 林权流转手续的复杂度	-	-	
X_{12} 农户是否知道有第三方的交易服务市场	+	+	显著*

6.2.3.3 林地转入意愿

林地转入意愿模型的各解释变量的系数估计结果与显著性检验如表6-5所示。共有6个因素在10%以上的置信水平上对农户参与林权流转意愿有显著影响。其中，家庭非农收入占比、林权流转手续的复杂度在1%的水平上具有显著性；林地细碎化程度在5%的水平上对被解释变量有显著影响；家庭外出打工劳动力数、申请采伐指标的难易度、农户是否知道有第三方的交易服务市场在10%的水平上影响显著。

表6-5 Logistic模型回归结果与检验（转入意愿）

影响因素	B	Sig.	Exp（B）
X_1 户主年龄	-0.067	0.132	0.866
X_2 家庭负担率	-0.763	0.164	1.937
X_3 家庭外出打工劳动力数	-0.457	0.243	2.682

续表

影响因素	B	Sig.	Exp（B）
X_4 家庭成员中是否有村干部	0.211	0.011	1.468
X_5 户主受教育程度	0.365	0.312	0.451
X_6 林地细碎化程度	-1.5331^{**}	0.026	3.653
X_7 家庭非农收入占比	2.312^{***}	0.007	9.786
X_8 村集体是否存在林业合作社	0.132	0.112	1.015
X_9 是否受村集体对林权流转的态度的影响	0.652	0.223	2.216
X_{10} 申请采伐指标的难易度	-0.212^{*}	0.091	1.302
X_{11} 林权流转手续的复杂度	-2.316^{***}	0.001	19.218
X_{12} 农户是否知道有第三方的交易服务市场	0.013^{*}	0.068	1.519
常量	2.207	0.269	3.576

注：回归参数采用 t_2 检验，***、**、*分别代表在1%、5%、10%的置信水平上显著。

在模型回归结果中，户主年龄、家庭负担率、户主受教育程度、林地细碎化程度、申请采伐指标的难易度、林权流转手续的复杂度与预测结果呈现负相关的关系，其余变量与预测结果均呈现正相关的关系。全部12个指标的预计结果与最终结论一致，如表6-6所示。

表6-6　预计结论与实际结论（转入）

解释变量	预计结论	实际结论	显著性
X_1 户主年龄	-	-	
X_2 家庭负担率	-	-	
X_3 家庭外出打工劳动力数	-	-	
X_4 家庭成员中是否有村干部	+	+	
X_5 户主受教育程度	+	+	
X_6 林地细碎化程度	-	-	显著*
X_7 家庭非农收入占比	+	+	显著*
X_8 村集体是否存在林业合作社	+	+	
X_9 是否受村集体对林权流转的态度的影响	+	+	
X_{10} 申请采伐指标的难易度	-	-	显著*
X_{11} 林权流转手续的复杂度	-	-	显著*
X_{12} 农户是否知道有第三方的交易服务市场	+	+	显著*

6.3 结果分析

6.3.1 转出意愿的显著因素分析

6.3.1.1 村集体是否存在林业合作社

从表6－3和表6－4中可知，在模型计算出的6个显著因素中，全部都与农户林权转出意愿呈现正相关的关系，其中影响最显著的因素是村集体是否存在林业合作社。正相关的关系意味着如果村集体存在林业合作社，那么农户越倾向于林权转出，即农户愿意以林地入股的形式将自有林地投入到合作社的生产中。这与预期的结果一致。笔者调研也发现，如果村集体存在林业合作社，由于合作社的机制较为健全，管理较为规范，运作较为市场化，林业经营能实现适当的规模经济，形成经营的经济利润，村民们更愿意通过入股形式，把林地、林木资产折价入股，参与合作社经营，获取经营利润。可见，村集体是否存在林业合作社这一因素无论从理论上还是实际上都显著影响农户林权的转出意愿。

6.3.1.2 林地细碎化程度

林地细碎化程度对农户林权转出意愿也有比较显著的正向影响。也就是说，农户所拥有的林地细碎化程度越高，有意愿进行林权转出的概率越大。实际调研所获取的数据反应，因为林地由于坡度、距离公路远近、林木资源禀赋存在差异，所以在集体林地拆分到户的过程中，不可能单个农户拥有一整块资源条件较好的林地，所以农户所分到的林地通常不只有一处。由于交通不便、林地资源差异性或者经营分散等原因，使得农户在面对细碎化程度越高的林地，越倾向于林权转出。可见，林地细碎化程度确实对林权流转意愿有显著影响。另外，许多学者在研究林权流转意愿影响因素中得出了类似的结论，李朝柱（2011）、徐秀英（2010）等对浙江农户林权流转意愿的分析以及张文婷（2011）、冉陆荣（2011）、田少静（2011）等对辽宁农户的流转意愿分析的结论也验证了林地细碎化程度对林权转出的影响正向并且显著，其他地区的类似情况也为该模型的计算结果起到了一个佐证作用。

6.3.1.3　农户是否知道有第三方的交易服务市场

农户是否知道有第三方的交易服务市场对农户林权流转意愿存在比较显著的正向影响。这意味着知道有林权交易所或者林业要素市场等第三方服务平台的农户，有林权转出意愿的概率越大。这与其他产品市场一样，只有存在市场，买卖双方才能以更低的成本搜寻到对方，并且交易价格更贴近于林权的真实价值。不少农户不知道有林权交易市场，也不知道在交易市场上林权像其他产品一样可以交易，所以农户认为林权流转缺乏途径，这在一定程度上使得农户林权转出意愿下降。

6.3.1.4　是否受村集体对林权流转的态度的影响

模型计算结果显示，村集体对林权流转的态度对农户林权流转的意愿也会产生正向显著影响，这与预计的结论一致。在调研走访过程中能了解到，基本所有发生在企业与农户之间的林权流转，基本都是由村两委集体参与并撮合；发生在农户与合作社之间入股形式的林权流转，也是由村集体为媒介。村委的领导干部大多都是来自于集体内部能人与贤人，所以村集体最能代表他们的利益与企业进行谈判，在研究区域内大多数农户认为，顺应村集体的态度去做事往往是能获利的。因此，在林权流转活动中村集体的态度往往对农户的流转意愿产生较大的影响。

6.3.1.5　家庭外出打工劳动力数

在农户家庭特征方面，模型计量结果显示，家庭外出打工劳动力数也是正向影响农户林权转出意愿的显著因素，这就意味着农户家庭外出打工的劳动力越多，他们越倾向于转出林地。家庭劳动力充足，尤其是留守劳动力较多的家庭更有意愿和能力经营林地，更不愿意转出林地。而家庭外出打工的劳动力越多，留守家庭的劳动力越少，林地经营的概率就越低，他们对林权的依赖程度越低，所以他们更倾向于林权转出。

6.3.1.6　家庭成员中是否有村干部

计量结果显示，家庭成员中是否有村干部与林地转出意愿呈现显著正相关，这意味着家庭中如果有村干部，其越倾向于流转出林地资产。通常，村干部都是村里的能人、强人，有较为先进的市场意识与成本意识，认识到通过集体组织、合作社、家庭林场等股份合作形式，有利于形成适度规模经营，有利于节约交易成本，有利于增强与买方的市场谈判地位，更倾向流出林地资源。

6.3.2 转入意愿的显著因素分析

6.3.2.1 林权流转手续的复杂度

从表6－5和表6－6中可知，全部5个显著因素都与农户林权转入意愿呈现正相关的关系，其中，影响最显著的是林权流转手续的复杂度。正相关意味着如果林权流转的手续越简便，农户越愿意转入他人林地进行经营，而如果流转过程烦琐，手续复杂，会增加违约风险与其他隐性成本，农户更不愿意转入林地。林区农户大都文化程度不高，社会经历不足，对繁杂的办事手续心存畏惧。当林权登记及转移办理手续非常繁杂时，对他们会形成无形压力，削弱其转入动力。

6.3.2.2 家庭非农收入占比

计量结果表明，家庭非农收入占比对农户林权转入意愿也有比较显著的正向影响。也就是说，农户的家庭收入中非农业收入占比越高，越愿意转入林地经营。在农村，农户的非农收入主要通过打工或从事技术性、商业性经济活动而获得。非农收入户通常系农村的强势或优势群体，经济实力一般较强，其信息获取、机会捕获、风险和不确定性的承受和抵御能力也较强，更愿意转入林地经营。2005年林改后，福建集体林区出现局部区域的买卖青山的热潮，相当部分社会资本来自于集体组织内部外出经商的内部成员，在看到经营林业的市场红利与政策红利后，寻求回乡发展，投资营林产业。

6.3.2.3 林地细碎化程度

结果表明，林地细碎化程度对农户林权流转意愿存在比较显著的正向影响，这一点与前面的理论论述是一致的。林地过于细碎的农户，在前期经营中没有适度规模经济优势，获利不多，经营林业的信心受到打击，转入林地扩大经营的意愿也不足。调查发现，个体农户林地的分散化、破碎化分置，不仅打击林业大户转入林业经营的信心，林业合作组织、专业化营林企业、林板纸一体化的大型集团公司等群体也不愿意挨家挨户接触、谈判以转入过于分散的林地，而连片、成规模的林地成为流转市场的香饽饽。

6.3.2.4 申请采伐指标的难易

模型计算结果显示，申请采伐指标的难易度对农户林权流转的意愿也会产生正向显著影响，这与预计结论一致。经济效益是农户转入林地经营的首要目的。当可能受到采伐指标限制而无法实现成、过熟林的货币变现时，农户自然不愿意转入林地。特别是随着生态保护力度的增强，国家全面实施天然阔叶林禁伐制

度，生态公益林政策加强，达到经济成熟龄商品林的采伐指标受限，有的地方出现“一木难求”，极大遏制了农户转入林地的意愿。

6.3.2.5 农户是否知道有第三方的交易服务市场

对林地使用权意向转入方，尤其是已有一定规模林地资源的人而言，第三方服务尤为重要。森林资产评估、森林灾害保险、林权抵押贷款等第三方服务能提供专业化、规模化、科技化经营的良好外部环境，继而促进农户的林地转入意愿。

6.3.3 其他因素分析

从林地转出意愿模型的检验结果看，在农户内部的影响因素方面，除了家庭外出打工劳动力数之外，户主年龄、家庭负担率、户主受教育程度以及家庭非农收入占比均不显著。在农户外部的影响因素方面，申请采伐指标的难易度、林权流转手续的复杂度对被解释变量的影响也不显著。

从变量的影响方向来看，除了户主年龄、户主受教育程度以及林权流转手续的复杂度的符号为负之外，其余均为正。由此可知，户主受教育水平因素，实际计算结果的符号为负与预期结论不一致。造成这种现象的可能原因是：农村里文化水平越高的人，越比较看重资源的价值，认为资源在不断增值；另外，他们对林业经济形势有前瞻性，在调查过程中存在典型个案，即村里能人转入同村农户林地作为林业经营积蓄资源进行规模经营。所以，可能户主受教育程度越高的农户家庭，越不愿意转出自有的林地资源。但此变量对整个模型的影响并不显著，所以该变量的方向改变对整个模型没有太大影响。

从林地转入意愿模型的检验结果看，在农户内部的影响因素方面，除了林地细碎化程度和家庭非农收入占比之外，还有户主年龄、家庭负担率、户主受教育程度。在农户外部的影响因素方面，村集体是否存在林业合作社、是否受村集体对林权流转的态度的影响对被解释变量的影响也不显著。

本章小结

结合福建三明、南平等地调研数据，采用 Logistic 二元回归模型对农户林地使用权转出、转入意愿进行计量，结果表明：

（1）转出意愿上，筛选的 12 个测试指标中，仅有 6 个指标分别在 1%、5%、10% 水平上影响显著，其排序分别是：村集体是否存在林业合作社、林地细碎化程度、农户是否知道有第三方的交易服务市场、是否受村集体对林权流转的态度的影响、家庭外出打工劳动力数、家庭成员中是否有村干部。从变量假设与预测结果上看，仅有户主受教育程度一项计算结果与预计结论不一致，其原因可能是高文化水平的农户，对于资源未来价值的预期更高，更不愿流转出林地资源。

（2）转入意愿上，仅有 5 个指标分别在 1%、5%、10% 水平上影响显著，其排序分别是：林权流转手续的复杂度、家庭非农收入占比、林地细碎化程度、申请采伐指标的难易度及农户是否知道有第三方的交易服务市场。从变量假设与预测结果上看，假设结论与最终的检验结果完全一致。

第7章　林权抵押流转的分析

抵押是指债务人或者第三人不转移对财产的占有，将财产作为债权的担保，在债务人不履行债务时，债权人有权依法以该财产折价或以拍卖、变卖该财产的价款优先受偿的一种法律制度。林权抵押是指林权权利人不转移对林地或林木资产的占有，将其作为债权担保的行为。林权流转是指权利人将其占有、使用、收益、处分林地林木的全部或部分权能，通过转包、出租、转让、互换、入股、抵押等方式转给他人的行为。林权抵押权是对林权的一种限制，而林权抵押也不必然导致林权之流转，只有债务不履行，抵押权实现时才能产生林权之流转。所以，不论是在理论界，还是在实务界，更多把林权抵押看成一种特殊的流转方式加以对待。鉴于此，本书专设一章，独立分析林权抵押贷款的相关问题及解决途径。

7.1　现状分析

2008年，中共中央、国务院出台了《关于全面推进集体林权制度改革的意见》，提出要在5年左右时间完成明晰产权、承包到户的改革任务，并在此基础上推进包括林业投融资改革的深化改革。为深入贯彻落实中共中央、国务院《关于全面推进集体林权制度改革的意见》，积极做好集体林权制度改革与林业发展的金融服务工作，2009年，中国人民银行、财政部、银监会、保监会、国家林业局联合出台了《关于做好集体林权制度改革与林业发展金融服务工作的指导意见》，从切实加大对林业发展的有效信贷投入、积极探索建立森林保险体系等方面提出了发展林业金融服务的目标和要求。2013 年，中国银监会和国家林业局共同出台《关于林权抵押贷款的实施意见》，对林权抵押贷款的贷款对象、抵押周期、抵押用途等多个问题进行明确。2017 年，福建省金融办、人行福州中心支行、福建银监局、省林业厅、省国土厅联合制定《关于进一步深化林业金融服务的指导意见》，提出进一步深化福建省林业金融服务，创新、推广林业金融新模式、新产品，巩固和扩大集体林权制度改革成果，加快推进林业供给侧结构性改革，更好地服务绿色发展和国家生态文明试验区建设。2018 年，中国银监会、国家林业局、国土资源部联合发布《关于推进林权抵押贷款有关工作的通知》，要求各有关单位加大金融支持力度，推广绿色信贷，创新金融产品，积极推进林权抵押贷款工作，更好地实现生态美与百姓富的有机统一。与此同时，福建陆续出台相应的政策，如中国银监会福建监管局出台《福建银监局关于进一步推进林权抵押贷款的指导意见》，为林权抵押贷款的进一步开展提供了政策保障。

福建 2004 ~2014 年累计发放各类林业贷款 968. 44 亿元，其中林权证抵押贷款累计发放 129. 71 亿元，2014 年新增林权抵押贷款 27. 46 亿元。国家林业局“集体林权制度改革监测项目组”对福建省 10 个监测县 50 个监测村的 500 个农户监测数据结果显示，2014 年新增抵押林地面积 132. 93 平方千米。福建三明推广林权按揭贷款、林权流转支贷宝、林业互联网金融 P2P 等现有林业金融产品，探索开发用材林幼林、毛竹林、油茶林等抵押贷款新产品，加快推进林权抵押贷款工作，取得良好成效，2015 年、2016 年、2017 年林权抵押贷款发放金额分别达到 86. 3 亿元、102. 1 亿元与 102. 3 亿元，贷款余额分别为 39. 1 亿元、42. 7 亿元与 28. 6 亿元，且各种林业金融新产品未发生不良情况。

7.2 存在问题

当前，大力发展林区金融服务业，加大林业发展金融信贷投入，改进金融服务水平，建立完善的金融支林服务体系，对解决林业建设资金不足、提高林业经营管理水平、体现产权改革制度绩效意义重大。林权抵押贷款是一种金融创新，对于盘活森林资源，补充林业建设资本金，丰富林区金融服务内容起到积极作用。但当前的林权抵押贷款过程存在一系列问题，值得深究。

7.2.1 抵押贷款期限短

林权抵押贷款产品设置的目的之一是解决林农及其他经营主体林业建设资金投入不足问题，其款项用途明确规定仅限于林业生产经营、森林资源培育和开发、林产品加工，具有显著的专款专用特征。理论上，这种需要偿还的生产经营性专用款项的还款期限要与项目收益年限相匹配，经营者才能通过项目经营实现自偿性还款，抵押贷款才能成为一种自偿性贷款，贷款资金才能起实质性作用。林业是经营周期长、经济见效慢的产业，扶持林业建设的贷款需要较长的还款期限以适应其特点。《关于做好集体林权制度改革与林业发展金融服务工作的指导意见》《关于开展林权抵押贷款指导工作的意见》等也对相关金融部门提出要求："在不超过林地承包经营权剩余承包期限情况下，林权抵押贷款期限要与林业经济特征、借款人经营活动周期、信用状况和贷款用途等因素相结合，确定合理的贷款年限。"但实践中，绝大部分地方林权抵押贷款期限不超过 3 年，林权抵押贷款的短期限与林业经营长周期的矛盾相当突出。以福建为例，除三明推出 15～30 年期的林权按揭抵押产品外，大部分贷款期限在 1～3 年，而其主要用材林经营树种杉木，即使经营类型是集约小径材，在没有林木采伐指标限制下主伐年龄也在 16～21 年，二者之间极不匹配。南方集体林区林权制度改革进行比较早、改革比较彻底、林业经济比较发达、林权抵押业务开展比较好的省份，如江西、广东、浙江、湖南等省与福建情况基本类似，也是以 1 年期抵押贷款期限为主。参与林权抵押贷款的林农对短贷款期限的意见也比较大。笔者调研闽北某县 200 户参与林权小额抵押贷款的农户，有 192 户，96% 的农户认为银行、农信社提供的 1 年期抵押贷款期限过短，他们还没有任何林业收入时就要考虑还贷款，这笔贷款资金对林业发展的作用不大，希望放贷部门能考虑到林业生产的实际情况，适当延长贷款期限。

经营收益时间与还贷年限的不对称，使得林权抵押贷款变成一种非自偿性贷款，借款人还贷资金不是来自于经营林业的收入，而是通过其他渠道获得，这使得林业抵押贷款变成一种金融机构"体外输血"，而不能促使林业经营的"体内造血"，与该产品设计的理论预期相背离。同时，抵押贷款短期限伴随着另外一种风险，即林农可能违背期初约定，以林权抵押贷款所获得的资金去从事其他高风险、高回报的行业。一旦投资失败，林农就只能选择赖账违约，道德风险自然发生。刘爱晖（2009）的研究表明，由于林业生产周期与贷款期限的不适应性，造成福建省南平市农村信用社发放的林权抵押贷款转贷或展期比例高达 60%。另外，对发放贷款的金融部门而言，其开展业务的内在动力是获得存贷息差，其最关心的要素是贷款资金的安全问题。一旦借款人违约概率过大，造成金融部门的风险损失大于其息差收入，以市场机制运作的商业性金融机构就会慎贷、拒贷，从而形成市场逆向选择。例如，福建农村信用社截至 2008 年 12 月底共发放林权抵押贷款 4794 笔，涉及金额 8.36 亿元，而其中不良贷款 2031 万元，占比 2.43%（刘爱晖，2009），已达到较高水平，一旦林权抵押不良贷款率继续上升，农村信用社发放贷款就无利润可言，其理智的选择就是退出信贷市场。

7.2.2 抵押担保率低

抵押担保率是抵押物评估价值与金融机构接受抵押标的后所发放贷款金额的比值，是衡量抵押标的融资能力与融资水平的重要指标。较高的抵押担保率意味着该抵押物具有较强的融资能力，能获得较多的融资额度。根据《中华人民共和国担保法》第三十五条“抵押人所担保的债权不得超出其抵押物的价值”，认为只要抵押融资额度不超过抵押物价值，在法律范畴内都是允许的。但在林权抵押中，存在抵押债权人与债务人间严重的信息不对称，抵押债权人对抵押物价值特性与持续发展能力及债务人还贷能力与信用水平缺乏了解，通常从风险防范与控制角度，降低抵押物贷款比率，以求得其放款资金安全。实践中，各金融机构通常参照房地产、机器设备等不动产抵押贷款比率，遵循所谓“黄金贷款比例”法则，发放贷款额度一般不超过资产评估价值的 60%，如福建农村信用社林权抵押贷款的抵押率一般不超过 50%，中龄林抵押率在 40% 左右，幼龄林只在 30% 左右，浙江、江西、贵州等省份的贷款比率大致相同。有的金融机构发放贷款时为了其所贷出资金后期的利息安全，要求借贷者以部分林业资产为支付利息做抵押保证，以便一旦债务人无力支付利息，可用其抵押资产优先清算受偿约定利息，这样一来更使得理论的抵押贷款比率大打折扣。下面以实例说明这种影响。假设某业主 A 有一片林分经评估价值为 1000 万元，按银行规定 40% 的抵押贷款比率，其可获得 400 万元的贷款资金。又假设银行要求其对 3 年贷款期限内 80 万元的贷款利息也按 40% 的比率抵押，这样 A 业主实际抵押贷款基数就只有 800 万元，其实际仅能获得 320 万元的贷款，实际贷款比率仅为 32%，而不是 40%。

金融机构降低抵押物贷款比率，很大程度是考虑抵押资产的实体性贬值、功能性贬值与经济性贬值等各种贬值因素带来的资产价值缩水而可能产生的金融风险。但林木、林地等林业资产有别于房地产、机器设备等其他不动产，主要表现在两方面：

（1）不仅不存在实体性贬值，反而存在实体性溢价。林权抵押活动发生时，活立木处于生长阶段（抵押人一般不会以可以马上采伐变现的成、过熟林为抵押物要求获得贷款），其林木实际生长量大于自然枯损量，也就意味着抵押期间，其抵押物的实物量是增加的，而不是减少的，即存在实体性溢价。

（2）存在可能的经济性与功能性溢价。房地产等不动产受国家宏观政策调控及投机资本炒作等多方面影响，存在很大的系统性与非系统性风险，抵押物产生经济性贬值的可能性比较大。但是，对林业而言，基于产业政策、林产工业发展及国际原木贸易趋势判断，林木价格良好预期已是市场共识，由此可能产生资产的经济性溢价。当然，随着技术的进步、加工工艺的改进，林产品也存在功能性溢价可能。因此，基于林业资产的保值、增值特征，参照一般不动产抵押制定较低的贷款比率，无形中实质性降低了资产实际贷款比率与额度，不利于林业资产融资。

7.2.3　抵押贷款利率高

利率是资金使用成本，是贷款人使用借款人的货币资本而向借款人支付的价格。实践中，农村信用社、商业银行等金融机构向林农发放贷款利率一般在同期银行业基准贷款利率基础上上浮 30% ~50%，有的甚至高达 100%。如果另加森林资源资产评估费用、林权抵押担保费用、森林保险费及抵押办理手续费用等及走关系、串门路的隐性成本，借贷人实际负担利率会高得惊人。假设某林农 B 拟以林地面积 100 亩，评估价值 10 万元的林分资产通过担保机构提供反担保向地方农村信用社申请抵押贷款，贷款期限 1 年，贷款利率为银行业基准利率 6.4% 基础上向上浮动 50%，贷款比率是 40%，其可能的费用支出：①贷款利息 =（10 ×40%） ×6.4% ×（1 +50%） =3840（元）；②资产评估费用：100 万元以下，按评估价值 0.6% 计收，考虑到面积过小，上浮评估费用 50%，评估费用 900 元；③资产核查费：以面积计算，平均每亩 3 元，共计 300 元；④机构担保费用：按申请担保额的 1% 计算，担保费用为 400 元；⑤森林保险费（有的地方要求，有的不要求）：按资产价值 1% 计算，为 1000 元；⑥手续费：按申请贷款额 1% 计算，为 400 元。累加以上 6 项费用支出为 6800 元，再除以 4 万元，求得业主B申请抵押贷款的年利率高达17%，也即超过同期银行业基准贷款利率的2倍，几乎接近于民间融资借贷利息。虽然中国人民银行、银监会、保监会、国家林业局等多部委联合发布的《关于做好集体林权制度改革与林业发展金融服务工作的指导意见》强调借款人实际承担的利率负担原则上不超过中国人民银行规定的同期限贷款基准利率的1.3倍，但意见精神基本得不到有效落实。农户小额林权抵押贷款利率满意度调查结果表明，几乎所有被调查者均认为当前抵押中实际负担利率太高，以如此高的借贷成本搞林业无利可图，希望金融机构或适当降低利息标准，或取消抵押贷款必须进行资产评估的硬性规定。对于没参与林权抵押的林农调查显示，有85%的受访者认为抵押利率太高，有78%的受访者认为抵押中森林资产核查与评估费用过高。当问到你可以接受多高的贷款利率时，有超过90%的受访者认为实际负担年利率在3%～5%可以接受。

追求超额经营利润是借贷人以林权为抵押获得贷款资金以发展林业的根本动力。而其经营净利率是投资收益率与实际贷款利率的差值。一旦其贷款利率大于经营投资收益率，就意味着该借贷资金不仅不会为借款人带来超额收益，反而是亏本经营，借贷人自然丧失抵押动力，除非这笔资金另有其谋。林业是低收益行业，杉木、马尾松等速生丰产林的投资收益率只能维持在6%～12%，红松等长周期性树种的收益率更低。比较贷款利率与投资收益率，以17%左右的融资成本去搞林业经营，基本属于亏本经营。所以，畸高利率抑制了林权抵押贷款的有效需求。从金融机构视角，在森林保险制度缺失和信息不完全情况下，林业资产抵押品存在保全与变现风险以及高额信息与合约成本理论的上浮利率并没有有效体现为实际高收益，信贷收益与风险极不匹配。故以市场机制运作的商业银行的放贷动力不足，不愿意开展此类业务。

7.2.4 抵押还款方式单一

房地产抵押贷款等成熟金融市场，金融机构考虑到不同借贷人群收入预期、风险好恶及还款能力，不断创新开发金融产品，丰富产品内容、深化产品内涵，为借贷人提供多样化的还贷方式。美国等发达国家开展包括林权抵押在内的农业抵押贷款也设置了多种还款方式，借款人可以根据贷款额度、期限及自身经济状况做出最适合的选择。在我国，部分地方也进行金融产品创新，提出了多样化的抵押贷款还款方式，如《吉林省农村信用社林权抵押贷款管理暂行办法》第十二条提出："林权抵押贷款可根据贷款期限约定分期偿还或到期一次性偿还。但

贷款期限一年以上且累计贷款金额 5 万元以上的，必须实行分期偿还制度，第一年偿还本金 20% 以上”重庆农村商业银行对林权抵押贷款期限 1 年以上的，可以选择分期、等额本息、等额本金等灵活的还贷方式；等等。但实践中，金融放贷机构所设置的林权抵押产品一般期限只有 1 年，相应更多的还贷方式是到期一次性还本付息。这种还贷方式的优点是操作简单，比较省心，表面看更利于放贷资金安全，但其容易使贷款人缺少还款强迫外力，造成信用损害，其适用人群也较窄。特别对于从事林业这个低收益的行业，单一的还款付息方式凸显林业经营低效益与林农经济能力弱的矛盾，增加林农到期还贷压力，造成信贷产品转贷、展期比例高，加大林农被动违约概率，增加贷款违约风险。对林农还款方式满意度调查结果显示，200 个样本中有 112 位，占比 56% 的被调查对象认为 1 年到期后还本付息对他们本不富裕的经济能力而言，压力相当大，希望能允许按月或按季清息到期还本，或按季度清息还本。超过 70% 受访者认为，要提高贷款期限的同时能提供更多的可以供他们根据自身情况选择的还贷方式。当然，也有 30% 受访者认为，如此短贷款期限内一次性还本付息操作简单、方便，乐于接受。从风险厌恶者——放贷机构角度，单一的还款方式造成借贷者还款压力产生的信贷风险可能使其变成更大的风险承受者，基于控制风险设计的还贷方式可能带来更大的违约风险。对于整个林权抵押贷款市场，会形成恶性循环，造成抵押业务和抵押金额的螺旋式下降，不利于市场健康平稳发展。

7.2.5　林权抵押对象受限

林权抵押的争论焦点是林地使用权能否抵押。当前对此存在两种不同声音。赞成者认为，林地使用权有交换价值，应该还权于民，真正落实土地处置权，使林农能通过土地抵押拓展担保物范围，提高林权抵押融资能力，反对者认为，土地不仅是基本林业生产资料，在我国当前并不完善的社会保障体系下，土地的基本社会保障功能也不可忽视，土地抵押容易造成农民新一轮的失地失林，需要慎重对待。笔者认为，从法律层面，林地使用权是否可抵押，《担保法》《物权法》等法律条文没有给出明确的说法，但根据“法不禁止即可行”的理解，林地使用权抵押并不违反相关法律规定；从原则上，凡是法律允许流转的土地都可以设定抵押，林地使用权可以流转，当然也可以用于抵押；从资产属性上，产权明晰的林地使用权有商品价值属性，符合一般抵押标的物一般为不动产、可流通之物、有独立交换价值、抵押人对其有处分权等要求，可以作为贷款抵押物；从政策层面，国务院颁布的《关于加快林业发展的决定》《森林资源资产抵押登记办法（试行）》等都明确指出，商品林中的林地使用权可以作为抵押物。因此，应该遵循“树随地走”的原则，把林地、林木一并纳入林权抵押物范畴，增加抵押物能量，以提高融资水平。

实践中，金融机构考虑到林地使用权抵押贷款法律依据不足、价值评估难度大及流动性不强问题，为了控制风险，增加资本金安全，一般不愿意把林地资产作为抵押对象。土地使用权抵押权利的受限，从公平角度，是对林农林地使用权期限内自由处置权的不尊重，缺乏公平性；从物的效用发挥角度，不把林地使用权纳入抵押物范畴，使得贷款人实际获得的贷款数额低于金融机构认可的资产价值贷款比率，无形中降低了林权的抵押能量与融资水平，不利于林业建设资金筹集。

7.3 解决的一般路径

7.3.1 合理确定抵押贷款期限

为解决抵押贷款期限与林业经营周期不匹配问题，理论界专家提出了若干建设性意见，如韩立达（2015）认为，应该根据不同林种的林业生产特点，采取多元化的抵押贷款期限；宋逢明（2013）认为，应根据林权抵押贷款的具体用途确定不同贷款期限，对主伐周期 20 年以上的用材林的贷款期限可设计为 10～15 年。笔者认为，可以借鉴德国、美国等发达国家在农村土地使用权抵押贷款方面的先进经验，以贷款经营对象的自然生长属性为主要依据，设定林权贷款基准还款期限，同时适当考虑林木采伐制度、林产品市场供求及价格的影响，采取灵活、弹性贷款还款期限制度，以适应市场的实际需求。例如，某林农想通过抵押贷款获得资金造林，树种是杉木人工纯林，经营类型是集约小径材，其主伐周期是 16 年。金融放贷部门可根据农户贷款申请资料和信贷员调查核实情况，设定该农户基准还款年限为 16 年（同时允许可以提前还贷及在该年限内以多种形式还贷）。假如还款期限已到，而该农户若无法获得采伐指标或由于木材市场价格低迷而不愿立即采伐变现，可考虑适当延长 2 年还款期限，最迟还款期限为 18

年。当然，基准贷款期限具有严肃性，延长贷款期限并不是无条件的，而要根据具体情况，确定合理浮动利率。

7.3.2　适当提高抵押贷款比率

金融放贷部门要结合林业资产的价值特点，在抵押贷款比率上给予区别对待，适当提高抵押物贷款比率和贷款额度，而不能参照其他不动产制定贷款比率，死守60%的“黄金贷款比率”底线，必要时可实行林木浮动抵押制度，以实现抵押权时的林木价值为担保债权数额，以提高林权抵押融资额度。建议长势良好的用材林、竹林的幼林、中龄林及成、过熟林资产的抵押率分别为资产评估价值的50%、70%和80%。

7.3.3　建立林业贴息贷款制度

林权抵押贷款高利率与林业经营收入低效益的矛盾决定了市场机制下的商业性金融运作模式并不适合于林权抵押贷款，以政策性银行为主导，公共财政为支撑的林业贴息贷款制度是开展林权抵押贷款的必然选择，具体举措如下：

（1）建立以政策性银行为主导，财政贴息扶持为支撑的林权抵押贷款体系。国家开发银行、农业发展银行等政策性银行应为林权抵押贷款主要发放机构，严格执行贷款实际利率不超过基准利率1.3倍的规定，在符合贷款条件情况下尽量满足借贷人的需求。考虑到林业经营的低收益和林农经济承受能力，争取中央和地方各级政府财政补助，尽量使林农实际负担利率控制在合理水平。可根据实际贷款利率低于投资收益率原则，区别对待不同经营对象，综合评估投资收益与风险，确定合理贷款利率。根据测算，以当前2000亿元的小额抵押贷款规模，各级财政按每年的3.6%贴息，估计贴息额总计约为72亿元（宋逢明，2009）。

（2）明确农信社、商业银行在林权抵押贷款市场中的辅助作用。以市场机制运作的商业性金融机构考虑到林权抵押贷款的高风险与高成本，设置较高的贷款利率，是市场应有之义，只要其符合央行不超过同期基准利率4倍的规定，都是合法的，都不应该加以干预。但针对商业运作高利率与林业经营低利润的矛盾，激发贷款供求的主要途径是放开资金使用限制，还林权以一般抵押物权性质，使林权抵押贷款可以用于其他非林产业投资项目和消费需求。

总之，林权抵押贷款有小额贷款特征，更符合福利主义特征，调节高额贷款利率应由具有公共服务职能的政策性银行和各级政府主导。特别是林业本身具有显著正外部效应，林业提供的生态服务效能具有公共产品特性。由于存在市场失灵，实现外部效应内部化不能靠市场手段解决，而政府等公共服务部门通过贷款贴息政策途径购买或部分购买林业的外部效益，反哺于林业经营者，也是应有之义。

7.3.4 提供多样化抵押还贷方式

延长林权抵押贷款还款基准期限是优化还贷方式的前提。实现长贷款期限条件下，金融机构可根据借款人经营内容、信用水平、经济能力、风险偏好等变量因子，融合利率浮动机制，加大金融产品创新，提供差别化、多样化的可调整贷款利率的林权抵押还款方式，以丰富借款人根据自身经济状况及风险好恶做出最适合自己的选择内容。当然，对政策性与商业性金融机构不同贷款发放对象的还贷方式也应有所区别。政策性银行发放的财政贴息林权贷款，由于仅局限于林业经营，具有针对性、目标性，故其贷款的还贷方式设计也要考虑到这个特性，要从抵押人申请项目的具体特征入手，设计合理的还款方式，如抵押物是短轮伐期速生丰产林，其还款节点应是具有经营收益的间伐期与主伐期；如资金款项用于发展油茶、果树等经济林，其产前期不应分偿抵押贷款，初产期可有适当少量的还款，其主要返款期限应在经济林的盛产期。对于以市场规律运作的商业性金融机构发放的林权抵押贷款，更应该以市场机制为指引，提供包括一次性偿还、分期偿还、变动偿还、任意偿还等多种还贷方式，以适应市场需求。

7.3.5 赋予林地完整的抵押权限

允许林地使用权抵押，对于使用权所有者而言，在不失继续独立经营林地前提下能增加其林权抵押能量，做到物尽其用。对政府而言，借助于抵押债权人对于债务人经营管理林地资产的有力监督，可以减少监督与保护林地的公共财务支出。对债权人而言，增加抵押贷款额度，也就可以增加息差收入和经济利润。从权益实现角度，林地使用权抵押能克服公有资产所有者虚置弊病，还使用者以完全处置权。所以，把林地使用权纳入林权抵押范畴，是一种多赢行为。当然，如前所述，在林农要求强烈、政府态度暧昧的情况下，多数金融机构不愿把林地使用权作为抵押贷款对象的主要原因是处于信息弱势，惧怕坏账风险。故赋予林地完整抵押权限的关键是明确林地抵押的法律地位、提高林地计价水平及资产处置变现能力，以解除金融机构的风险警惕，具体举措：

（1）修改《担保法》《农村土地承包法》等相关法律，把林地承包经营权列入可以抵押的资产范畴，明确其资产抵押权的法律地位，确定其可抵押的法律依据。

（2）加强林业部门与金融机构的彼此沟通，加大对金融机构相关人士的林地知识普及和培训力度，以提高其林地价值意识。

（3）加强林地资产评估理论研究与评估市场管理，建立高水准、高信度的林业资产评估管理体系，提供客观、公正的资产评估结果。

（4）建立健全林地使用权流转市场机制，完善流转社会服务体系建设，改进林地资产变现能力，使银行变现抵押受偿林地的渠道畅通。

7.4 林权抵押的资产评估管理

林权抵押贷款业务实施运行中，抵押物资产价值的科学确定是关键，而实现价值科学界定必须依赖于专业评估机构及评估人员出具的资产评估报告。所以，开展森林资源资产评估，为林木、林地等森林资源资产抵押物价值提供咨询意见，为规范森林资源资产抵押操作、顺利完成林权抵押过程提供技术支撑。国家林业局颁布的《森林资源资产抵押登记办法（试行）》第十二条也指出：“抵押权人要求对拟抵押森林资源资产进行评估的，抵押人经抵押权人同意可以聘请具有森林资源资产评估资质的评估机构和人员对拟作为抵押物的森林资源资产进行评估。”第十五条要求：“抵押人和抵押权人签订抵押合同后应提供森林资源资产评估报告作为申请办理抵押登记的要件之一。”据此，如果有一套完善的抵押贷款评估理论与先进的评估技术，可为评估人员提供理论指引与技术指导，能保证评估结果的客观性、公正性、科学性，是林权抵押贷款业务顺利实施的基本保障。

我国森林资源资产评估业起步较晚，但发展迅速，1996 年和 1997 年原林业部、国家国有资产管理局联合颁布了《关于森林资源资产产权变动有关问题的规范意见（试行）》《加强森林资源资产评估管理工作若干问题的通知》及《森林资源资产评估技术规范》等。这些文件对森林资源资产产权变动和资产评估技术做了原则性规定，为我国林业评估行业开展评估工作提供了政策依据和理论指导。2006年，财政部、国家林业局又联合制定了《森林资源资产评估管理暂行规定》，在评估范围、评估人员和机构、评估项目的核准和备案制度以及监督和管理等方面做了具体的规定和细化，该规定紧紧围绕森林资源资产的特性，进一步规范了森林资源资产评估的经济行为，为森林资源资产评估行业迈入良性发展轨道奠定了基础，2012年颁布的《资产评估准则——森林资源资产》、2017年颁布的《资产评估执业准则——森林资源资产》进一步明确了相关问题。但是，随着市场经济的发展，集体林权制度改革的深化，林权抵押贷款对森林资源资产评估行业的需求不断增加，目前我国的森林资源资产评估现状还无法完全适应这一发展的要求。资产评估，作为林权抵押贷款价值鉴定与过程管理的重要手段，有必要就相关重要理论进行重点分析。

7.4.1 抵押贷款评估的特点

7.4.1.1 评估主体多样

资产评估主体是指资产评估业务的承担者，包括资产评估工作的从业人员及由评估人员组成的资产评估机构。相对于一般意义的评估主体（具有资产评估执业资质的评估机构及注册资产评估师），林权抵押贷款价值评估的行为主体表现出多样化特征。根据财政部、国家林业局颁发的《森林资源资产评估管理暂行规定》第十三条规定，包括财政部门颁发资产评估资格的机构、林业部门管理的具有丙级以上（含丙级）资质的森林资源调查规划设计、林业科研教学等单位都具有林权抵押贷款评估资格。此外，部分地区的林权抵押评估也出现诸如物价鉴定机构、房产估价机构、土地估价机构等其他行业机构的身影。

7.4.1.2 评估客体复杂

资产评估客体，即资产评估的具体对象。林权抵押贷款评估的客体即可为抵押权人拥有或者控制的、能够进行货币计量的、能给权益主体带来预期经济收益的森林资源。林权抵押评估客体的特殊性表现在三个方面：

（1）类别多。银监会、国家林业局联合发布的《关于林权抵押贷款的实施意见》（银监发［2013］32号文）第一条规定，可抵押林权具体包括用材林、经济林、薪炭林的林木所有权和使用权及相应林地使用权；用材林、经济林、薪炭林的采伐迹地、火烧迹地的林地使用权；国家规定可以抵押的其他森林、林木所有权、使用权和林地使用权。可作为抵押贷款评估对象的抵押物种类繁多，且不同资产类别或同一资产的不同形态特征价值差异很大。

（2）风险大。各类评估客体空间分布广阔，易受火灾、干旱、霜冻、雪灾、风灾等自然灾害风险及人为偷砍盗伐等社会道德风险的侵袭。

（3）单位面积小、蓄积少。后林改时代“以户为单位”的产权切割模式使得各独立主体拥有林业产权资产的面积小、蓄积少。以福建省为例，全省林地面积801.27万公顷，人均仅有0.217公顷；林分蓄积60796万立方米，人均仅有16.48立方米。

7.4.1.3 评估收益低

抵押贷款领域资产价值评估的主要对象是企业，具体资产包括房地产、机器设备等高市价固定资产及整体性企业资产，价值相对较低的一些资产一般不作为抵押资产。抵押资产的高价值自然带来评估收益的高回报。反观林权抵押贷款资产评估，除了少量大型林业企业大额度抵押贷款评估外，在集体林区其主要业务委托对象是个体林农，主要评估对象是单位面积小、蓄积少、价值低的林木或林地资产，单项评估业务的经济报酬非常少。而这些林权抵押贷款的抵押物森林资源分布在荒郊野外，工作量大，成本费用高，使得评估收益与费用支出比例不对称。以一笔评估值为10万元的林权抵押评估业务为例，以0.6%的评估费用征收，其评估收入仅为600元。而评估机构所支付的成本包括人工报酬、交通费用、食宿费用等，业务纯收益极低，甚至可能亏损。

7.4.1.4 评估风险高

资产评估作为一项有偿的社会中介服务，同样遵循权利与责任对等原则。评估机构及评估人员必须做出评估结果的专业判断并负相应的法律责任，评估风险客观存在。以抵押贷款为目的的林权资产评估，存在着业务委托双方间的严重信息不对称及可能的道德风险。抵押人为使抵押权人发放更多的贷款额度，通过提供虚假产权证明与其他数据资料以获得畸高的资产评估值，是评估机构及评估人员在评估过程中面临的主要风险。评估参数的天然缺失与评估方法体系的不完善等造成的技术风险、资产核查过程的自然风险等都是抵押林权评估过程不可回避的风险。

7.4.2 抵押贷款评估的技术问题

7.4.2.1 评估程序不规范

资产评估程序是指资产评估师执行资产评估业务所履行的系统性工作步骤。根据《资产评估准则——评估程序》（中评协［2018］）第六条要求，适当的资产评估程序应该包括明确评估业务基本事项、签订业务委托书、编制评估计划、现场调查、收集评估资料、评定估算、编制和提交评估报告、工作底稿归档八大步骤，并且要求注册资产评估师不得随意简化或删除资产评估程序。但在林权抵押贷款评估中，评估执行机构任意削减评估程序，特别是省略抵押资产核查环节的现象并不少见。

评估机构省略资产核查的可能原因有三：

（1）基于成本核算。因为评估与其他商品生产一样，是需要成本的。委派更多的执业人员进行林业资产的核查需要支付大量劳务成本与其他费用。而评估对象的小规模化形成评估收益的低利性，促使评估机构为了节约成本而省略资产核查。

（2）缺乏专业的林业调查技术人员。林权抵押评估是资产评估领域细分化、专业化分工的结果。评估客体资源分布的广阔性、资源存量的动态性、资源价值的多变性、影响因素的多样性及资源效益的多重性决定从事林权抵押评估不仅要掌握一般资产评估的理论与方法，更需具备较高的林业专业技术知识。而大多数具有资产评估资质的专业评估机构并不具有足够的林业资源调查专业技术人员支撑（刘祖军，2012）。

（3）较高的抵押安全边际。金融机构通常参照房地产、机器设备等不动产抵押贷款比率，发放贷款额度一般不超过资产评估价值的50%。显然，林业资产属性不同于一般不动产，不仅不存在实体性贬值，且由于自然力的作用存在实体性溢价。所以，很多评估机构认为，较低的抵押款发放比率及林业资产的实体性溢价形成较高的贷款资金安全边际。这种观念的可能结果是弱化风险意识，忽视资产核查。不论出于何种原因，任意违背资产评估原则、删减资产评估程序的行为都会导致评估结果的严重失真，造成大量金融坏账，形成金融放贷部门的惜贷、慎贷，破坏正常的林权抵押贷款市场秩序。

7.4.2.2 评估理论体系不完备

在短短20年时间，初步形成的具有中国特色的资产评估理论框架，为我国现代服务业在市场经济中发挥作用做出杰出贡献。但在我国的抵押贷款评估领域，还存在诸多理论争议，具体表现在以下几个方面：

（1）评估目的之争。关于抵押贷款评估目的的学术争议存在三种观点，即保证抵押债权安全、防范金融风险，还是评估借款人的实际违约成本，或是提供抵押物市场价值的咨询意见。三种观点分别从不同利益主体出发论述，各有其合理性与局限性，但在业界并未形成共识。

（2）评估假设之争。评估假设之争是评估目的之争的延续：持第一种评估目的观点的人认为，为保证银行资产安全，必须采用保守的清算假设评估资产价值；持第二种观点的人认为，宜用持续使用假设评估不变用途前提下抵押资产的价值；持第三种观点的人认为，评估机构作为中介行业，仅提供价格咨询意见，公开市场的交易价值是抵押资产的最好价格表现形式，应采用公开市场假设。

（3）价值类型之争。价值类型是资产评估理论界热议焦点。价值类型的选择直接影响评估方法与评估参数的选择，最终影响到评估结果。关于抵押贷款评估的价值类型选择，存在市场价值类型、抵押贷款价值类型、在用价值类型，抑或清算价值类型之争。

（4）评估基准日之争。评估基准日应该选择抵押行为发生日，还是抵押贷款到期日，或是抵押资产清偿拍卖日，在学术界也有较大争议。当然，不同基准时点选择的理论争议根源还是关于评估目的、评估假设与价值类型之争。

理论是实践的基石，为实践活动提供指导。林权抵押评估的基本理论问题直接影响到评估方法选择与评估参数取舍，最终影响到评估结果。而由于存在较大的理论分歧，使得包括林权抵押在内的抵押贷款评估领域并未形成完备的理论体系，使得评估实务中“百花齐放”，并未取得统一的认识。

7.4.2.3 评估方法体系不规范

资产评估方法是实现资产评估机理的手段，是影响资产评估质量高低的重要环节。评估方法的选择并不是毫无理论依据的“空中楼阁”，而是要具体考虑评估时的综合因素因地制宜、因事制宜。一般采取“评估目的—评估假设—价值类型—评估方法”的技术思路进行选择。所以说，完备的评估理论体系提供科学选择评估方法的基本保障。但由于林权抵押贷款评估不论是评估目的，还是评估假设或价值类型，都存在较大的理论分歧，并未达成理论共识，使得评估方法缺乏系统的理论依托，难以形成规范体系。

从评估实务看，林权抵押评估方法的选择主要依据《森林资源资产评估技术规范（试行）》（以下简称《规范》）的规定，根据林木生长阶段选择相应的评估方法，即幼龄林选用现行市价法、重置成本法与系列需工数法；中龄林选用现行市价法、收益现值法；近、成、过熟林选用市场价倒算法。显然，该评估方法选择的基本思路是与资产评估基本理论相违背的。这种固化的评估方法会对评估结论客观揭示资产内在价值带来影响，造成评估结果的严重失真。此外，《规范》

注重构建同龄用材林资产评估方法体系，对林地、森林景观等资产的评估规定过于粗糙，已不能满足评估实践需求。特别是随着林改的深化，抵押贷款的客体日益多元化，权益表现日益多样化，《规范》规定的评估方法已远不能满足林权抵押评估现实的需要。

林权抵押评估中同样存在森林资源资产评估领域的共性问题，如行业管理不规范、机构内控机制不健全、评估人员的职业素养与职业道德不高、评估所需的资料缺失等问题。

7.4.3 抵押贷款评估的核心问题

价值类型理论是抵押资产评估中最为核心、最具技术含金量的问题。科学界定价值类型不仅是对资产评估人员的技术指引和约束，更是对资产评估报告使用者的合理指引，是资产评估结果科学化的标志。因此，价值类型的选择成为了森林资源资产评估师必须关注的核心问题。

7.4.3.1 主要观点

评估实务中，以抵押贷款为目的的资产评估选用的价值类型大多是市场价值类型。而理论界对此有不同看法，主要存在三种观点：

（1）抵押贷款价值类型。抵押贷款价值是指考虑到资产的长期持续性、正常的和当地的市场条件、资产当前的用途和可能的替代用途等因素，通过对该资产的未来可出售性进行谨慎的评价，从而决定的资产价值。在估算抵押贷款价值时不应考虑投机性因素。持该观点的人认为，抵押贷款价值具有安全性、保守性、持续性特征，而且剔除了市场的非理性因素，更利于保护银行抵押贷款资金的安全，符合商业银行“安全第一”的资金管理理念。抵押贷款价值类型的理论解释性更强，而且已被纳入《欧洲评估准则》及新的巴塞尔资本协议，在德国等欧盟国家得到普遍认同和广泛应用，并在次贷危机中保护欧洲银行业免受灾难性损失起到关键作用。

（2）市场价值类型。市场价值是指自愿买方和自愿卖方在各自理性行事且未收任何强迫的情况下，评估对象在评估基准日进行正常公平交易的价值估计数额。国内主流观点认为，根据《国际资产评估准则》、中评协颁布的《资产评估价值类型指导意见》、中国人民银行发布的《贷款风险分类指导意见（试行）》等主张，以抵押贷款为目的资产评估应采用市场价值类型。实践中，美国、澳大利亚、中国香港等国家或地区涉及资产抵（质）押业务的评估也基本采用市场价值类型。

(3) 清算价值类型。清算价值是指以评估对象处于被迫出售、快速变现或其他非正常市场条件为依据判断的资产价值估计数额。持该观点的人认为，抵押物具有“现时担保作用”和“他时清偿功能”，是债权人基于金融风险考虑设置的，在借款人的偿还能力即第一还款来源之外，以资产抵押物代偿为条件设置了第二还款来源。因而抵押资产价值的内涵应该是当债务人不能按协议履行义务时，债权人依法拍卖抵押物的迫售清算价格的折现值，故其评估中的价值类型应为清算价值。

7.4.3.2 不同价值类型的应用分析

(1) 抵押贷款价值类型适用性分析。理论上，资产评估的特定目的是决定价值类型的首要条件。以林权抵押贷款为目的的资产评估，其价值类型选择要尽可能服从抵押贷款事实背后的根本目的——保证银行放贷资金的安全，评估中要遵循保守、谨慎原则，采用抵押贷款价值类型。但实际中，从操作原则看，林权抵押评估中采用抵押贷款价值的时机还不成熟，主要基于以下几点：

1) 缺乏中国特色的理论创新。当前抵押贷款价值类型内涵的解读更多来自于《欧洲评估准则》，大部分只是对国外概念的引进，没有从国内商业银行风险管理的实际出发，提出系统的技术操作规范和风险压力测试程序，缺乏中国特色资产评估体系下的理论创新，其本身的价值内涵对评估师的全面正确理解提出挑战。

2) 森林资源资产评估人员的执业经验不足。抵押贷款价值是根据经验得出的，即不依赖于林业要素市场上的资产临时价格，也不依赖于由于经济景气状况而导致的价格浮动现象。采用该价值类型对评估师的执业经验提出更高要求，要求既有扎实资产评估理论及运作技巧，又有丰富的林业经营经验。而集体林区的林权抵押评估业务始于2001年，真正的评估业务高峰开始于2008年，绝大多数评估师的业务经验不足。更为甚者，具有财政部门颁发资产评估资格的评估机构及人员缺乏林学常识与林业经营经验，而林业部门管理的具有丙级以上（含丙级）资质的森林资源调查规划设计、林业科研教学等单位及相关人员具有林学知识优势，但缺乏评估基本理论支撑，所以无论二者的哪一方执行林权抵押评估业务，都存在明显经验不足问题。

3) 市场时机不成熟。抵押贷款价值的持续性特征要求对抵押资产未来的可出售性做出客观预测。这就要求评估师不仅要了解评估对象的各种可能效用，还要对抵押存续期内整个林权交易市场的动态变化做出准确预测。显然，在当前林业经济欠发达、林权交易机制不完善、产权交易市场不成熟的条件下，做出所谓的“准确预测”颇为不现实。

（2）市场价值类型适用性分析。市场价值类型是森林资源资产评估师在林权抵押贷款评估业务中采用的主要价值类型。评估师采用该价值类型除了习惯性思维外，可操作性是关键。因为采用市场价值类型，意味着评估过程的参数与指标选择、数据收集、参照案例都可以来自于现有的市场，评估信息资料的可获取性强。同时，评估结果又经得起市场检验，体现出其所谓的“公允市场价值”。当然，市场价值类型应用于林权抵押贷款也有理论瑕疵，主要表现在以下两点：

1）没有考虑到市场的非理性因素。抵押资产评估价值是在某一特定基准日下的资产估计价格。当整个市场处于虚假繁荣的泡沫期时，采用现行市场价值标准会推高资产价格。随着时间推移，可能会出现抵押物资产价格大幅度下跌造成资产偿债变现时的价值贬损风险，从而降低银行贷款资金安全。当市场萧条、林业要素价格极低时，抵押资产的市价出现非理性下跌，这在一定程度上抑制了资产抵押业务规模，甚至可能产生逆向选择。

2）与抵押评估的基本目的不一致。林权抵押贷款评估的根本目的是估算出履约期限结束时抵押资产的变现偿债能力，以便贷款银行对到期贷款本息和借款人违约成本进行比较，做出贷款决策以降低违约风险。根据《国际评估准则》《资产评估基本准则》的解释，市场价值类型是以公开的竞争性市场为条件的资产最佳使用状态假设下的市场公允价值，适应于产权变动类市场业务，与抵押贷款评估目的不一致。

理论上，市场价值类型下的抵押林权评估结果可能由于忽视抵押期间市场的不确定因素而不被商业银行接受。实际情况恰是相反，银行普遍是以该评估结果为基数发放抵押贷款。造成这种理论解释与实际运作相背离的原因主要有三点：

1）设定林权抵押贷款比例。商业银行通常根据资产评估结果，遵循“黄金放贷比”法则，结合不同的林种、树种、龄组特征按资产评估价值的一定百分比发放贷款金额，从而有效规避金融信贷风险。如福建省农村信用社林权抵押贷款的成熟林抵押率一般不超过50%，中龄林抵押率在40%左右，幼龄林只在30%左右，浙江、江西、贵州等省份的贷款比率大致相同（刘祖军，2012）。

2）林业资产的自身特性。不同于房地产、机器设备等固定资产，林权抵押贷款存续期间林木自然生长量通常大于枯损量，也就意味着其抵押资产的实物量增加，而不是损耗，即形成实体性溢价。以福建省经营类型为集约杉木中径材的Ⅱ类地为例，其10年生的平均蓄积为10立方米/亩，而15年生的平均蓄积是18立方米/亩。这就意味着假设某林权主以10年生的一片林分申请期限为5年的抵押贷款，其资产实物量从抵押生效期至履约期结束，其资产实物量增加了80%。

3）林产品价格的良好预期。与房地产行业的显著泡沫化特征相比，市场对于林产品价格的预期良好。在国家实行“天然林资源保护工程”等大型生态建设工程而大量调减林木采伐量及国外林木进口渠道受阻、进口价格高昂等一系列因素影响下延续国内林产品价格强势趋向已是业内共识。良好的产品价格预期对商业银行的放贷决策提供心理预期。

总之，林权抵押贷款价值评估中采用市场价值类型虽有一定的理论瑕疵，但由于商业银行的“放贷系数”限制及林木的自然增长属性与林产品良好的价格预期，形成银行贷款安全保障线，其评估结果易于被银行接纳。另外，市场价值类型的理论体系较为成熟、适用的方法体系较为完善、能被评估师及评估报告使用者理解、接受。更为甚者，该价值类型依托下的资产评估所需的技术经济指标及其他参数更易于获取，符合评估的操作性原则。

（3）清算价值类型适用性分析。清算价值类型不适用于为商业银行放贷提供价值咨询的评估，表现在以下三点：

1）弱化商业银行的获利能力。由于银行在发放贷款前已经根据抵押林权的评估价值设置了较低的抵押率，再加上林木的自然生长属性，这两道显性与隐性“铁闸”足以保证具有抵押资产优先受偿权的商业银行防范信贷违约风险。同时，抵押贷款资金安全固然是商业银行业务行为考虑的首要因素，但其也关心抵押品的担保能力及自身的经营收益。一旦以清算价值类型作为林权评估的价值依据，会由于过低估计抵押物价值导致大量优质客户由于无法获得足够贷款资金而放弃抵押贷款，从而减少银行经营收益。

2）不利于体现制度与政策效应。不同于房地产业、矿产资源等完全市场化的强势行业，林业属于弱势行业，林业建设资金的不足需要各级政府通过政策刺激、制度完善来鼓励、支持。林权抵押贷款同样具有一定的政策倾向性。各级政府通过贴息、补助等各种财政转移支付手段鼓励林业经营者参与林权抵押以筹集发展资金。如果采用清算价值人为压低抵押物担保能力，无形中降低林权的抵押能量与融资水平，不利于林业建设资金筹集，也不利于政策和制度效应的体现。

3）各种内外部条件不支持。根据价值类型的内涵，价值类型的确定与被评估对象的功能、状态，以及评估时所设定的市场条件等有密切联系。林权抵押资产的物理状况、市场条件、处置时间、处置方式、优先受偿权或有负债等因素具有不确定性，尤其是贷款期限比较长时，直接评估清算价值较为困难。

清算价值适用于贷款到期时确认债务人违约后作为抵押优先受偿的林权价值评估。根据资产评估的时点原则及《资产评估准则——评估报告》的要求，当评估基准日与经济行为实现日相距不超过1年时，评估报告才有效。一般意义上的林权抵押贷款评估是为银行放贷金额提供依据的，其所谓的经济行为——抵押贷款的期限一般超过1年，即意味着一旦发生借款人的违约行为，原先评估报告体现的资产价值不能作为商业银行资产处置的价格依据，需要重新评估贷款到期日的、资产拍卖变现时的清算价格。因此，基于抵押资产的清偿功能，抵押资产的评估价值应该是对抵押资产的折价或者拍卖、变卖时价值的估计，其价值类型应该是清算价值（杨珣，2008）。

7.4.3.3 价值类型选择的具体建议

森林资源资产评估师选择价值类型时，要综合考虑评估的特定目的、评估时所依据的市场条件、被评估资产的功能与状态等诸多要素。从对抵押资产贷后管理角度看，抵押贷款价值类型利于保护银行放贷资金的安全，对于防范贷款坏账与金融风险有积极意义，是抵押贷款评估最为适合的价值类型。但采用该价值类型存在价值内涵理解困难、缺乏评估所需的市场参数及风险数据的积累、评估人员执业经验不足等因素制约，目前不宜大力推广。但随着价值类型理论体系研究的逐步深化及林权抵押贷款与产权交易环境的逐步优化，该价值类型在林权抵押评估中的应用空间会越来越大。市场价值类型虽有一定的理论局限性，但考虑到其价值内涵清晰、评估所需的经济技术指标易于获取等可操作性特点，同时，其评估结果也符合相关制度要求及权益各方的需求，应作为当前集体林区，特别是林业经济较为发达、林权流转较为活跃、交易制度与机制建设较为完善的地区林权抵押贷款价值评估的首选。清算价值类型对于银行信贷资金安全保障作用不大，却极大抑制了林权资产的融资能量，不符合金融机构、政府部门、抵押人等权益各方的根本利益，目前也没有实现该价值类型的基础条件，所以不宜采用。但当出现抵押人违约而抵押权人需要处置抵押资产而重新评估抵押担保物时，宜采用清算价值类型。

7.4.4　抵押贷款评估的操作策略

7.4.4.1　评估假设选择

资产评估假设不但对评估对象的前提条件、作用方式、作用空间等具有约束和限定作用，而且通过这种约束和限定影响着评估结果的价值类型。资产评估中的市场价值总是与资产评估的公开市场假设联系在一起，公开市场假设是资产评估市场价值的最重要的市场条件前提（姜楠，2012）。分析认为，既然林权抵押评估中首选市场价值作为价值类型依据，其对应的评估假设自然应该是公开市场假设。通过公开市场假设创造一个信息充分、竞争完全的模拟交易前提，使评估师在该假设前提下开展一系列评估活动。同样，环境假设在林权抵押评估中也非常重要。评估师应该对与拟抵押林权评估基准日可能实现价格息息相关的国家产业经济政策、财税政策、货币政策等宏观环境及评估对象所处的微观环境与评估依据的数据来源的可靠性、数据资料的完整性和真实性做出假定性说明。

7.4.4.2　评估方法选择

理论上，评估方法是估计和判断市场价值和市场价值以外价值的价值类型评估结论的技术手段，无所谓先进与否。但由于各种不同方法有不同的理论基础和应用局限性，从不同角度表现资产的价值，因此要与评估目的、评估时的市场条件及由此决定的资产评估价值类型相适应。既然以市场价值作为林权抵押评估的价值依据，评估方法的选择要遵循“评估目的—价值类型—评估方法”的逻辑主线，考虑按市场途径、收益途径、成本途径的顺序进行。当然，具体方法的应用涉及相关数据资料及技术参数的制约，要因地制宜、因事制宜，不可机械照搬（姜楠，2012）。另外，允许市场价值类型下的评估结论可以通过多种评估方法实现，利用多种方法从不同角度验证评估结果的合理性，以便当某种方法的评估结果有较大差异时，评估师可以通过理论溯源、过程分析、参数验证发现问题，纠正错误。

关于林权抵押评估的具体方法，除了传统的重置成本法、市场价倒算法、收获现值法、现行市价法外，随着金融前沿理论和现代应用数学、计算机技术的快速发展，期权定价理论在资产评估中得到应用，二项树定价模型、布莱克—舒尔茨模型等期权定价方法可作为林权抵押评估模型的有益尝试（姜楠，2012）。另外，结合林权抵押评估的客体复杂性、报酬低利性特点，当待评估资产面积大，评估报告要求时间紧迫时，采用批量评估法、统计分析法、系统模块法等快速评估技术能有效地加快评估速度，降低评估成本。

7.4.4.3　评估参数选择

以市场价值类型为基础，不论采用哪种方法，都要以公开市场的数据为基础，评估结果都要符合市场价值定义。采用市场途径评估时要了解并分析其适用条件，要有一个充分发育、活跃的公开市场，要有足够多的、可供评估对象参照的交易案例，并且要在评估基准日所处的市场条件下进行林分质量、物价指数、单位蓄积量等因子的系数调整。采用收益途径评估时须以市场认可的净收益或净现金流及资产报酬率为基础。需要特别指出的是，受到林业资产经营的长周期性、不同生长阶段风险差异性及林业采伐政策的影响，以抵押贷款为目的的评估更要重视折现率、收益年限的确定，要通过大量的市场分析、市场调查、政策解读来判断这两个参数，不能随所谓的经验而定。成本途径的应用是建立在历史资料基础上的，具备可利用的、充分的历史资料是其应用前提。但各种成本因素要根据实际的价格变动情况调整到评估基准日时公开市场状态，赋予所有者的投资收益率要是正常市场状态下社会或者行业的平均水平，而不能凭资产所有者的要求而定。

7.4.4.4　出具评估报告时的特别注意事项

资产评估报告是评估工作的最终成果体现。基于市场价值的林权抵押评估，评估师在出具评估报告时要注意以下几点：

一是要明确指出所选用的市场价值类型的定义，并阐明选择市场价值类型的具体理由，以确保评估报告使用者能正确地理解市场价值类型并合理使用评估报告结果。

二是要严格履行资产评估程序，合规、合法地对评估对象的实物量和产权状况进行调查。对于产权不清或产权归属存在纠纷的资产，或不纳入评估范围，或在评估报告中单列，并做进一步说明。

三是对于评估时点出现的市场异常波动要给予揭示。因为基于市场价值类型下的评估所需要的技术经济指标来自于基准日的公开市场，其结果反映的是基准日时的市场价值。而评估报告的有效期内可能由于林产品价格、林业税费等经济参数的变化导致资产市场价值与评估结果的较大偏离。从风险防范角度，对市场异常现象进行及时揭示，有利于评估师的风险规避。

7.5　林权抵押的收储担保分析

林权收储担保，一种新型的金融创新模式，伴随着林权抵押贷款的实施，有效提升了抵押林权担保能力，缓释了信用风险，推动了林权抵押贷款业务发展，正在福建集体林区有序运行，并取得了良好效果。

7.5.1　概念界定

林权收储是以森林或林木所有权、使用权和林地使用权等为客体的收购与储存，一般是指政府、企业、社会组织或个人依照相关法规程序对林权通过赎买、流转、征用方式进行收购并储存，即以行政化或商业化方式实现林权资源化零为整、规模统一的过程（刘德钦，2016）。林权收储机构可将零散分布的林地、林木收储集中，进行统一经营、统一抵押、统一竞卖、统一转让，以获取经营效益。实行林权收储，克服了“分户确权”后资源零散化、破碎化分置格局，盘活了森林资源，实现资源优化配置，提高经营帕累托效应，推进林业产业发展。

林权收储担保，其基本内涵不同于林权收储，核心功能是保证担保，是指林权收储机构通过为林权抵押借款人提供（连带）保证责任，并在借款人出现信用违约且为其代偿债务后，依据与借款人（抵押人）、金融机构间的合同约定对借款人（抵押人）抵押林业资产进行依法收储的行为，是服务于林权抵押贷款业务的一种金融创新性担保行为。有了林权收储机构的资产兜底与信用保证，一旦出现抵押借款人债务违约或展期，由林权收储机构担负起偿还金融放贷机构债务责任的同时可依法依规处置收储的林权资产。本书主要对林权收储担保进行分析，其运行机制如图 7－1 所示（董加云，2017）。实践中，福建大部分区县采用国有资产兜底，政府财政拨款成立林储担保基金（规模为 3 亿～5 亿元），承担可能的信贷风险转嫁，解除金融部门信贷风险顾虑。

7.5.2　运行情况

福建高度重视集体林权收储建设，在全国率先成立了省级林权收储中心，带动成立林权收储机构 37 个，缓解林权抵押贷款出险后处置难问题。截至 2016 年底，全省累计发放林权抵押贷款165亿元，其中通过收储机构担保的有19.8亿元。同时，福建林业厅2016年下发了《关于进一步推进林权收储工作的通知》，部署推进全省林权收储工作，要求加快林权收储机构建设，规范机构管理，加大机构支持力度。福建省林业厅、人民银行福州中心支行、福建银监局、福建保监局于2018年联合发布《关于规范林权收储担保业务的指导意见》，要求有条件的设区市和重点林区县（市、区）都要推动成立林权收储机构，并从风险防控、抵押范围、价值评估、资产管理、资金补助、出险处置提出指导意见。

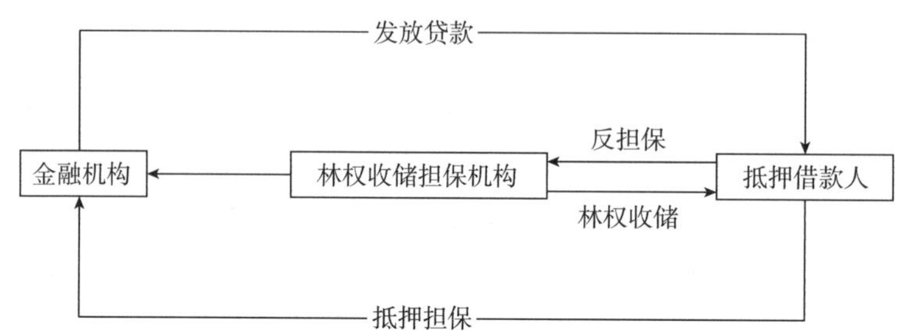

图7-1　林权收储担保运行机制

三明、南平等林业经济发达地区纷纷出台相关政策，支持区域林权收储担保及其机构建设，并取得良好成效。如福建三明已成立混合所有制性质的三明中闽林权收储有限公司，民营性质的永安市福建汇松、永安市佳洁、宁化县润安、建宁县森泰、泰宁县泰林、清流县中闽、尤溪县汇中、大田县正园8家林业收储有限公司，国有或国有控股性质的沙县森林资源收储管理有限公司，将乐县金晟、明溪县盛荣林权收储有限公司等3家，实现全市各个区县的全覆盖。南平邵武以价值过亿元的约2.8万公顷国有林地作为担保资产，由富源林业出资组建邵武市林业收储中心。顺昌县印发《抵押贷款林权担保收储办法的通知》，由林业局牵头，整合收储中心、农信社、产权交易中心等，成立“顺昌县林业金融服务中心”，服务于林权收储抵押贷款。

7.5.3　运作流程

调研发现，福建林区林权收储担保的运作流程如图7-2所示，包括提出申请、审核与受理、资产核实与价值评估、抵押登记与贷款发放、资产收储、依法

处置等过程。

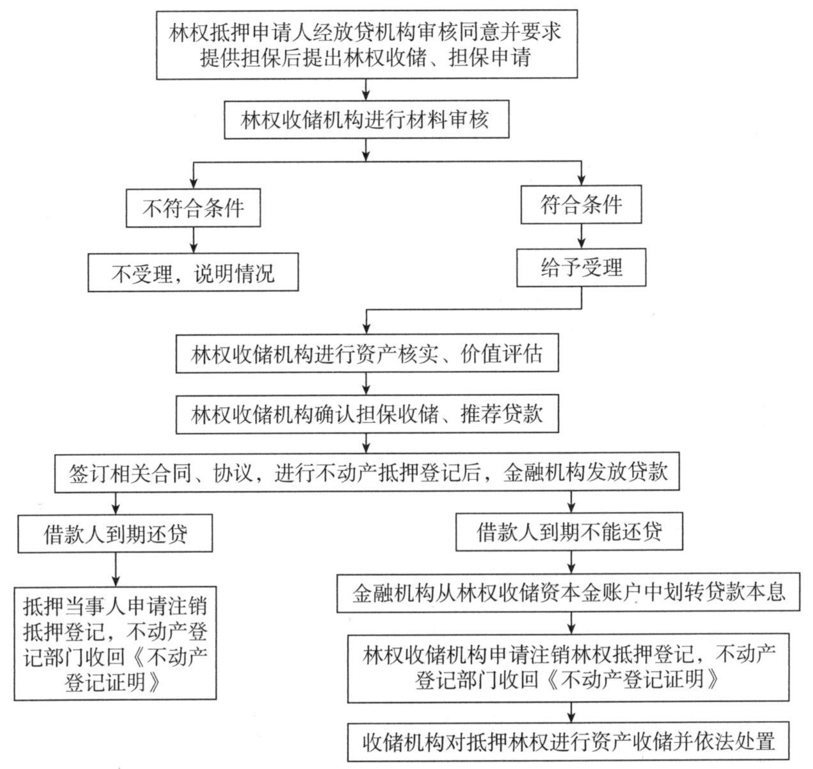

图 7-2　林权收储担保运作流程

规范化的林权收储担保运作流程，建立了资产评估、森林保险、林权监管、收购处置、收储兜底“五位一体”的林权抵押贷款风险防控机制，使得林权抵押贷款的效率大为提高。如福建三明中闽林权收储有限公司于 2014 年 10 月 8 日受理全国首笔个人林权按揭贷款，根据该流程，经过一系列申请、勘察、审批流程后仅用 14 个工作日即完成林权抵押贷款业务；顺昌县林业金融服务中心成立后，遵循该担保流程，林农从申请到贷款发放，实行“一个窗口受理、一次性告知、一个标准执行、一站式审批、一条龙服务”的运行模式，林农从申请贷款到贷款发放，只需往返窗口 2 次，15 个工作日内便可贷款到账，改变了以往林权贷款多头受理、重复往返、贷款时间长的现象。评估报告出具后，贷款金额 100 万元以下的 2 个工作日内贷款到账、100 万元以上 3 个工作日贷款到账。邵武富源林业收储中心对林权抵押贷款流程进行规范，实行窗口一条龙服务，申请办理时限从过去的1个月以上缩短到10天以内，大幅提高了服务效率。

7.5.4 作用分析

专业担保机构的出现，实现了一定程度的信贷风险转移，缓解了放贷者的坏账之忧，降低金融机构惜贷情绪，促进林权抵押贷款业务的发展。但由于专业担保机构是以盈利为目的的法人机构，需要充分考虑林权抵押的风险性与收益性，需要以较高收益弥补可能出现的风险损失，造成抵押借贷的高成本与经营者借贷的低意愿。相较而言，林权收储担保机构是政府主导推动的产物，带有一定政策性，在抵押物价值保全与资产处置方面有天然优势，利于降低交易成本与贷款利率，推动林权抵押贷款业务发展。

7.5.4.1 降低抵押物资产保全风险

林业生产面临着火灾、雪冻等自然灾害及乱砍滥伐等人为灾害，经营风险高，抵押物价值保全难度大，造成金融机构面临较大潜在资产损失风险，致使其信贷供给意愿不足（张兰花，2016）。具有法人性质的专业担保机构可为抵押物资产提供损失担保，但其并非专业的林业经营企业，没有能力开展防灾减害、森林管护等资产保全活动，无法降低林木、林地等抵押物价值保全风险。

林权收储担保可以降低资产保全风险。当前福建林区的林权收储担保机构大多依托于有森林经营权、森林资源调查规划资质和专业护林队伍的林业企业或国有林场。这些林业企业（或国有林场）有齐全的装备、专业的队伍、完善的制度、丰富的经验来防范、降低抵押物资产受损风险，保护资产安全。如顺昌充分发挥国有林场作用，利用所属的200多名护林员对收储抵押担保的林业资产进行管护，加强资源采伐、林权变更等行政执法，防止人为风险造成的抵押资产贬值；通过对各乡镇（街道）及所有国有林业企事业单位的15.3万公顷商品林全部投保森林综合险，防范火灾、山体滑坡等自然风险造成资产损失。三明中闽林权收储有限公司充分利用林业总公司的护林力量——森林防火设备加强森林管护，同时与中国人民财产保险公司福建分公司合作，提高每公顷林地保额与保费，另外，利用政府财政补贴降低森林保险费用，充分发挥保险作用，防范各类风险。三明市金山林权流转经营有限公司建立林权收储信息库，对评估后收储的林业资产进行经营，制定森林经营规划，参加森林保险，保证资产在收储期间不受各种灾害所灭失、损毁，在运作成熟、资产整体增值情况下再打包出售。某些

森防、森保条件较差的林储机构通常采用将抵押的林权委托第三方森林管护机构进行监管的方式降低风险，实现资产保全。

7.5.4.2　降低抵押物资产处置风险

抵押物处置风险是指由于抵押资产存在产权瑕疵或因处置成本过高导致抵押权人无法通过处置抵押物受偿贷款余额而形成的风险。林权抵押贷款业务中，主要表现在后者，即抵押物处置成本高。发达的林权流转市场与健全的流转体系是保证抵押林权流动性，防范抵押资产处置风险的关键。当前福建林区林业产权交易制度尚不规范，市场体系尚不成熟，且有林木采伐限额、生态公益林保护等林业政策，提高林权抵押贷款债务人违约时抵押物的处置风险，使得银行开展林权抵押业务的积极性受到极大抑制（李彧挥，2010）。

林权收储担保可以降低抵押物处置风险。首先，收储机构采用拍卖 + 兜底方式快速处置失信抵押物，降低处置风险。如顺昌对出险的抵押林木资产公开拍卖，实现快速处置。若抵押物拍卖流拍，则由顺林林木收储中心进行兜底收储经营，实现林权资产变现，确保及时还贷。其次，可通过加强与专业资产管理公司合作，快速处置资产。如三明市与福建省闽投资产管理公司合作，一旦林权抵押贷款出现风险，资产管理公司可以收购林权抵押物，并进行公开拍卖，变现资产。由林权收储公司、保险公司、资产管理公司构建的“三位一体”防控模式，再次提升了抵押林权处置效率。最后，依托林权收储机构的母体，实现资产快速处置。林权抵押物收储担保机构大多是依托森林经营企业成立的。它的母体具有森林经营权，可进行非竞争性收购，直接受让失信抵押物，处置方便，成本低、风险小。同时，相关政策明确要求，对符合采伐条件的出险林木资产，林业部门优先予以安排采伐指标，办理林木采伐许可证，降低资产处置风险。

7.5.4.3　降低抵押贷款的交易成本

根据交易费用理论，借贷双方的行为意愿取决于交易成本。当交易成本高于收益时，理性经济人的明智选择是放弃交易。一般林权抵押贷款中，金融机构除了抵押物保全与处置带来的事后高成本外，还面临着贷款客户信息的收集与甄别、抵押物价值判断、贷款用途审查等事前交易成本（陈念东，2012）。特别是个体林农的小额抵押贷款，金融机构对每项贷款业务的程序和固定成本几乎是相同的，贷款额越低，单位收益的成本就越高，这些成本自然就转嫁到抵押人身上。调查发现，对借贷者而言，包括森林资源调查与评估费、业务办理手续费、抵押担保费在内的商业中介林权抵押费用约为贷款总额的8%，交易成本畸高。

林权收储担保可以降低交易成本。首先，林权收储担保制度实现了风险的转移，把信贷风险从金融机构转移到收储中心，降低了金融机构事前的信息搜寻、抵押物价值确定、讨价还价确定合同的成本和事后的监察、风险管理和抵押物处置成本。其次，降低了借贷者的交易成本。林储中心通常依托于有资源调查和评估资质的森林经营企业，可利用专业化的技术力量提高调查与评估结果可信度，节约中间费用。如顺昌通过指定国有林场宝山伐区调查设计中心承担所有林权抵押贷款资产评估业务，防止虚评、假评、高评，有效防控评估风险。最后，各地林权收储中心带有行政色彩，一般不以营利为目的，收取的担保费用仅以维护机构正常运行为前提，且能享受财政补贴与风险补偿，担保收费低，节约交易成本。调查发现，福建经由收储中心担保的抵押贷款业务的资源调查与资产评估费、业务办理手续费、抵押担保费都仅为贷款总额的1%左右，各类中介费用仅为社会商业中介的50%。

7.5.4.4 降低抵押贷款利率

由利率决定公式：利率水平=机会成本补偿水平+风险溢价补偿水平，可知机会成本补偿水平是对无信用风险和市场风险的资产投资的收益要求，对于任何投资项目而言都是恒定的。所以，利率水平主要取决于投资的风险溢价补偿水平。某项投资面临的风险越大，投资者要求的风险补偿水平与总体利率水平越高。调查发现，一般的林权抵押贷款业务中，金融机构要求的贷款利率较同期基准贷款利率普遍上浮50%以上，有的甚至高达100%，加上资源调查与评估费用、抵押担保费用、手续办理费用，其年资金利率高达15%~20%，相当于民间借贷利率水平。追求超额经营利润是借贷人抵押林权获得贷款资金的根本动力。过高的资金成本导致其收益不足以偿还利息，自然不愿意借入资金。

通过林权收储担保机制设计，降低了金融机构的资产保全风险、处置变现风险与违约失信风险，其对风险补偿的要求自然降低，从而促使抵押贷款利率下降。实地调查也发现，顺昌县执行利率不超过国家同期贷款基准利率的1.7倍，从2015年的执行利率是国家同期贷款基准利率上浮70%下降到2017年的上浮30%，保持最低利率。收储中心成立前，借款者1年期的贷款利率为9.48‰/月，收储中心成立后，借款者通过收储中心担保向顺昌县信用联社申请林权抵押贷款的利率直接降到贷款月息5.84‰（含0.5‰的风险管控费，实际贷款月息为5.34‰），未经担保收储的林权抵押贷款月息为9.48‰，利息相差3.64‰。农业银行顺昌支行则直接按照贷款的基准月利率发放贷款（董加云，2017）。邵武市农村信用合作联社通过收储担保的贷款利率比基准利率的上浮幅度，比原来下降35%，如果款项用于林业生产领域，最多可下降70%，贷款期限也从原来的1年延长到3年。三明林权抵押贷款的综合资本成本由收储前的12‰/月~15‰/月下降到收储后的6.8‰/月左右，“福林贷”的贷款月利率更是不超过5.9‰。

7.5.4.5　促进抵押贷款快速发展

实行林权收储担保制度，用活用足林木、林地等抵押担保资源，破解林地生产经营主体融资难、融资贵困境，促进林权抵押贷款业务的快速、健康发展。如三明市开展林权收储，建立林权收储机构后，2015年，全市新增林权抵押贷款16.5亿元，创出历年来新高，约占全市新增贷款的1/4；累计林权抵押贷款总额86.3亿元，余额39.1亿元，其中林权按揭贷款金额7.9亿元，创新性金融产品运行至今未发生不良情形，实践诠释了“绿水青山就是金山银山”的理念；南平大力推广林权收储担保的邵武、顺昌模式，2016通过林权贷款担保收储服务中心完成林权抵押担保661宗地，面积0.89万公顷，抵押贷款金额2亿元；2017年林权抵押贷款继续稳步增长，新增林权抵押360笔、732宗地、面积1.16万公顷，抵押金额4.07亿元；顺昌县收储中心成立以来，截至2017年末，林权抵押贷款担保收储共发放143笔6328.2万元，抵押林权303宗33451亩，评估值13384.3257万元。截至2017年末，林权抵押贷款担保收储余额113笔4625.6万元，抵押林权229宗26968亩，评估值9862.6466万元。2017年新增发放的林权抵押贷款担保收储24笔748万元，抵押林权54宗4650亩，评估值1632.4690万元。截至2018年6月，服务中心共办理林权抵押贷款219笔，贷款金额1.97亿元；林农贷款到期解除抵押22笔，还贷1347.6万元。

本章小结

（1）作为林权流转的一种特殊形式，林权抵押贷款对于深化制度改革，加强金融与林业融合，解决林业资金不足，促进林农增收增效与林区社会发展至关重要。在国家及各级地方与金融机构推动下，福建近几年不断创新林业金融产品，抵押贷款业务开展较为顺利，取得不俗成绩。

（2）研究发现，当前福建集体林区的林权抵押贷款也存在些许问题，包括抵押贷款期限短，贷款发放比例低，贷款利率高，林地资产抵押受限等，就优化抵押贷款产品的措施来看，可以从以下几方面入手：一是抵押贷款期限的合理性问题。贷款期限要与林业生产实际挂钩，要考虑市场因素对林业经营的扰动，要善于利用利率因子。二是抵押贷款比率。关键是认清林业资产价值特征。三是抵押贷款发放机构的主导性。要通过政策贴息等途径积极发挥商业性银行的作用。四是林权抵押还贷方式创新。要结合林农这个特殊抵押群体的具体情况，多样化创新抵押还贷方式。政策性与商业性金融机构发放的抵押贷款在还贷方式具体要求上要有所区别。五是林地使用权抵押权限落实，其关键是解除金融放贷机构的风险顾虑。

（3）资产评估是林权抵押贷款业务开展的前提。后林改时代，林权抵押贷款评估面临着评估主体多样、评估客体复杂、评估收益低、评估风险高等新特征与评估程序不规范、评估理论体系不完备、评估方法体系不规范等新问题。评估过程要合理选择价值类型，并以价值类型为指引，科学确定评估假设、评估基准日、评估方法及评估参数，使得最终的评估结果能客观、准确地反映待估对象价值，推动林权抵押贷款业务顺利开展。

（4）林权抵押贷款中，实施林权收储制度能降低抵押物资产保全风险、处置风险、交易成本与贷款利率，促进贷款业务的发展，是一种行之有效的金融创新。但林权收储过程同样存在担保机构规模小、抵押担保范围窄、相关政策落实不到位等问题，需要加大政策扶持力度，适度引导社会资本参与，拓展抵押物担保范围，最大化发挥林权抵押贷款中林储担保的作用。

第8章　林地流转价格分析

作为市场机制中最敏感、最有效的调节机制，价格机制在市场资源的合理流动与有效配置中起着关键作用。市场总是通过价格信号的变化体现供求关系走势，价格上升显示供不应求，价格下跌体现供过于求，以此引导资源向最有效率的地方流动，从而达到供求关系的相对均衡。在集体林权流转这个经济活动中，价格机制的作用亦是如此。林权流转价格是市场中交易主体最为关心的要素之一。对流转双方而言，只有价格合理，才有交易冲动。林改前，通过政府行政划拨、强制流转的林权定价机制不合理，交易价格畸低已是业界共识。林改后，特别是近几年，流转市场出现复杂的声音：买主抱怨价格太高，经营风险太大；卖方觉得虽有林地、林木价格升值，但还是偏低，不及预期。因此，本章以价格与收益为基点开展研究，以期为供求双方实现交易提供一个价格坐标，同时就当前林权价格形成机制的缺陷做个系统分析，提出优化交易过程的策略建议。

林权是一个复合概念，也决定了林权价格体系的复杂性。林权形成的客体内容上包括森林、林地与林木，相应的其价格体系就有森林价格、林地价格、林木价格；产权内容上有基本产权形式的所有权、使用权及其他一系列次生产权，继而形成所有权价格、使用权价格及其他产权价格；林权交易模式的实现上又可分为林权租赁价格、林权转让价格、林权入股价格、林权抵押价格，等等。基于此，为便于研究，本章把林地使用权流转价格作为研究对象，从理论及案例两个层面进行深入分析。同时，有的学者认为农用地，特别林地，具有明显的外部性，因而林地价值应该包括生态价值与社会价值。但笔者认为在林地使用权流转中，林地利用以及林业系统生态特点和功能及其产生的生态环境价值与社会价值都没有改变，使用权出让方和受让方所关心的也主要是林地中林产品产生的经济效益，并以经济收益能力高低作为林权流转价格交易标准，因此林地外部效益不在此研究范畴。

8.1 林地价值评估概述

林地评价包括价值指标、实物指标等一系列经济指标。计算任何林地价值都有一个在什么样的基础上，如何计价问题。不同的计价方法得到的林地价值量是不同的。根据国土资源部颁布的《农用地估价规程》确定的农用地估价方法有收益还原法、市场比较法、成本逼近法、剩余法、评分估价法、基准地价修正法等。虽然也有部分学者对评分估价法、基准地价修正法等方法在林地资源价值评估实践中的应用进行研究，如单胜道、尤建新（2003）分析了构成林地定级估价体系的若干自然环境因素与社会环境因素，采用评分估价法确定温州茶山森林公园林地价格；刘健（2006）通过收集的福建北部杉木林小班的经营资料，采用基准地价修正法确定不同立地条件用材林林地标准地租；华伟平等（2014）把灰色关联分析与市场比较法结合，分析不同收益率下不同方法确定的林地评估值，最后加权平均取值。但是由于林地空间广阔性、区域地块异质性及其土地依附对象林木长周期性等特点，类似于城市用地或农用地那样开展县域范围内的土地分等评级在目前条件下是不现实的，因此以上几种地价评估方法在林地使用权评估中实用性不强。根据《森林资源资产评估技术规范 LY/T 2407—2015》行业技术标准，市场成交价比较法、林地期望价法、年金资本化法与林地费用价法构成林地资产价值评估的主要方法。不同评估方法有其理论依据、使用前提及存在局限。本节对这些方法的适用要求与应用局限性进行评述，以探寻较理想的林地使用权理论价格评估模型，为进一步研究奠定基础。

8.1.1 市场成交价比较法

市场成交价比较法又称现行市价法、市场法，是根据替代原则，将待评估的林地与近期公开市场上有类似交易的案例进行比较，通过适当的参数修正后估算该林地价值的方法，其表达式：

$$B_u = \sum_{i=1}^{n} K_i \times S \times G$$

式中，B_u 表示待评估林地价值；S 表示待评估林地面积；G 表示参考案例单位面积市场交易价格；K 表示调整系数；i 表示调整系数的个数。

调整系数 K 一般包括立地质量调整系数 K_1、地利等级调整系数 K_2、物价指数调整系数 K_3 及其他综合影响因素调整指数 K_4。立地质量调整系数 K_1 一般根据待评估林地立地质量等级标准林分在主伐时的单位面积蓄积量与参照案例标准林分主伐时的单位蓄积的比值确定，即

$$K_1 = \frac{\text{待评估林地立地质量等级标准林分主伐时的单位面积蓄积量}}{\text{参照林地立地质量等级标准林分主伐时的单位面积蓄积量}}$$

地利等级调整系数 K_2 按现实林分与参照林分采伐的立木价（以倒算法估算）比值计算，即

$$K_2 = \frac{\text{待评估林地的立地等级的标准林分在主伐时的立木价}}{\text{参照林地的立地等级的标准林分在主伐时的立木价}}$$

物价指数调整系数 K_3 是拟评估基准日的物价指数与参照案例成交时的物价指数的比值，即

$$K_3 = \frac{\text{评估时点的物价指数}}{\text{参照物交易时的物价指数}}$$

应用市场成交价比较法评估林地价值须具备以下条件：

（1）交易市场发达。发达的市场可以提供林地质量、地利等级等参数因子类似的已成交案例作为参考依据。同时发达的林地产权市场整个交易机制更合理，交易行为更规范，交易价格更能体现市场实际供求状况及林地自身价值属性，已成交案例较有参考价值。

（2）土地用途相同。林地价值评估中最重要的一点是确定价值类型。不同的价值类型使得同一评估方法对评估参数的选择不一样，导致评估价格的偏离。如某市场上具有类似立地质量与地利等级的林地交易案例。但是由于该案例是以法院强制拍卖形式出现的，其遵循的价值类型是非市场价值，其定价时的参数并非取自自由交易市场，就不能作为参照依据。

（3）案例区域与个数要求。不同区域其林木价格、生产力劳动成本、经营管理水平及林业税费征收额度都有所差异。而这些差异已经无形地体现在林地使用权价格上。因此，要尽量避免跨区域参照案例的比较，选择的参照案例尽量处于各种价格、成本类似的区域。不动产评估中参照案例选择一般要在 10 个以上，但考虑到林地市场较为不发达，寻找如此多案例几乎不可能，故通过 3 个相似性较强的参照案例即可满足评估要求（张卫民，2010）。

（4）交易时间的要求。一般而言，评估过程需要的参照案例的成交时间与

评估对象的基准日不能间隔太长。如果二者时间太长，理论上虽有价格指数调整到评估基准日，但相关信息会由于时间的久长而扭曲，价格指数会失真而导致评估结果失真。

市场成交价比较法是资产评估中较常用的方法。但由于当前林地使用权流转市场体制与机制不健全，市场发育不成熟，多数流转案例实际价格与理论价值偏差大，不符合公开市场假设条件。同时，森林资产不是规格产品，林地综合质量差异极大，寻找3个以上类似案例并进行多参数适当调整相对困难。因此，该法在林地资产评估中的实用性不强。

8.1.2 林地期望价法

林地期望价法是由德国林务官 Faustmann 于1849年提出的，以实行永续皆伐为前提，并假定每个轮伐期林地上的收益相同，支出也相同，从无林地造林开始计算，将无穷多个轮伐期的纯收入全部折现，以累加求和值作为被评估林地资产的价格（谢屹，2014）。该方法是建立在土地收益理论基础上的，是资产评估三大法之一的收益现值法的延伸，其计算公式为：

$$B_u = \frac{A_u + D_a(1+P)^{u-a} + D_b(1+P)^{u-b} + \cdots - \sum_{i=1}^{n} C_i \cdot (1+p)^{u-i+1}}{(1+P)^u - 1} - \frac{V}{P}$$

式中，B_u 表示林地期望价，A_u 表示现实林分 u 年主伐时的纯收入，D_a、D_b 分别为第 a 年、第 b 年间伐的纯收入，C_i 表示各年度营林直接投资，V 表示平均营林生产间接费用，P 表示利率（不含通货膨胀的利率），n 表示轮伐期的年数。

林地期望价公式的整个推导过程如下：

(1) 主伐收入 A_u 的确定。永续作业时各轮伐期的主伐收入前价为：$\frac{A_u}{(1+p)^u}$，$\frac{A_u}{(1+p)^{2u}}$，$\frac{A_u}{(1+p)^{3u}}$，…。这形成一个无穷等比递缩级数，因此，根据无穷等比递缩级数的求和公式（$S = \frac{a_1}{1-q}$，$a_1 = \frac{A_u}{(1+p)^u}$，$q = \frac{1}{(1+p)^u}$），将参数代入后，求和公式变为：$S = \frac{A_u}{(1+p)^u - 1}$，这就是定期为 M，定期的利息为 A_u，年利率为 p 的无限定期利息总的前价合计式。

(2) 间伐收入。设每个轮伐期都有若干次间伐，分别发生在 a、b……等年

度，在永续作业时每个稳定年度的间伐，每隔 u 年发生一次，则其前价的合计为：

$$\frac{D_a}{(1+p)^{a}},\ \frac{D_a}{(1+p)^{a+u}},\ \frac{D_a}{(1+p)^{a+2u}},\ \cdots$$

取 $a_1=\frac{D_a}{(1+p)^{a}}$，$q=\frac{1}{(1+p)^{u}}$，代入式求和得$\frac{D_a(1+p)^{u-a}}{(1+p)^{u}-1}$，其余各次间伐的求解方式相同。

（3）支出。各年的支出如都不相同，则整个轮伐期的支出的后价为：

$$\sum_{i=1}^{u} C_i(1+p)^{u-i+1}$$

各轮伐期的支出前价为：

$$\frac{\sum_{i=1}^{u} C_i(1+p)^{u-i+1}}{(1+p)^{u}}+\frac{\sum_{i=1}^{u} C_i(1+p)^{u-i+1}}{(1+p)^{2u}}+\frac{\sum_{i=1}^{u} C_i(1+p)^{u-i+1}}{(1+p)^{3u}}+\cdots$$

求和结果为$\frac{\sum_{i=1}^{u} C_i(1+p)^{u-i+1}}{(1+p)^{u}-1}$ $\left(a_1=\frac{\sum_{i=1}^{u} C_i(1+p)^{u-i+1}}{(1+p)^{u}},q=\frac{1}{(1+p)^{u}}\right)$

在森林经营中各年的管护费用基本相等，而且每年发生一次，这样，管护费用的合计为：

$$\frac{V}{1+p}+\frac{V}{(1+p)^{2}}+\frac{V}{(1+p)^{3}}+\cdots$$

求和结果为$\frac{V}{p}\left(a_1=\frac{V}{1+p},\ q=\frac{1}{1+p}\right)$。

将上述各项求和结果合并后，得：

$$B_u=\frac{A_u+D_a(1+p)^{u-a}+D_b(1+p)^{u-b}+\cdots-\sum_{i=1}^{u}C_i(1+p)^{u-i+1}}{(1+p)^{u}-1}-\frac{V}{P}$$

如果森林经营中仅第 1 年进行造林投入，而以后各年仅支出管护费用，则公式简化为：

$$B_u=\frac{A_u+D_a(1+p)^{u-a}+D_b(1+p)^{u-b}+\cdots-C(1+p)^{u}}{(1+p)^{u}-1}-\frac{V}{P}$$

当林地使用权转让的期限是有限期时，可利用时间修正系数对公式进行修正，求得土地价格，其公式：

$$B_u = \left\{\frac{A_u + D_a(1+p)^{u-a} + D_b(1+p)^{u-b} + \cdots - \sum_{i=1}^{n}[C_1 - (1+p)^{u-i+1}]}{(1+p)^u - 1} - \frac{V}{P}\right\} \times \left[1 - \frac{1}{(1+r)^n}\right]$$

林地期望价法是建立在一系列理想假设基础上的，运用该方法计算林地价值的关键有几点：

（1）林分蓄积量、出材量的准确预测。林地经济价值实现主要是通过林木的主伐、间伐取得。对林分蓄积量、出材量预测准确与否直接关系着林地价值的测定。目前福建省编制了一整套的杉木、马尾松等林分出材率表，林业专家及相关林业工作者也根据具体区域的样地材料编制了其他树种的出材率表。但是，相关林业数表在不同区域应用存在区别。各地在应用时要根据自身区域情况进行适当修正。

（2）营林生产成本取值。营林生产成本包括整地、除草、挖穴造林、抚育间伐等直接生产成本及森林病虫害防治、林业经营管护等间接生产成本。对营林生产成本取值一般不能根据某一微观单位的特定值或上下极限值，而要在充分调查基础上取该区域内社会平均值。

（3）投资收益率。投资收益率是投资者对其投资活动可能产生的未来预期收益。投资收益率是林地期望价中一个很敏感的因子，在较长的林业经营周期内投资收益率的微小变化可能产生结果的剧烈波动。投资收益率一般由无风险利率、风险报酬率及通货膨胀率组成。但在该公式中，由于是林地经营收益的折现，投资收益率应该是不包括通货膨胀收益率的。

有限期林地期望价的局限性是合同期内作业方式不变、经营收入与支出等现金流不变的假设前提与实际情况有一定的出入。同时对林分若干年后收获量的预测难度较大，带有很大的主观意识成分。

8.1.3 年金资本化法

年金资本化法也称收益还原法，是收益净现值法的一种特殊形式，是将待估林地未来各期正常纯收益（地租）以适当的还原利率还原，求取林地价格的一种方法。年金资本化法求算公式分有无限期与有限期。无限期资本化公式：

$$E = \frac{A}{P}$$

有限期资本化公式：

$$E=\frac{A}{P}\cdot\left[1-\frac{1}{(1+P)^{N}}\right]$$

式中，E 表示林地价格，A 表示林地地租，P 表示还原利率，N 表示林地使用年限。

年金资本化法主要用于有稳定年地租收入的林地资产评估实务，该方法确定林地价格的关键是合理确定还原利率。还原利率的确定方法一般有租价比法、安全利率加风险调整值法、投资收益率综合排值插入法等。类似于林地价格评估法中市场价比较法适用局限性，租价比法确定还原利率在目前比较困难。林地流转市场的欠发达与非规范性决定了投资收益率综合排值插入法适应性也不强。安全利率加风险调整法是比较通用、实用的一种还原利率确定方式。

通货膨胀率是林地合理地租确定中要特别注意的变量，在确定待评估区域最近几年林地平均地租取值及资本还原利率时尽量要扣除通货膨胀因素。如果扣除通货膨胀率操作困难时，也要根据地租变化趋势判断做出适当运算调整（张卫民，2010）。同时，当林地各期正常纯收益（地租）发生变化时，其计算公式也要根据实际情况适当调整。

8.1.4 林地费用价法

林地费用价是从成本角度出发，把购入林地的费用及为维持、改良该林地到基准时点状态所投入的费用之和，其计算公式：

$$B_u = A\times(1+P)^n+\sum_{i=1}^{n}M_i(1+P)^{n-i+1}$$

式中，B_u 表示林地评估价格，A 表示初始购置林地的费用，M_i 表示购置林地第 i 年的维持及改良费用，P 表示投资收益率，n 表示林地购置年限。

目前，理论界对林地费用价法在评估实务中的应用存在两种对立观点：一种观点认为，林地费用价的计算以原价为基础，从逻辑上说是个循环概念，没有说明地价的本质和构成，评估实践中要慎用，要在市场价、林地期望价应用有困难时再用它（于政中，1995）；另一种观点认为，对于林地购置时间较短，成本历史台账清晰，费用明确，又未经开发经营的林地，林地费用价法不失为评估其林地价值的一种实用方法（罗江滨，2002；张卫民，2010；诸良富，2014）。笔者认为，当评估人员对该林地生产力情况缺乏了解且类似交易案例较少而运用林地期望价法及现行市价法有困难时，林地费用价法可作为选择之一。

对于成本法中“成本”数据的选用，存在两种观点：一种观点认为，基于林地费用价法测算的林地大多购置费用清晰，“成本”应该采用历史成本而不是重置成本（张卫民，2010）；另一种观点认为，能采用重置成本最好采用重置成本，在使用重置成本有困难时考虑使用历史成本，且这种观点占多数（陈平留、刘健，2004）。笔者认为，到底采用历史成本还是重置成本，不仅要取决于置入林地的年限，还要看在这段购置期内与林地价值相关的社会外部条件变化情况。如果成本环境变化比较大，利用历史成本数据说服力就不够，就应该采用重置成本，而如果成本环境比较平稳，要适当考虑使用历史成本。但总体而言，还是更倾向于采用重置成本，毕竟历史成本代表的是过去而不是现在。需要特别指出的是，当采用重置成本时，投资收益率中不应包含通货膨胀率，但如果采用历史成本时，通货膨胀率要被考虑在内。

林地费用价法仅适用于购入后经过一定改良但并未进行经营的林地。但一般转入方在转入林地并改良后会投入经营，故此法的适用性不强。但随着林权流转市场的逐步发育，林地交易的进一步活跃，林地作为一种商品的流转频率会逐步增多，林地费用价法的应用会有所增加。

8.2 林地流转价格的案例分析

林地供求双方对价格认识的差异极大地抑制林地市场发育。特别是近几年，随着林产品及林业税费的双向作用，林地使用权理论价格大为增加，流转中的价格问题更是引起很多专家、学者的关注。笔者 2010 年、2016 年两次调研结果也显示，450 户农户关于为什么不愿意流转出林地的问卷中，有 405 户认为当前的林地转出价格太低，不符合心理预期。近几年林地理论价格升值幅度有多大？林地实际流转与理论价格差异有多大？为回答如上问题，笔者选择福建南平市顺昌县为案例研究区域，收集该区域 2000 ~ 2018 年杉木木材价格、营林生产成本、林木采运成本、木材税费等技术经济指标（见表 8 - 1）及福建省、南平市、顺昌县等各级政府的林地使用费收取规定，作为基础支撑，开展研究。

8.2.1 案例区域介绍

顺昌县隶属福建省南平市，位于福建省西北部，地理坐标为 117°29′ ~ 118°14′E，

26°38′～27°121′N。地形以山地丘陵为主，属中亚热带海洋性季风气候，年平均气温 19℃。雨量充沛，年降水量在 1600～1800 毫米，属丰水区。全县土壤资源丰厚、林业资源丰富，林地保有量 16.65 万公顷，森林蓄积量 1564.3 万立方米，拥有生态保护林 2.93 万公顷，森林覆盖率 79.76%，是中国杉木之乡、竹子之乡、福建省重点林业县、国家木材战略储备基地县。顺昌县围绕生态林业、民生林业建设目标，推进林业经济发展和林农增收，持续推动林业产业整体发展，取得一定成效，林业总产值 2017 年突破了 40 亿元。

8.2.2　林地理论价格研究

8.2.2.1　研究模型选择

林地使用权理论价格计算涉及林分生长状况及各种经济指标。此处模型选择主要包括林分生长模型与林地价值评估模型。林分生长模型采用准确性高、参数生物学意义强的 Richards 生长模型，其表达式：

$$Y = A \cdot (1 - e^{-Kt})^B$$

式中，Y 表示林分调查因子，t 表示林分年龄，A、K、B 表示具体参数。

有限期林地期望价法在现实林地使用权流转市场环境中相对于现行市价法、年金资本化法、林地费用价法等，该方法理论较为完美，适应性较强，不失为可以应用的一种方法，因此也被美国惠好公司、加拿大嘉汉公司、印度尼西亚金光集团、福建永安林业集团等国内外营林公司作为林地价值评估的理论基础（谢屹，2008，2014）。林学界学者也多以期望价法作为主要方法测算林地价值（刘健、2003；谢德新，2008；谢屹，2009；赵刚源，2013）。基于此，采用林地期望价法评估林地使用权价格，并对研究内容作如下假设：

（1）研究对象为主伐年龄为 26 年的杉木人工纯林，采伐方式为皆伐；

（2）一个轮伐期内不进行间伐或间伐的经济收益与成本支出持平，即 $D(a, b, \cdots) = 0$，该期望价公式简化为 $B_u = \left\{\frac{A_u - \sum_{i=1}^{n}[C_i - (1+p)^{u-i+1}]}{(1+p)^u - 1} - \frac{V}{P}\right\} \times \left[1 - \frac{1}{(1+r)^n}\right]$；

（3）当林分达到设计经营类型的主伐年龄时可以自由采伐，不受林木采伐限额指标的限制；

（4）林地承包经营的一个合同期限为 26 年，期限后按新的政策重签协议，或归还林地。

通常，人工杉木纯林在主伐前进行适当时间间隔的间伐，每次间伐强度在林分蓄积总量的15%左右，间伐材会有一定的净收益。但同样，由于森林采伐限额制度的存在，营林主并不能完全获得采伐指标，从而会由于采伐指标的限制不能马上处置林分而形成资金沉淀成本，造成经济损失。经验判断，假设（2）与假设（3）产生的经济净收益与损失几乎可以互相抵充，故为简化分析的以上假设对研究结果的合理性几乎没影响。

8.2.2.2 研究基础数据

根据福建福林咨询中心（原福建林业资产评估事务所）提供的2000～2018年度杉木木材价格、营林成本、林业税费等各项林业技术经济指标，结合笔者实地调研情况，形成如表8－1所示的林业经营技术经济指标。

表8－1 技术经济评价指标

项目 \ 年份	2000	2001	2002	2003	2004
杉木规格材价格（元/立方米）	585	500	500	540	540
杉木非规格材价格（元/立方米）	390	360	370	400	410
规格材计征价（元/立方米）	600	600	600	460	400
非规格材计征价（元/立方米）	300	390	390	300	200
采伐成本（元/立方米）	65	65	65	70	70
运输成本（元/立方米）	25	25	30	30	30
设计费（元/立方米）	4	4	10	10	10
检尺费（元/立方米）	6	6	12	12	12
销售费用（%）	1.50	1.50	3	3	3
不可预见费（%）	0.60	0.60	1.50	1.50	1.50
管理费（%）	5	5	5	5	5
育林费与维简费（%）	20	20	20	20	20
特产税（%）	17.60	17.60	13.20	8.80	8.80
增值税及税金附加（%）	0.40	0.40	0.40	0.30	0.30
林业保护费（元/立方米）	5	5	5	5	0
其他税费（%）	0.07	0.07	0.07	0.07	0.07
经营利润率（%）	15	15	15	15	15

续表

项目＼年份	2005	2006	2007	2008	2009
造林成本（元/公顷）	2700	2700	2700	2700	2700
	600	600	600	600	900
	600	600	600	600	900
	450	450	450	450	
年管护费（元/公顷）	60	60	69	69	69
杉木规格材价格（元/立方米）	570	660	750	900	1010
杉木非规格材价格（元/立方米）	510	610	670	830	850
规格材计征价（元/立方米）	400	400	400	550	550
非规格材计征价（元/立方米）	200	200	200	430	430
采伐成本（元/立方米）	75	80	90	100	105
运输成本（元/立方米）	30	30	35	40	43
设计费（元/立方米）	10	10	10	10	10
检尺费（元/立方米）	12	12	12	12	12
销售费用（%）	1. 50	1. 50	1. 50	1. 50	1. 50
不可预见费（%）	1. 50	1. 50	1. 50	1. 50	1. 50
管理费（%）	5	5	5	5	5
育林费与维简费（%）	20	20	20	20	20
特产税（%）	0. 00	0	0	0	0
增值税及税金附加（%）	0. 20	0. 20	0. 20	0. 20	0. 20
林业保护费（元/立方米）	0	0	0	0	0
其他税费（%）	0. 07	0. 07	0. 07	0. 07	0. 07
经营利润率（%）	15	15	15	15	15
造林成本（元/公顷）	2700	3300	3900	4800	5100
	1050	1350	1500	1800	1950
	600	675	750	900	1050
年管护费（元/公顷）	75	75	75	105	105

项目＼年份	2010	2011	2012	2013	2014
杉木规格材价格（元/立方米）	1230	1250	1250	1250	1300
杉木非规格材价格（元/立方米）	1080	1100	1120	1120	1140
规格材计征价（元/立方米）	600	600	1000	1000	销价
非规格材计征价（元/立方米）	600	600	900	900	销价

续表

项目 \ 年份	2010	2011	2012	2013	2014
采伐成本（元/立方米）	130	130	180	180	180
运输成本（元/立方米）	45	50	50	50	50
设计费（元/立方米）	10	10	10	10	10
检尺费（元/立方米）	13	13	13	13	13
销售费用（%）	1. 50	1. 50	1. 50	1. 50	1. 50
不可预见费（%）	1. 50	1. 50	1. 50	1. 50	1. 50
管理费（%）	5	5	5	5	5
育林费与维简费（%）	10	10	10	10	10
特产税（%）	0	0	0	0	0
增值税及税金附加（%）	0. 20	0. 20	0. 00	0. 00	0. 00
林业保护费（元/立方米）	0	0	0	0	0
其他税费（%）	0	0	0	0	0
经营利润率（%）	15	15	15	15	15
造林成本（元/公顷）	8250	9000	10500	10950	11250
	2400	2700	2700	3000	3000
	1950	2250	2250	3000	3000
年管护费（元/公顷）	120	120	120	120	120

项目 \ 年份	2015	2016	2017	2018
杉木规格材价格（元/立方米）	1300	1300	1300	1300
杉木非规格材价格（元/立方米）	1150	1150	1150	1150
规格材计征价（元/立方米）	销价	0	0	0
非规格材计征价（元/立方米）	销价	0	0	0
采伐成本（元/立方米）	200	200	220	220
运输成本（元/立方米）	50	50	50	50
设计费（元/立方米）	10	10	10	10
检尺费（元/立方米）	13	13	13	13
销售费用（%）	1. 50	1. 50	1. 50	1. 50
不可预见费（%）	1. 50	1. 50	1. 50	1. 50
管理费（%）	5	5	5	5

续表

项目 \ 年份	2015	2016	2017	2018
育林费与维简费（%）	10	0	0	0
特产税（%）	0	0	0	0
增值税及税金附加（%）	0.00	0.00	0.00	0.00
林业保护费（元/立方米）	0	0	0	0
其他税费（%）	0	0	0	0
经营利润率（%）	15	15	15	15
造林成本（元/公顷）	11700	12000	12750	12750
	3300	3600	3600	3600
	3300	3600	3600	3600
年管护费（元/公顷）	120	120	120	120

注：①1998～2001年，育林费与维简费按销售收入的20%计算；2002年后，育林费与维简费按统一计征价的20%征收。

②1998～2001年，特产税按标准计算，即第一道特产税为收购基价的8.8%，第二道特产税为收购基价与育林费、维简费之和的8.8%，各材种的收购基价按顺昌县认定的分别为：杉原木600元/立方米，综用材为原木的50%；2003年后，特产税只有一道。

③2002年，维简费按统一计征价的8%征收；生产环节特产税按木材统一计征价的8.8%（含地方附加）征收；购销环节特产税按木材统一计征价的8.8%（含地方附加）征收。

④根据财税［2016］11号文件，2016年2月1日起，取消育林费。

8.2.2.3 不同立地质量的林分生长模型

立地质量是林业测树学专用词汇，是根据具体土地的地形地貌、土壤特性、植物类型及生长状况判断林木生长适应性的重要指标。根据福建省林地立地条件等级划分标准通常把林地分为四个等级，即肥沃级Ⅰ类地、较肥沃级Ⅱ类地、中等肥沃级Ⅲ类地与瘠薄级Ⅳ类地。考虑到福建顺昌县、邵武市同属南平市管辖，且边界相邻，地貌特征类似，故此处研究借助章允清（2006）对邵武市卫闽林场小班数据调查基础上建立的林分因子生长模型。根据这些模型，分别计算人工杉木纯林主伐年龄26年时的胸径、树高、蓄积量等测树因子，查阅《福建省杉木二元材种出材率表》，得到不同地类、不同年份的林分出材率、规格材及非规格材出材量等基础数据，如表8－2、表8－3、表8－4所示。

Ⅰ类地：

$M = 460.5863 \times [1 - \exp(-0.082905t)]^{3.098856} \quad R = 0.9537$

$D = 32.1894 \times [1 - \exp(-0.047726t)]^{1.21069} \quad R = 0.8732$

$H = 18.29698 \times [1 - \exp(-0.103407t)]^{1.66829} \quad R = 0.9862$

Ⅱ类地：

$M = 308.64906 \times [1 - \exp(-0.12163t)]^{4.21772} \quad R = 0.9621$

$D = 43.69541 \times [1 - \exp(-0.01293t)]^{0.78299} \quad R = 0.8967$

$H = 16.658676 \times [1 - \exp(-0.07796t)]^{1.37458} \quad R = 0.9759$

Ⅲ类地：

$M = 311.010658 \times [1 - \exp(-0.09728t)]^{4.23109} \quad R = 0.9453$

$D = 41.0994 \times [1 - \exp(-0.0124696t)]^{0.795268} \quad R = 0.8651$

$H = 28.0439 \times [1 - \exp(-0.023604t)]^{1.19559} \quad R = 0.9675$

式中，M 表示平均蓄积量，D 表示平均胸径，H 表示平均树高，t 表示林分年龄，R 表示相关系数。

表 8-2　26 年生杉木人工林Ⅰ、Ⅱ、Ⅲ类地生长收获

年龄（年）	平均树高（米）	平均胸径（厘米）	平均蓄积（立方米/公顷）	规格材出材率（%）	非规格材出材率（%）	规格材出材量（立方米/公顷）	非规格材出材量（立方米/公顷）
Ⅰ类地	16.3	21.3	314.5	35	41	110.1	128.9
Ⅱ类地	13.7	16.4	257.2	23	49	59.2	126.0
Ⅲ类地	11.0	14.8	218.8	18	52	39.4	113.8

8.2.2.4　折现率的确定

折现率是指将未来有限期预期收益折现成现值的比例，体现投资者进行资金投入后未来收益的预期。折现率越高就表明人们更看重眼前的、近期的收益。反之，说明人们对未来长远收益的重视。资产价值评估中折现率是一个很重要的参数，特别对于林业这种长周期的行业，其稍微的变动会对结果产生重大影响。以轮伐期为 26 年杉木人工纯林为例，Ⅱ类造林地评估中，选用上节中杉木蓄积生长模型及 2016 年平均技术经济指标测算折现率对资产价格的敏感度结果显示，以 6% 折现率为基准，当折现率下降 1% 时，其林地价格增加 16.2%；当折现率

取4%时，评估价格增加35.1%。折现率对短轮伐期工业原料林地评估价格影响如此显著，对于主伐年龄高达几十年甚至上百年的林分影响更甚。

确定折现率的方法包括资本资产评价模型（CAPM）、套利定价模型（APM）、加权平均资本成本模型（WACC）等。但在林业行业中，由于缺乏严密的林地、林木资产会计核算数据及其他详细的统计资料，以上方法在确定林地评估折现率中几乎无法得到应用，目前风险累加模型还是确定林业投资收益率的主要方法。根据风险累加模型，折现率由无风险报酬率、投资风险报酬率、通货膨胀率三部分累加组成。由于林地期望价法是对不同时间林地价值的折现，是在同一时间基点上，因而无须考虑通货膨胀率，故折现率就是纯利率与风险报酬率的加和。

纯利率，即无风险报酬率，是指在没有任何风险情况下资金所有者让渡资金使用权而获得报酬率。风险是客观存在的，无风险是一种理想状态。但相对于民间借贷、地下钱庄等私募资金，在一个政治局面稳定、金融体系健全的国家，由政府通过国家信用担保的国债或国有银行存款利率可作为纯利率确定依据。一般折现率中无风险报酬率确定是以1年期国债利率或银行存款利率来替代。查阅中国人民银行网站2000～2018年1年期国债利率与定期存款利率，经平均拟合及趋势预判后确定林业投资无风险报酬率约为3%。

风险报酬率是投资者因承担风险而获得的超过时间价值率的那部分额外报酬率，即风险报酬额与原投资额的比率。林业经营中的投资风险主要有造林失败风险、森林火灾风险、森林病虫害风险、人为偷砍盗伐风险等。根据收集的第6～9次全国森林资源清查中福建省造林数据及南平地区森林火灾、森林病虫害与林木盗伐等统计资料后认为投资风险报酬率在1%～2%。考虑到林业统计数据的独特性，本书取上限2%为风险报酬率并利用保险统计法，根据公式 $R' = R_f \times (100 + R_g)/(100 - R_g)$，得到修正后的风险报酬率 $R' = 2.12$，并求得无风险报酬率与风险报酬率的加和为5.12%。考虑到林业投资长期性的适当风险溢价，最终取6%为资本折现率。

8.2.2.5 林地理论收益分析

流转理论收益即为理论上原林地权益主体将林地使用权转让给其他自然人或法人，权益变更后获得的货币收益，林地资产价值评估值可为其数量依据。根据前文的基础数据，代入有限期林地期望价公式，求得2000～2018年不同立地质量的林地使用权理论流转收益，如表8－3所示。

表 8－3　2000～2018 年不同地类等级林地理论流转收益

单位：元/公顷

年份	Ⅰ类地	Ⅱ类地	Ⅲ类地
2000	4100	1757	522
2001	338	－1086	－1815
2002	589	－885	－1646
2003	4527	1913	551
2004	6021	3189	1650
2005	10139	6597	4529
2006	13182	8793	6200
2007	15326	10114	7096
2008	17164	11114	7614
2009	19549	12359	8372
2010	28544	19319	14031
2011	28642	19193	13818
2012	27587	17512	12001
2013	25282	16356	11702
2014	25276	16137	11711
2015	24389	15493	11493
2016	29556	19329	14494
2017	29439	19914	14325
2018	29439	19914	14325

为更直观地了解林地使用权理论流转收益动态变化趋势，根据表 8－3 绘制不同地类等级时间序列的理论收益变化趋势图，如图 8－1 所示。

结合表 8－3 与图 8－1 的显示结果，分别从时间尺度及立地质量角度归纳研究对象理论流转收益表现特点。具体有：①序列时间趋势上：拟合理论流转收益方程发现，Ⅰ、Ⅱ、Ⅲ类地的时间与价格变量间体现一元线性递增关系，且二者间的相关系数都达到 0.86 以上，即高度相关，说明随着时间的推移，林地理论收益是不断增长的。直观上，图 8－1 也明显可以看出，除了 2000～2001 年三大立地等级的林地流转收益是减少的，其他年份都表现出递增趋势。截至 2018 年，Ⅰ、Ⅱ、Ⅲ类地的流转收益已分别高达 37742 元/公顷、25531 元/公顷与 18365 元/公顷，为 2000 年的 7.18 倍、11.33 倍与 24.46 倍。②不同立地质量上：图

8－1中三条曲线始终是Ⅰ类地收益曲线居上，Ⅱ类地居中，而Ⅲ类地位于最下方，说明立地质量较好的林地的理论流转收益始终高于立地质量较差的林地，且随着时间推移，二者之间差距表现得越为明显。如2000年Ⅰ、Ⅱ、Ⅲ类地的流转收益差分别为3003元/公顷、1584元/公顷，而2005年则为4541元/公顷、2652元/公顷，2018年更是高达12211元/公顷、7166元/公顷。此研究结论体现了土地的自然属性对其经济效益的贡献，也揭示了现实的林地使用权流转市场中优劣质土地的不同市场追逐热度。③三种不同立地质量的林地期望价在2012～2015年都出现不同程度的下降，直到2016年其价格剧烈上升，达到近20年的最高点，而2017年、2018年反而有小幅度的下降。

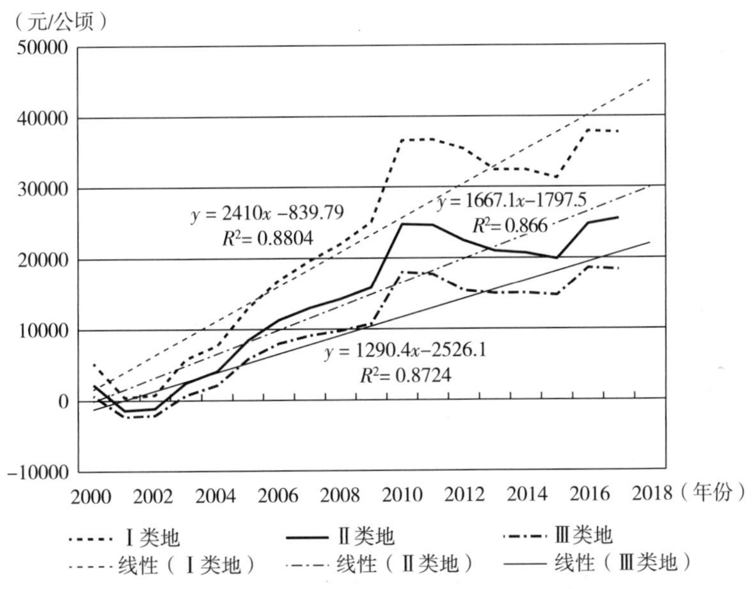

图 8－1 2000～2018 年不同地类等级林地理论流转收益

8.2.2.6 价格特征的理论解释

（1）林木价格上涨是推动林地流转收益递增的主要原因。林木依附于林地而存在，相应地，林地经济价值通过林木价格给予体现。林木价格的波动对林地经济价值及林业经营效益影响显著。相关研究也证实这点，如胡国登的研究表明，2000年前由于小径木材滞销，致使顺昌浦上林场无法保证5%的林业经营内部收益率，2003年后随着木材市场价格的上涨，经营收益率可达10%以上，

2005 年更是可达 12% 的收益率。笔者曾以顺昌洋口林场调查数据进行的研究表明，一旦木材综合价格上涨 10%，则会使得杉木人工林经营效益提高 15.71%，如上涨 20%，则经营效益更会提高至 31.41%。集体林权制度改革前，林木价格形成机制缺失，市场发育不充分，木材统销统购的“计划”式资源配置方式及林木原材料需求相关行业（如木质家具业、房屋建筑业等）也相对不如现在发达，导致市场对林木资源的有效需求不足，木材价格不能有效体现。近年来，在国家林业发展战略转变、关联产业发展迅速、国外木材进口环境日益恶化及林产品市场价格形成机制逐渐完善的多重因素综合作用下，木材价格显著上涨，自然也带动了林地价格的提升。特别需要强调的是，口径 12 厘米以下的综合材在短轮伐期杉木林中所占的出材量比重高，对林地价值影响大。而在 2005 年前，受林产工业技术水平的限制，小径材林木只限用于火烧材、纸浆材等，木材的内在价值体现不明显，价格低廉。随着木材旋切技术改进，小径材利用途径出现多元化，利用效率大为提高，其价格出现快速上涨，如 2000 年综合材平均价格仅为 390 元/立方米，到 2005 年升至 510 元/立方米，而 2018 年更是高达 1150 元/立方米，这期间 I 类林地理论流转收益也从 2000 年的 5256 元/公顷升至 2005 年的 12999 元/公顷，然后升至 2018 年的 37742 元/公顷。

（2）政策性税改让利对林地理论流转收益影响显著。林业税费变化对森林资源经营效益及林地资产价值影响显著。据郑德祥（2006）研究，2001 年林业税费改革前，森林资源经营的投资收益率基本在 6% 左右，而 2001 年税改后基本可以超过 9%，短经营周期林木的投资收益率更可能超过 10%。实行林业税费改革前，福建集体林区包括特产税、增值税、育林费、维简费在内的各类税费项目多达 20 多项，木材销售利润分配中税收占销售价的近 50%。沉重的税费加重了林业经营主体的负担，挫伤了其林业经营积极性，造成森林资源的巨大破坏，也严重影响了林地资源价值体现。从 2001 年开始，以南平地区为试点实行福建林区林业税费制度变革，逐渐取消农业特产税、印花税、教育附加费，税费项目削减为 11 项。同时，改以木材销售价征收育林基金、维简费为按统一计征价征收，降低征收基价。三次林业税费改革使得木材销售税费由原来占售价的将近 50% 降到 20% 左右。同时，流通领域的改革也使林业经营者每立方米木材获利增加 50～80 元。所以，当前林地理论流转收益增加的很大一部分来自于政府减税让利的政策性增收。如表 8－3、图 8－1 所示，相对于前些年，2016 年、2017 年、2018 年的木材价格变化都不大，造林、抚育等人工成本增长加快，成本压力较大，而林地期望价却达到顶峰，究其原因是2016年政府育林基金的取消，林业企业采伐、销售林木不再缴纳高达销售价10%的育林基金，也属于政府的税改福利。

（3）经营成本增加导致部分年限的林地价格降低。2010～2018年林木价格，不论是规格材，还是非规格材，价格总体变化都不大，如2010年的规格材为1230元/立方米，非规格材为1080元/立方米，2018年也仅为1300元/立方米与1130元/立方米，均上涨70元/立方米。再考察其成本，2010年的前三年造林、抚育成本分别为8250元/公顷、2400元/公顷、1950元/公顷，2018年分别上涨到12750元/公顷、3600元/公顷、3600元/公顷，涨幅分别达到54%、50%、85%。成本上升导致林地价格下降，由此解释图8－1在2013～2015年出现曲线下降趋势，如不是取消育林基金的政策红利，2016年后也该是下降的，而不是处于历史的顶峰。

8.2.3　流转价格的合理性分析

林地使用权实际流转价格，指在不改变林地现有用途前提下在不同经营主体之间发生资产交易时的价格，其实质是原权益所有者让渡该权益时的经济补偿，是一种经济地租。林地使用权流转收益合理性判断的基础前提是理论与实际流转收益的价差。当二者越为趋近时，说明其越为合理，反之，则越为不合理。当前林地使用权流转价格形成表现在三个层次：①林权公开市场形成的实际交易价格；②集体组织成员承包土地经营而支付的林地使用费；③国有林场、国有采育场等林业经营单位租赁集体及个人土地所支付的使用费。理论上，第Ⅰ种价格来自公开的竞争性市场，已接受市场检验，更具有研究参照性。但当前很多流转行为是发生在私人间的场外交易，缺乏可参照的统计数据。第Ⅱ种价格是集体组织内部不论性别、身份的社员凭借其天然身份优势自然具有的土地承包经营权而支付给该组织的林地使用费，具有明显的社会内部福利性质，其林地支付价格更多的是象征意义的价格（有的地方，如江西省，甚至不收林地使用费），不应成为研究参照。第Ⅲ种价格通常是各级政府通过文件形式给予强制性规定，并要求相关各方给予严格遵守，是具有浓厚行政色彩的规定性流转价格。

近年来，随着林业政策的调整和木材经营效益的提高，一些国有林场、国有采育场与其经营区内的林地实质所有权人——村、社集体经济组织及个体农户在关于林地使用费（即地价）支付数额及支付方式上存在激烈矛盾，哄抢国有经营片区林地的现象时有发生，且有不断蔓延趋势。所以，此处以第Ⅲ种流转价格为参照依据，通过系统研究，探讨林地使用权流转合理性问题，为顺昌县及情况类似的县（市、区）科学制定林地使用费提供依据，力求实现国营林场、采育场等林业经营区的稳定地权，促进区域和谐与国家储备林建设、生态强省建设等林业重大工程顺利实施。

8.2.3.1 理论价格与政府规定地价的差异分析

（1）相关政策梳理。关于集体林地使用费，福建省进行多次调整，2005 年《福建省人民政府关于调整林地使用费稳定国有林场和采育场经营区的通知》（闽政文［2005］50 号）规定林地使用费计提以林价为计算基准，杉木规格材是 160 元/立方米，非规格材按规格材 70% 计算（102 元/立方米），用材林主伐时按所产木材林价款 30% 在木材生产当年一次性支付林地使用费；2010 年，福建省政府在广泛调研的基础上，出台《关于合理调整林地使用费维护林区稳定的通知》（闽政文［2010］158 号），要求各地在林地使用费的调整中，应按照省里的通知精神，根据当地林业经营水平和国有林场、林业采育场实际，兼顾林地所有者的实际收益和国有林场、林业采育场经营区的安定稳定，合理确定林地使用费标准。

南平市政府于 2007 年出台《关于深化集体林权制度改革的实施意见》（南委［2007］37 号），提出要在闽政文［2005］50 号所规定林地使用费标准基础上提高 40%（即杉木规格材 224 元/立方米，非规格材 142.8 元/立方米），及时足额支付给林地所有者。在南委［2007］37 号精神指导下，顺昌县进一步深化林地有偿使用措施改革，探索国有林场、国有采育场按年度、分地类、按面积支付林地使用费的办法，顺政综［2007］247 文规定人工用材林Ⅰ、Ⅱ类地 315 元/公顷·年，Ⅲ类地 210 元/公顷·年；在木材价格上涨及林业税费减少背景下，为更多让利于民，顺昌县政府于 2013 年出台《关于调整林地使用费计提标准的通知》（顺政综［2013］262 号），要求在 2007 年标准上提高 30%，即Ⅰ、Ⅱ类地 409.5 元/公顷·年，Ⅲ类地 273 元/公顷·年。为推进林业重大工程建设，2018 年顺昌县出台《关于加快推进国家储备林质量精准提升项目工作的通知》（顺政综［2018］106 号）提出，采伐基地合作经营，对山权单位（或个人）不保留股份的，分别按Ⅰ、Ⅱ类地 27000 元/公顷，Ⅲ类地 18000 元/公顷，一次性购买经营权，买断 30 年经营权；对保留股份的，Ⅰ、Ⅱ类地以 900 元/公顷标准按 30 年经营期逐年支付，保留 30% 股份，Ⅲ类地以 600 元/公顷标准按 30 年经营期逐年支付，保留 20% 股份。

（2）合理性分析。笔者调研发现，2005 年闽政文［2005］50 号文件颁布后，大部分国有林业经营单位以此文件标准规定向乡村集体经济组织支付林地有偿使用费。而到了 2008 年，随着南委［2007］37 号、顺政综［2007］247 号文件的出台，多数集体经济组织要求以这两个文件精神为指导，提高国有林场、国有采育场等林业经营单位的林地使用费，相当部分刚签订林地使用协议的单位也是以此参照执行；2013 年后，顺政综［2013］262 号文件成为林地使用费支付的主要依据；顺政综［2018］106 号文件成为顺昌县国营林场为实施国家储备林精准质量提升工程，与农户、集体组织、林业合作社、家庭林场等进行合作而支付林地使用费的标准。故此处分四个阶段，分别以 2005 ~ 2007 年理论林地使用费对照闽政文［2005］50 号标准，2008 ~ 2012 年理论使用费对照南委［2007］37 号文件，2013 ~ 2017 年对照顺政综［2013］262 号文件，2018 年对照顺政综［2018］106 号文件，分析理论流转收益与政府规定地价之间的价格差异，其结果如表8－4、表 8－5、表 8－6 与表 8－7 所示。

1）第一阶段分析。

$$\frac{(160\times a_1+102\times a_2)\times 0.3}{(1+r)^n}$$

式中，a_1 表示规格材出材量，a_2 表示非规格材出材量，r 表示折现率，n 表示 26 年，结合表 8－2 计算闽政文［2005］50 号文件下不同立地等级的林地使用费，并与理论使用费进行比较，如表 8－4 所示。

表 8－4　2005 ~ 2007 年林地理论流转收益与闽政文［2005］50 号的差异分析

地类等级	2005 年	2006 年	2007 年
Ⅰ类地	10139	13182	15326
Ⅱ类地	6597	8793	10114
Ⅲ类地	4529	6200	7096
闽政文［2005］50 号	P_{05}	P_{06}	P_{07}
2029	5.00	6.50	7.55
1472	4.48	5.97	6.87
1181	3.83	5.25	6.01

注：P_{05} 表示 2005 年理论流转收益与闽政文［2005］50 号规定地价的比值，P_{06}、P_{07} 参数意义类同。

如表8-4所示，2005~2007年，三种不同地类等级的林地理论流转收益与闽政文［2005］50号规定的国有林业经营单位向基层组织支付的实际流转价格间的差异基本保持在3.83~7.55倍，其中2007年的Ⅰ类地的理论与实际价格差异最大，达到7.55倍，而2005年的Ⅲ类地的理论与实际收益差异最小，但也达到3.83倍。可见，闽政文［2005］50号规定的林地使用费远低于理论上权益主体转移林地使用权所应该获得的收益，该时段国有林场、国有采育场等林业经营单位支付给乡村集体的林地使用费远远低于理论价格。

2）第二阶段分析。同理，采用南委［2007］37号标准计算出不同地类等级的26年生杉木纯林林地使用费实际支付值，对比2008~2012年的理论测算值，对比如表8-5所示。

表8-5 2008~2012年林地理论流转收益与南委［2007］37号地价的差异分析

地类等级	2008年	2009年	2010年	2011年	2012年
Ⅰ类地	17164	19549	28544	28642	27587
Ⅱ类地	11114	12359	19319	19193	17512
Ⅲ类地	7614	8372	14031	13818	12001
南委［2007］37号	P_{08}	P_{09}	P_{10}	P_{11}	P_{12}
2840	6.04	6.88	10.05	10.08	9.71
2060	5.39	6.00	9.38	9.32	8.50
1653	4.61	5.06	8.49	8.36	7.26

注：P_{08}表示2008年理论流转收益与南委［2007］37号规定地价的比值，P_{09}、P_{10}、P_{11}、P_{12}参数意义类同。

虽然顺昌县结合区域实际情况，适当提升林地有偿使用费，以期达到缓解国有林业经营单位与个体林农及林业集体经济组织间的矛盾纠纷，但从表8-5可见，理论与实际流转收益间的比例更是保持在4.61~10.08倍，其中差异最大的Ⅰ类地在2011年高达10.08倍。对比表8-4、表8-5发现，虽然表8-5中的林地使用费提高了40%，但是理论与实际流转收益间的差异倍数反而增加了，而不是减少了，说明政府适当提高林地有偿使用费对林地使用权出让者所带来的收益并不能与林地受让者由于林木价格、林业税费政策等利好带来的剩余收益成等比例，也就是说，土地经营权流转剩余收益向国有林场、国有采育场等国有林业经营单位倾斜，农民以及村社集体经济组织很难分享集体林地流转后带来的剩

余收益。表 8－4、表 8－5 从数量化角度深层次揭示了近几年部分林农蚕食、哄抢国有林业单位经营用地的根本性原因。

3）第三阶段分析。由于顺政综［2013］262 号文件规定的林地使用费是逐年支付，其支付形式与第一、第二阶段的伐后按林价比例一次性支付不同。为了便于比较，按年金现值公式把每年支付额转化为地价现值，形成理论与实际比较价格，如表 8－6 所示。

表 8－6　2013～2017 年林地理论流转收益与顺政综［2013］262 号地价的差异分析

地类等级	2013 年	2014 年	2015 年	2016 年	2017 年
Ⅰ类地	25282	25276	24389	29556	29439
Ⅱ类地	16356	16137	15493	19329	19914
Ⅲ类地	11702	11711	11493	14494	14325
顺政综［2013］262 号	P_{13}	P_{14}	P_{15}	P_{16}	P_{17}
4817	5.25	5.25	5.06	6.14	6.12
4817	3.39	3.35	3.21	4.01	4.13
3211	3.64	3.65	3.58	4.52	4.46

注：P_{13} 表示 2013 年理论流转收益与顺政综［2013］262 号规定地价的比值，P_{14}、P_{15}、P_{16}、P_{17} 参数意义类同。

对比表 8－4、表 8－5 发现，表 8－6 中理论与实际地价的差异在减少，说明国有林业经营单位向村社集团支付林地使用费的数额慢慢趋向于合理性，但总体的倍数在 3.21～6.14，二者的差异还是较大的。同时发现，根据顺政综［2013］262 号文件支付地租，Ⅱ类地土地所有者具有优势。因为Ⅱ类地与Ⅰ类地地租同为 409.5 元/公顷·年，但林地期望价低于Ⅰ类地幅度约为 50%。同时可见，2016 年后，三种不同地类的林地期望价与实际价格的差异在扩大，究其原因是 2016 年育林基金取消后，理论的政策红利体现在理论收益中，而没有在实际地价中得到体现。

4）第四阶段分析。根据顺政综［2018］106 号文件，集体组织或个体农户林地愿意转入国有林场经营的，有两种合作方式：一次性支付林地使用费，获得 30 年使用权限；逐年等额支付地租，允许个体或集体组织保留一定的合作股份。

分别测算两种模式的理论与实际价格差异，进行合理分析。根据研究假设，由表 8－1 参数测算的结果为期限 26 年的不同立地等级的林地理论价格，为使地价处于同一比较水准，将文件中的 30 年期限修正到 26 年，可采用系数。同时，如果采用第二种方式，允许转出方根据不同林地立地质量分别保持 30%、20% 股份，按修正系数进行调整，形成 2018 年理论与实际地价水平及二者比较差距指数如表 8－7 所示。

表 8－7　第四阶段林地价格合理性分析

地类等级	2018 年（一次支付）	顺政综［2018］106 号（1）	k_{18a}	2018 年（逐年支付）	顺政综［2018］106 号（2）	k_{18b}
Ⅰ类地	29439	25650	1.15	2502	1286	1.95
Ⅱ类地	19914	25650	0.78	1693	1286	1.32
Ⅲ类地	14325	17100	0.84	1218	750	1.62

注：参数 R_{18a}、R_{18b} 分别表示 2018 年第一、第二种方式的理论与实际价格之比。

如表 8－7 所示，两种不同方式的理论与实际地价比较区间分别在 0.83～1.15 与 1.32～1.95，实际地价水平总体较为合理，甚至部分超过理论预期。这也从数理上解释了近 2 年顺昌县乃至闽北其他试点地区农户积极参与储备林项目建设的现象。对比不同方式发现，一次性买断林地的地租定价水平较高，Ⅱ、Ⅲ类地的价格水平还在理论价格之上。而采用逐年支付方式，理论价格稍高于政府实际定价。常理而言，林地转出方应该更倾向于采取第一种方式获得土地收入。但第二种方式隐含期权激励，由于股权的存在，农户可以与国有林业经营单位共享未来可能的市场红利与政策红利带来的预期超额经济收益。所以，合作方式的选择，重点取决于林地转出方的风险偏好与未来预期。比较不同地类等级同样发现，Ⅰ类地的理论地价更高，不应该把它置于Ⅱ类地同等价格，而应细分类别，确定地价。

8.2.3.2　结果评述

需要指出的是，通过上面的分析，在第一至第三阶段的林地期望价与政府指导地价都差异显著，但考虑到林权转入业主不仅要支付地价，还有寻找合约对象、进行合约谈判、防范违约、办理相应手续等间接的隐性交易费用，允许理论流转收益的适当溢价是合理的。特别是从会计处理角度，单向资产测算是不考虑所得税的，但作为企业整体的单向资产交易的净收益还要并入企业财务报表，与企业其他支出合并后缴纳企业所得税，也是一笔较大的费用。基于以上两点，笔者认为，理论与实际地价的比较参数 P 值在 2 ~ 3 倍水平是比较合理的，也意味着随着 2016 年林业育林基金的取消，林地转入方需要把税改让利的部分政策红利适当传导到村社集体组织，在现有顺政综［2013］262 号文件基础上适当提高林地使用费，实现费改让利的群体利益共享。第四阶段分析发现，顺昌县认真贯彻“全省深化集体林权制度改革现场会议”精神，坚持“生态得保护，林农利益得维护”目标，基于国家储备林质量精准提升项目的林地定价水平合理，充分调动了农户、集体组织参与项目建设积极性，很好地解决林农利益与生态环境保护的矛盾。

8.3 林地流转价格机制的优化

上文以南平顺昌的实际案例，分析使用权流转中林地理论价格与实际支付地价之间的差异，从价格数量角度解释林权流转意愿不足，林地纠纷频频发生的原因。所以，化解意愿不足及纠纷频发的关键是优化林地使用权价格形成机制，通过良好机制形成农户、林业大户、林业企业等利益共同体之间“利益共享，风险共担”格局，以促进集体林地使用权合理有序流转，提高林改制度绩效。

8.3.1 交易价格形成机制分析

当前，集体林地使用权流转的主要交易方式包括政府定价、协商定价、招投标、挂牌出售等。所谓政府定价，是指各级政府综合考虑林区的区域特征、林木与林地的市场价格及其他因素，通过文件形式给予规定的林地使用费价格。上节案例分析中的闽政文［2005］50 号、南委［2007］37 号、顺政综［2007］247 号、顺政综［2013］262 号等即为政府定价文件。所谓协商定价，是指参与林地使用权交易的买卖各方本着公平、自愿原则，通过讨价还价而达成的内部转移价格，是普通林农之间使用最频繁的一种流转方式。招投标竞价一般是在林权交易中心进行，按价高者得的竞标原则将林地使用权向社会一次性公开招标的方式，常见于国有林场的出让中。挂牌出售，指由出让人发布挂牌公告，按公告规定的期限将拟出让林地的交易条件在指定的交易场所挂牌公布，接受竞买人的报价申请并更新挂牌价格，根据挂牌期限截止时的出价结果确定土地使用者的行为，也常见于国有林场的出让。不论是政府定价、协商定价，还是招投标，或是挂牌出售，都是确定某一具体时点的林地资产价格，并以此价格一次性成交的经济行为。“一锤子买卖”是这些交易方式中交易价格形成过程的共同特征，而其背后的共同价格形成机理有四：其一，凭借历史传承做法及所谓的专家经验，人为主观定价；其二，根据比较替代原理，通过这些案例的历史成交价格，结合比较案例与交易对象之间立地质量、地利等级、交易条件、交易时间等因素，适当调整后形成的价格，作为林地使用权流转价格；其三，运用理论测算模型计算地价，作为流转价格；其四，从成本角度，把原林地使用权所有者取得林地所需的费用和把林地维持到某个基准时点所需的费用进行累加，在适当考虑资金成本与合理利润率基础上，确定林地使用权流转价格。

8.3.2 交易价格形成机制的缺陷及影响分析

分析以上价格形成机理，其本质都是静态的、机械的，都是反映固定时点的资产理论价格或经验价格。反观林地资产价值形成的内在实质，其经济价值是通过地上附属物——林木来实现的。而林木生长周期较长，通常其经济价值实现的时间节点不是在某一基准时点，而要等到林木成熟后的采伐变现时。而从林地流转交易形成到林木采伐变现的时长内，同等经营条件下林木自然生长属性不变，但其社会属性已发生很大变化，从而导致林木经济价值的较大变化，进而影响到林地实际价值。

自然地，当前的林地使用权价格形成机制与林地资产内在价值相背离。这种背离会形成消极影响。首先，容易激化彼此矛盾，造成林权纠纷。在当前林木价格预期看好及政府减税降赋的大背景下，林地所有者不能共同享有预期收益与政策红利，直接刺激部分权益主体采取偷砍盗伐、设置路障等方式阻挠林地正常经营，造成林权纠纷，影响林业经营的稳定性。其次，造成资源的低效率配置。当作为市场机制中最重要机制的价格机制失灵时，意味着整个市场调节资源流动，进行合理资源配置的机制失灵，会造成森林资源的低效、甚至无效配置。最后，危及林权改革制度绩效的实现。林权制度改革的主要目的之一是通过产权的公平、公正、自由流转，合理利用社会资金、技术力量，促进林业三大效益协调发展。在扭曲的林权价格机制作用下，林地转入与转出者间矛盾重重，林权纠纷频繁，极大地抑制资源合理化配置，产生大量的低产林、残次林及撂荒林地，造成资源浪费，无法体现林权改革的制度绩效。

8.3.3　交易价格形成机制的优化设计

如上文分析，静态、僵化的林地使用权交易价格形成机制激化了林权交易主体间的矛盾，形成了现实或潜在的经营不确定性，导致资源的低效率配置。根据马克思级差地租理论，经营者集约经营后的超额利润属于级差地租Ⅱ，理应归林地所有权人所有。林地所有者要求共享超额收益与政策红利的诉求也有一定的理论依据。

所以，优化设计林地使用权交易价格形成机制的基本原则是兼顾林权买卖双方的共同利益，形成利益共享、风险共担的共同体，以保证相关利益主体对林权流转协议的共同遵守，促进林权合理流转，资源高效配置。基于此，提出具体的设计思路与路径选择。

8.3.3.1　设定林地流转价格的基础价与浮动价

所谓基础价，也称保底价，是根据基准时点林地使用权协议总价，按一定比例支付给林地所有者所确定的“旱涝保收”收入，并在确定比例收费时预先扣除的部分。所谓浮动价，是指在规定的未来预期特定时点，结合影响林地价格的相关因素，按一定浮动比例确定林地使用权价格。具体的定价公式：$F_{总} = F_{基础价} + F_{浮动价} = K_1 \times F_{总} + K_2 \times F_{总}$。式中，$F_{总}$ 表示根据协议时点确定的林地使用权的总价格；K_1 表示基准价占林地总价的比率；K_2 表示浮动价占林地总价的比率。$F_{总}$ 的确定根据具体的地块特征，采用相应评估方法测算。如果区域内林地交易比较频繁，林地市场比较活跃，有 3 个以上可参照的交易案例，可采用市场比较法；林地市场欠发展地区，可采用林地期望价或林地费用价法测算其理论林地总价格。参数 K_1、K_2 的取值取决于林地转出方的风险偏好。当 $K_1 = 1$，$K_2 = 0$ 时，说明转出方是完全的风险规避者，不愿意承担未来不确定性带来的地价缩水风险，也无法分享林地预期增值带来的额外收益。这种情况，即为现今最为常见的“一锤子买卖”式交易方式。当 $K_1 = 0$，$K_2 = 1$ 时，说明转出者是完全风险承担型，愿意放弃现今的保险收益，而在未来的协议期内与林地转入方共同承担风险，享受收益。如果 $K_1 > 0.5$，$K_2 < 0.5$，说明转出方是风险偏好型，愿意承担较大的风险以追求共享未来的预期收益；如果 $K_1 < 0.5$，$K_2 > 0.5$，则其为风险保守型。

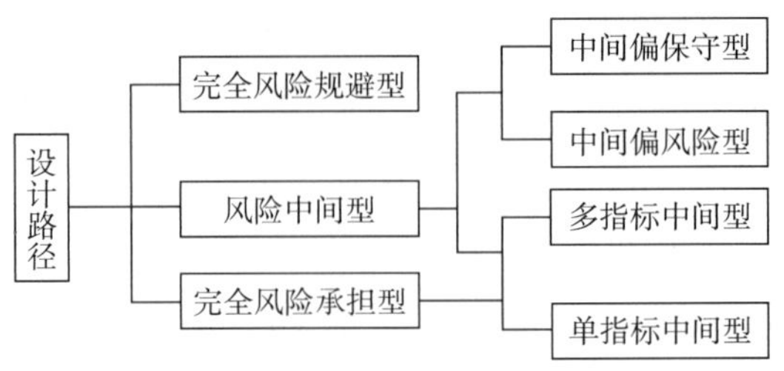

图 8-2　林地使用权流转价格机制优化路径选择

8.3.3.2　合理确定林地浮动价

林地价格是通过林地上生长着的林木和其他林产品的销售实现的。土层、坡度、朝向、气温、降水等自然因素，林种、树种、蓄积量、出材量等林分因素，集材、运材等区位因素，木材价格、造林费用、资金成本等经济因素，采伐制度、林业税费等政策因素都影响着林地资产的价格。但在林地流转契约期，其自然与区位特征一般是固定的，影响林地未来预期价格的因素主要是经济、政策与林分因子。木材市场价格、林业税费与经营树种是三大影响因素的代表变量。一般而言，木材价格与林地价格存在正相关，即当林产品价格上涨时，林地资产价格也随之上涨，即为“市场红利”，如刘祖军（2012）对福建邵武木材价格与林地流转价格间的相关关系研究表明，当杉木综合材价格为 510 元/立方米时，其林地理论流转收益仅为 5256 元/公顷，而综合材价格为 1140 元/立方米时，其林地理论价格为 36721 元/立方米；林业税费与林地资产存在负相关，即当林业税费下降时，林地资产价格上涨，即为“政策红利”，如郑德祥（2006）的研究表明，林业税改前，用材林经营的投资收益率基本在 6% 左右，而税改以后的收益率可达 9% 以上；同一块林地上经营不同的树种，其预期的经济收益差别显著，如黄和亮（2007）对永安巨尾桉工业原料林的经济效益评价发现其在第 7 年主伐时年内部投资收益率为 18.09%，远高于种植杉木速生用材林。

综上所述，可结合木材价格、林业税费、经营树种这三大影响变量，构建林地浮动地价模型，称之为多指标联动，采用如下公式：

$$F_{浮} = (1 - K_1) \times F_{总} \times (1 + r)^n + (a_1 \Delta x_1 - a_2 \Delta x_2 + a_3 \Delta x_3)$$

式中，Δx_1 表示基点与预期时点标准林分的木材价格变化值；Δx_2 表示基点与预期时点林业综合税赋变化值；Δx_3 表示基点与预期时点不同经营树种标准林分的收益变化值；a_1、a_2、a_3 分别表示各自的权重；r 表示资金时间成本；n 表示合约签订日至支付浮动地价的年限。公式中，Δx_1、Δx_2 这两个参数的确定以当地林权交易中心公布的相关信息为准；Δx_3 的确定，通过经验判断，以双方事先协商比例为依据；权重 a_1、a_2、a_3 的确定，可由林地转入方、转出方共同讨论后直接确定。

同时，林地浮动地价是前价后置，林地转出者牺牲提前获得货币收入的时间必须得到补偿，故要考虑其资金的时间价值，合理确定资金报酬率。时间成本 r 可根据公开市场的资金利率综合确定，建议以银行 1 年期固定存贷款利息的平均数作为资金回报率，且长期限的支付合同，需以复利方式计算资金成本。

考虑到实际林地使用权流转过程中，林农作为资产转出方，普遍年龄偏大、受教育程度偏低，很难去理解与应用多指标联动模型，故可采用林农感受最直接、最具公正参照标的的木材价格作为单一指标，形成单指标联动公式 $F_{浮}=(1-K_1)\times F_{总}\times(1+r)^n+a_1\Delta x_1$，计量林地浮动价格。

8.3.3.3　合理确定浮动地价支付时间

按上述优化设计路径，签订流转合同时，林地转入方必须支付基础地价部分，而浮动地价的支付时间则按事先约定执行。理论上，浮动地价支付时间可以是未来合约期的任何时刻。但用材林经营的期限长，经营收益时点固定，基于优化路径设计的“共同利益”原则，支付时间最好确定在林地转入方经营林木获得货币收入的时间点，以减轻转入方的财务负担。如 26 年生杉木中径材集约经营中，经营者分别会在第 8 年、第 15 年左右进行两次间伐，并于第 26 年进行主伐，这三个时段是较好的浮动地价支付时间，特别是第 26 年，林木主伐时，经营者可以通过皆伐方式收获木材，取得经营收入，是支付浮动地价的最佳时间点。

8.3.3.4　优化机制实现的保障条件

为使优化后的林地使用权价格机制高效实施，完善的监督约束机制是必不可少的。只有建立有效的监督约束机制，才能防止契约各方“个体理性”导致的“集体非理性”发生。监督约束机制的行为主体可以是完全市场化、社会化的中介组织，也可以是政府相关职能部门。但考虑到前者实施监督所必需的风险抵押金及劳务报酬，由此产生的高额交易费用，作为林地流转行为形成后林业经营水平提升的无形受益者，政府职能部门应当无偿承担起这个社会责任，建立专门的监督约束管理机构，行使监督约束职能。

8.3.4 优化后的操作实例说明

为了更好地理解优化后的林地使用权交易价格形成机制设计，通过如下实例给予说明。

假设甲方为林地使用权所有者，乙方为林地意向转入者。甲乙双方商定，甲方拟向乙方转让100公顷采伐迹地使用权，双方约定租期30年，转让价格为300元/公顷·年，林地经营树种为主伐周期30年的大径材杉木。签订合同时其浮动价分别按单指标与多指标联动模型两种情况。

情况1：单指标联动模型

乙方先支付总林地款的30%，即27万元作为地租基价。假定，浮动地价支付时间为第30年，期满时标准林分木材收获量为150立方米/公顷，木材价格每立方米上涨10元（$\Delta x_1 = 10$），甲方应享有50%（$a_1 = 0.5$）的收益，资金利率为4%，则根据单指标联动模型，转入方需支付的林地浮动价为：

$F_{浮} = (1-0.3) \times 90 \times (1+4\%)^{30} + (0.5 \times 10 \times 150 \times 300) \div 10000 = 226.83$（万元）

情况2：多指标联动模型

乙方先支付总林地款的30%，即27万元作为地租基价。假定，浮动地价支付时间为第30年，资金利率为4%。如果保持种植杉木，期满时林分木材收获量为150立方米/公顷，木材价格每立方米上涨10元（$\Delta x_1 = 10$），甲方应享有50%（$a_1 = 0.5$）的收益；每立方米木材林业税费下降5元（$x_2 = 5$），甲方应有60%收益；期间改种树种巨尾桉相比较于杉木而言，可获得的超额收益为200万元（$x_3 = 200$），甲方应享有30%（$a_3 = 0.3$），则转入方需支付期末浮动地价为：

$F_{浮} = (1-0.3) \times 90 \times (1+4\%)^{30} + (0.5 \times 10 \times 150 \times 300 \div 10000) + (0.6 \times 5 \times 150 \times 300 \div 10000) + (0.3 \times 200) = 300.33$（万元）

本章小结

（1）根据《森林资源资产评估技术规范》（LY/T 2407—2015）行业技术标准，市场成交价比较法、林地期望价法、年金资本化法与林地费用价法构成林地

资产价值评估的主要方法。不同评估方法的适用条件有所区别：市场成交价比较法要求有比较发达的林地产权交易市场以提供足够多的可参照案例；林地期望价法是建立在林地永续利用、每年收入与支出相同的情况下，是当前市场环境中最常用也最适用的林地价值评估方法；年金资本化法简单易算，关键是要合理确定每年的地租及投资收益率；林地费用价法从成本角度分析林地价值，学界专家对该方法的适用性及采用会计成本还是重置成本存在不同看法。资产理论价格合理与否，计价方法的选择是关键。通过对林地资产评估不同方法的基本原理、使用前提、存在局限的分析，为下一节的林地使用权理论价格测算提供基础。

（2）通过综合分析、比较，采用有限期林地期望价法计算林地理论流转价格。以素有“杉木之乡”美誉的福建省南平市顺昌县为案例研究区域，收集该区域 2000 ~ 2018 年的木材价格、林业税费、造林与营林成本等林业技术指标及相关林分生长模型，采用有限期林地期望价法测算不同地类等级的 26 年生杉木人工纯林林地期望价。结果显示，近 20 年来的林地理论价格是上升的，仅在 2012 ~ 2015 年由于各项成本的上升及木材价格的滞涨，出现一定程度的下降，2016 年后，随着林业育林基金的收费取消，林地理论价格又出现显著上涨。

采用四阶段对比分析法，分别以 2005 ~ 2007 年对应闽政文［2005］50 号文、2008 ~ 2012 年对应南委［2007］37 号文、2013 ~ 2017 年对应顺政综［2013］262 号文、2018 年对应顺政综［2018］106 号文，进行林地流转理论与实际价格差异的分析。结果显示，2017 年前，随着环境变化，政府规定的林地使用费价格虽然有所上涨，但政府定价与理论价格间的差异总体还是显著的，木材价格上涨及税费减免的政策红利并没有完全实现乡村集体与国有林场、林业采育场、林业经营公司等经营主体的利益共享，存在明显的定价过低。2018 年，顺昌县基于国家储备林质量精准提升项目的实施，与农户、集体经济组织、林业合作组织等进行林业合作经营的政策价格水平接近于理论价格，定价合理，项目推进顺利。

（3）林地使用权交易价格偏低，关键在于价格形成机制不合理。从现有交易价格形成机理及其存在的缺陷与影响出发，提出基于利益共享、风险共担原则的林地使用权流转价格机制优化路径，认为实现路径优化的关键是合理选择模型，确定基础价、浮动价及地价支付时间，建立完善的监督约束机制。最后，通过实例对优化模型进行操作演示。

第9章　研究结论与策略建议

9.1　研究结论

福建于2003年全面开始从产权入手，以“明晰所有权是基础、放活经营权是关键、落实处置权是手段、确保收益权是落脚点”为主要内容的集体林权制度改革，完成了一系列的制度创新，极大解放了林区生产力，林权改革成效显著，受到中央领导的充分肯定，也成为全国各兄弟省份学习、借鉴的榜样。促进集体林权规范、有序流转，是福建集体林区巩固林改成果的关键，是下一阶段工作的重点。本书在充分了解国内外该领域研究成果基础上，以提高集体林权流转效率为目的，围绕林权流转基本方式、特征与问题、流转意愿、抵押市场、林地价格等问题展开研究，得出相关研究结论。

（1）拍卖、赎买、租赁、入股与抵押是当前福建集体林区最常见的五种林权流转方式。林改后，乡、村等集体权属的林权一般通过拍卖方式转让。拍卖方式流转林权更为公开、公正，更能体现林权价值，减少权力寻租与制度性腐败，但由于其一般所需资金量大，对普通林农造成天然排斥，产生新的不公平。林权赎买，是一种政府行为，是以改善生态环境为目的，由政府财政出资购买重点生态位非国有商品林的一种行为。近几年，福建地区重点林业区（县）都在各级财政资金支持下，开展林权赎买。林权租赁一般发生在个体林农之间，流转程序简单，受到行政干预少，利于节省交易费用。但由于当前很多租赁是发生在林农之间自发的行为，缺乏合同的规范制约，容易产生新的林权纠纷。股份合作经营模式能有效地克服单个林农独自面对大市场的不适应性，增加单家独户独自面对市场的抗风险能力，也能有效地克服单个林农经营规模过小带来的种种弊端，是当前各个林业县（区）较为提倡的做法。林权抵押是一种创新性的金融产品，为解决林区老百姓发展林业资金不足问题提供重要帮助，特别是近几年，随着“福林贷”“林权抵押按揭贷款”“林权收储抵押担保”“支贷宝”等林业金融创新产品的推出，林业金融出现一种新景象。

（2）实地调研基础上的林权流转现状分析是本书进一步研究的基础。林改后，福建省及地方各级政府颁布一系列法律、法规、制度，出台了一系列相关政策，组建了林权流转平台，提供多样化的社会服务，创造了良好的流转环境，保证了林权流转的规范化、合法化与公正性。整个流转市场表现出参与主体多样化，交易内容丰富化的现象。但由于新时期的林权流转没有可参照的先例，属于摸着石头过河，还存在很多系统性与非系统性障碍，使得现行流转制度设计并没有达到预期目标，没有很好地起到优化资源配置与提高资源利用效率的作用，且存在着相应的经济风险、生态风险与社会风险。

（3）林权流转问题的经济学分析，本书重点采用供求理论、交易费用理论、信息不对称理论对当前流转的弱市场化进行经济解剖。分析结果表明，在流转的动力机制上，比较利益差异是林权流转这个经济活动产生的主要驱动力，当流转双方在权衡自己经营林业经济收益与其从事其他行业的机会成本比较显得有利可图时，才有林权流转动力。当然，城乡教育资源差距、森林采伐限额制度等也同时形成林权流转驱动力。

基于供求关系的林权流转弱市场化分析发现，从供给角度来看，制约因素包括林地功能作用多重、农村剩余劳动力转移困难、林业经营低技术与良好预期、林农恋土情结与林业经营兼业化。从需求角度看，林业产权残缺、经营比较效益低下、市场环境较差等因素共同制约潜在需求方的转入动力。供求方的共同作用，造成当前林权市场虽然潜在需求旺盛，但实际需求不足。

基于交易费用理论的分析表明，由于“人头均分”的林地资源配置模式造成资源的零散化、细碎化分置，使得相较于这次林改前，林改后流转过程中的事前信息成本与契约成本、事后监督履约成本与违约处置成本都大为增加，降低了预期收益，弱化了流转意愿。

基于信息不对称理论的分析表明，由于林权转入方、转出方在不同信息上各自具备优势，存在显著不对称。而这种不对称会加大违约机会，造成逆向选择与道德风险，产生市场失灵，抑制市场流转，造成资源低效配置。

（4）建立流转意愿影响因素体系，结合来自三明、南平共6个县（区）450份流转意愿调查问卷，采用二元结构 Logistic 回归模型进行林农林权转出、转入的意愿及因素分析。结果表明，村集体是否存在林业合作社、林权流转手续的复杂度等多个指标在1%水平上影响显著，也有林地细碎化程度、申请采伐指标的难易度等指标在5%、10%水平上影响显著。同时发现，除农户林权转出影响因素的户主受教育程度一项最终结论与假设预计不一致外，其他23个指标假设结论与最终的检验结果完全一致。

（5）把林权抵押纳入流转范畴进行分析，是本书的一大亮点。书中进行相关政策梳理，根据调研数据阐述当前概况，分析期限短、比例低、利率高、林地抵押受限等贷款抵押问题，提出合理确定贷款期限、发挥政策工具作用降低贷款利率、创新还款方式、落实林地抵押权限等具体解决措施。林权抵押贷款开展困难的关键瓶颈之一是资产的估值定价。书中专门针对以抵押贷款为目的的资产评估开展研究，分析其一般特征，论证其面临的技术问题与关键问题，并从价值类型、评估假设、评估方法、参数选择等方面提出针对抵押贷款这类特殊评估业务的应对之策。收储担保，是近几年福建集体林区林权抵押贷款的一种创新模式，对于推动抵押业务发展的效果显著。书中对其基本概念、运行情况、运作程序及相关作用进行详细介绍。

（6）林权流转中，林权价格是调节供求关系的杠杆，是实现林权有效利用和生产要素合理配置的有效机制。林地是林业生产基本要素，林地使用权价格是林权价格重要组成之一。根据《农用地估价规程》及《森林资源资产评估技术规范》，市场成交价比较法、林地期望价法、年金资本化法与林地费用价法构成林地价值评估基本方法。不同的评估方法有其相应的理论支撑、适应条件，在实践中要具体分析，科学使用。选择福建顺昌县作为研究案例区域，以林地期望价法测算其2000~2017年不同地类等级的林地期望价。结果表明，总体上不论是Ⅰ类地，还是Ⅱ、Ⅲ类地，随着时间推移，理论地价逐步增加，但由于营造林、林分抚育、日常管护等各类成本的增加，在2013年后出现一定的回落，直到2016年随着10%育林基金取消带来的政策红利，理论地价才进一步上涨。同时，基于不同立地等级的林地价值测算发现，Ⅰ类地的林地价值远高于Ⅱ类地与Ⅲ类地，也解释了福建集体林区好地众人争抢，劣地无人问津的现象。

采用三阶段对比分析法，比较不同地类等级的林地理论价格水平与福建、南

平、顺昌等各级政府文件规定的林地使用费价格水平的差异。结果表明，二者的倍数在 2 ~3，说明虽然政策规定的林地使用费有所上升，但二者差距还是较大，历年来的木材价格上涨、林业税费减免等市场红利与政策红利还没在乡村集体、个体农户等林地使用权所有者中得到体现，林地地价整体偏低。

林地使用费整体偏低，固然有诸多原因，但林地价格形成机制的弊端是关键。文中分析林地使用权价格形成基本机制，认为当前机械的、静态的机制是造成地价偏低、流转不畅、纠纷频发的关键，提出基于“利益共享、风险共担原则”的林地浮动地价多指标联动模型与单指标联动模型，并做了详细的模型应用演示。

9.2 策略建议

9.2.1 加强农村社会保障体系建设

健全的社会保障体系可以很大程度上替代农村土地的社会保障功能。人多地广的福建集体林区，特别是闽西北重点林区，经济发展相对滞后，地方财力有限，无法实现农村社会保障体系全覆盖。对很多林农，特别是年纪偏大、文化水平不高的这部分人群而言，林地通常成了他们维持基本生活的最后保障。一旦转出林地，在外出工作困难或面临失业时就无退路可言。林地所承担的社会保障功能决定了林农长期转让林地使用权的谨慎性。各级政府如果加大财政支付力度，增强农村最低生活保障制度、新型医疗保障制度、自然灾害救助制度等社会保障体系建设，林区农民获得基本生活、医疗保障权益，会减缓生存顾虑，增强林权转出意愿。在一定程度上弱化林地的社会保障功能，增强林地市场供给。所以，要实现集体林权顺利流转，就要逐步建立健全农村社会保障制度，替代林地所承担的部分保障功能。另外，林农有了健全的社会福利保障，减少对林地的过度依赖，流转出林权后违约、毁约的概率也会大为减少，从而增强林权转入方的投资信心与投资效益预期，利于林权需求市场发展。

9.2.2 加大林区劳动力就业转移

如果大量青壮年劳动力还滞留于当地，经营林业会成为林农的主要谋生手段，林地所承载的社会保障功能作用会越来越大，林农对林地的依赖程度更为显著，也就意味着林农转出林权的意愿更为不足。加快山区剩余劳动力转移是实现林地使用权加速流转的前提条件。工业化与城市化是农村劳动人口转移的主要依托。工业化过程是一个社会人口结构大转移的过程。通过工业化建设，吸纳大量劳动力形成工业圈、工业带，从而带动服务业、旅游业等第三产业发展，促使农业人口向第二、第三产业转移。城镇化过程本身就是房屋建筑、交通网络等基础设施建设不断推进的过程。城市基础设施的不断完善不但需要大量的从业人口，也会吸引并促使更多的人口涌向城市，通过消费刺激生产，创造更多就业机会。当然，由于大多数山区林农文化素质较低，没有突出的技术专长，在竞争激烈的市场环境中处于不利地位。政府应该创造条件，通过户籍制度改革等制度革新消除对农民的身份歧视，提升农民地位，使农民拥有与城镇居民平等的社会保障权、子女受教育权；要逐步推进农民职业培训体系建设，使农民也能接受到新知识、新技术，丰富农民就业手段，增强农民就业核心竞争力。

9.2.3 完善林业产权制度建设

福建林权改革“四权”落实中，处置权是关键。处置权的缺失或不完整就不能完全保证经营者收益权益的实现，就不能从利益机制上完全调动其经营积极性。林业限额采伐制度存在就是经营处置权缺失的最大表现。由于采伐限额的严格管控，经营业主不能自主决策经营方针与经营内容，不能根据市场环境及林分特点组织生产经营。因此，在林业分类经营管理模式下，对于商品林管理，政府应该要加大林木采伐管理机制研究，逐步进行改革试点研究，逐渐完善采伐限额管理制度，做到采伐制度既能适应林业生产经营需要，真正落实经营者的林木处置权，又以不牺牲生态环境为代价。对于由于政府行政强制性干扰造成林业产权扭曲的现象，要通过立法形式明确，除非确实出于国家共同利益的迫切需求，任何组织和个人不能随意调整林地，不能任意阻碍林权市场的自由流转，要充分尊重林权主体的意愿，要给予他们完全的自主决策权。

9.2.4 发展社会中介组织作用

当前林权流转平台有两种，即林权交易双方自主协商的无形市场与政府主导下的林权交易市场。这两种市场模式各有优势，也各存在明显缺陷。私下流转程序简单、运作便捷，但其流程的规范性、操作程序合法性存在问题，极易产生合

同纠纷，形成矛盾隐患，且其区域局限性较强，不能适应社会化大市场的需求。林权交易市场一般是政策推动下政府主导型市场，工作人员的行政作风、办事效率值得商榷，一些触及政府部门或特权人士利益的流转事件容易受到行政干扰。同时，林权交易市场的资金与人员调配也对政府形成巨大压力。发展社会服务中介组织是弥补当前流转市场体系缺陷的一种可行选择。发展社会服务中介组织，可以丰富市场参与主体的信息渠道，降低交易成本费用，消除彼此信息不对称造成的逆向选择与道德风险，保障双方利益，推进集体林权健康、规范流转。当然，林权流转社会服务中介组织作为一种新型交易平台，要给予制度规范并正确引导，避免其为谋求自身利益而牺牲流转双方权益的不道德行为发生。因此，可建立中介服务组织资格准入制度和考核制度，提高其准入门槛，保障其服务质量。加强社会服务中介组织建设，完善林权流转市场体系，形成自我协商、交易市场、社会服务组织三位一体的林权流转基础平台，是林权市场健康发展的关键。

9.2.5 加强林权流转制度与监管体系建设

全国性林权流转事项法律法规的缺失是当前流转制度建设的最大问题。必须要根据森林资源特性及林业产业规律，制定详细的、符合具体工作实际的林权流转专门性法规，从林权流转范围、流转方式、流转程序、流转收益分配、流转合同范式、流转后的监督与管理等层面加以规定，以达到规范流转行为、保护交易双方权益、激发林业生产活力的目的；要尽快完善《福建省森林资源转让条例》等地方性法规，建立起包括流转申请审核、流转合同审核、林权证变更登记更严格的林权流转审核制度；要充分发挥地方林业主管部门的服务职能与行政作用，加强林权流转监管体系建设，加大林权流转市场的动态监测，在调处林权纠纷、增加林权地籍管理、实施林权登记等方面发挥政府部门职能优势，规范林权流转市场秩序，保障林权流转的公平、公开与公正。

9.2.6 完善林业资产价值评估制度

森林资产价值是林权流转的核心要素，森林资源评估是保证资产价值公允及资产交易公平的基础技术手段。根据相关法规制度要求，基层组织代理的集体林权的流转必须经过有相关资质的森林资源资产评估机构的评估，其评估值作为流转底价或参考价。但当前森林资源资产评估行业普遍存在评估人员素质低、常用的评估参数残缺、评估机构恶性竞争、评估的技术与方法体系不完善、评估法规和相应管理办法不健全等一系列问题，特别是林区很多县级（丙级）森林资产评估机构挂靠于当地林业主管部门，其评估过程与评估结果容易受行政力量左右，造成结果严重失真。因此，为提高森林资源资产评估质量，保证评估结果的公正性，应加强以下几方面工作：一是加强森林资源资产评估队伍建设，加大资产评估人员业务培训与职业道德教育，提高森林资源资产评估人员业务素质和道德法制观念；二是加强森林资源资产评估方法研究，建立较为完备的森林资源资产评估参数体系；三是改革现有森林资源资产评估管理体制，促使资产评估机构与地方林业行政部门有效脱钩，确保资产评估机构的独立性；四是完善森林资源资产评估机构内部质量控制体系，切实提高评估业务质量。

9.2.7 构建林权流转信息共享平台

林权流转市场中信息不完全与信息不对称现象明显，由此带来的机会主义动机对构建健康有序的产权流转市场产生重大挑战。构建林权流转信息共享平台，利用该信息平台发布的林权相关信息，实现林权供需双方的信息共享，可以解决流转主体间的信息不完全问题，实现流转各方的信息均势。同时，建立面向全国的林权信息共享平台能增加信息认知受众，激励更多的社会资金参与林权竞拍，利于提升林权价值，保障普通林农权益。共享平台的信息容量上，不仅要有微观上拟转出品的林分质量、地理地貌等属性因子，还要有当地的木材及林产品价格、劳动力及其他生产要素价格等价格信息、林业税费与政府林业产业导向等政策信息，应该包括该区域的林权流转统计信息与经济发展水平、文化习俗、人文环境等宏观信息。需要特别指出的是，信息共享平台建设要以普通林农为主要对象，程序操作要做到简单、易懂、方便、快捷，要克服林权交易市场信息偏于“上收”失于“下达”的弊端。显然，林权信息共享平台具有很强的非竞争性与非排他性，属于共同物品性质，应该由政府主导建设。

9.3 需进一步研究的内容

集体林权流转研究是一项庞大的、复杂的系统工程。本书仅选择当前福建集体林区流转过程中亟须解决而前人又很少涉及的领域进行研究。由于学识能力、研究时间及经费来源有限，文中还存在不少疏漏与不足之处，许多问题还没有达到预期研究目标。归纳起来，认为今后还需要加强以下几方面研究：

（1）林木及其他林产品理论与实际成交价格差异化研究。林权流转中，活立木流转占很大比例。对于福建省常见用材林杉木、马尾松、桉树等树种的活立木市场流转价格与理论测算价格间表现的不一致性需要进一步研究。由于此方面研究的不足，使得对林地使用权的研究结果略显单薄。

（2）林权流转的区域特征研究。就福建集体林区内部而言，闽西北、闽南、闽东等不同区域经济发展水平、人口分布密度、林业产业状况等差异明显。不同地区各自特征下的林权流转表现形式是否一致，林农流转林权的意愿是否相同，同质林权流转价格是否差异明显，这些都需要进一步研究。而本书研究的基础数据来自于南平、三明等闽西北地区，且样本数据有限，结论代表性略显不足。

（3）集体林权流转是林权制度改革下的一种次生诱致性制度创新。而这种制度性创新产生什么样的制度绩效，绩效有多大，这些问题都值得深入讨论。而本书缺失基于制度经济学层面关于林权流转绩效的理论分析，略显不足，还需要进一步研究。

参考文献

[1] Ajzen, I. The Theory of Planed Behavior. Organizational Behavior and Human Decision Processes [J] . Forest Science, 1991 (50): 179 –211.

[2] Alig, Ralph J. Econometric Analysis on the Factors Influenceing Forest Acreage Trends in the Southest [J] . Forest Science, 1986, 31 (1): 119 –134.

[3] Albers, Heidi J. , Scott D. Rozelle, Li Guo. China Forest under Economic Reform: Timber Supplies, Environment Protection, Rural Resource Access. Contemporary [J] . Economic Policy, 1998 (16): 22 –23.

[4] Andy White, Alejandra Martin. Who owns the Worlds Forests? —Forest Eenure and Polic Forest in Transition [J] . Forest Trend, 2002 (1): 7 –14.

[5] Bromley D. W. Economic Interests and Institutions [M] . New York: Basil Black, 1989.

[6] Beasley T. Prorerty Rights and Investment Incentives: Theory and Evidence from China [J] . Journal of Political Economic, 1995, 10 (5): 18 –27.

[7] Cheung S. Contractual Structure and Exclusive Resource [J] . Journal of Law and Economic, 1970 (1): 7 –14.

[8] Dala K. Munroe, Abigail P. York. Jobs, House, and Tress: Changing Regionap Strecture, Local Land Use Pattern, and Forest Cover in Southern Indiana [J] . Growth and Chang, 2003, 34 (3): 299 –320.

[9] Douglass C. North, Robert P. Thomas. The Rise of the Western World [M]. Cambridge: Cambridge University Press, 1973.

[10] Dongxiao Yuan. Two – Tier Land Tenure System and Sustained Economic Growth in Post – 1987 Rural China [J] . World Development, 1996, 24 (5):

915 – 928.

[11] Johnl Pender, John M., Kerr. The Effects of Lands Sales Restriction: Evidence from South India [J]. Agricultural Economics, 1999, 21 (3): 279 – 294.

[12] James Kai – sing Kuang. Off – farm Labour Markets and the Emergence of Land Rental Markets in the Rural China [J]. Journal of Comparative Economics, 2002, 30 (2): 78 – 83.

[13] Joesph Buongioron. Forest Management and Conomics [M]. New York: Machmillan Publishing Compant, 1993.

[14] Peter Ho. Development Dilemmas: Land Reform in Moldova [J]. Land Use Policy, 2001, 18 (3): 269 – 279.

[15] Terry van Dijk. Scenaroons of Central European Land Fragmentation [J]. Land Use Policy, 2003, 20 (2): 145 – 148.

[16] William F. Hyde, Gregory S. Amacher, William Magrath. Deforestation and Forest Land Use: Theory, Evidence, and Policy Implications [J]. Worlr Bank Research Observer, 1996, 11 (2): 223 – 248.

[17] Zhang Qian Forrest, Ma Qingguo, Xu Xu. Development of Land Rental Markets in Rural Zhejiang: Growth of OFF – farm Jobs and Institution Building [J]. The China Quarterly, 2004 (3): 180 – 185.

[18] 蔡洁，夏显力. 农地流转真的能够减贫吗 [J]. 干旱区资源与环境，2018 (7): 1 – 6.

[19] 车裕斌. 中国农地流转机制研究 [D]. 华中农业大学博士学位论文，2004.

[20] 陈昌传. 村级集体林地使用费征收管理研究 [D]. 福建农林大学博士学位论文，2015.

[21] 陈宝晖. 福建省林地分等定级与估价技术的研究 [D]. 福建农林大学博士学位论文，2005.

[22] 陈根长. 中国林业物权制度研究 [J]. 林业经济，2002 (10): 12 – 15.

[23] 陈根长. 中国林业物权制度研究（续）[J]. 林业经济，2002 (11): 11 – 14.

[24] 陈建斌，郭彦丽. 信息经济学 [M]. 北京：清华大学出版社，2010.

[25] 陈建兵. 国内马克思主义产权 [J]. 云梦学刊，2007 (9): 25 – 28.

［26］陈平留，陈隆安．森林资产评估中的利率确定［J］．林业经济，1994（6）：71－74.

［27］陈平留，刘健，郑德祥．速生丰产优质杉木林经济效益分析及伐期确定［J］．林业科学，2001（37）：47－52.

［28］陈平留，刘健，陈昌雄等．森林资源资产评估［M］．北京：高等教育出版社，2010.

［29］陈荣辉．加快推进福建社会保障制度建设［J］．发展研究，2007（7）：74－75.

［30］谌诗桦．基于抵押融资的林权资产价值评估［D］．云南财经大学博士学位论文，2017.

［31］陈先中．浅论森林资源非规范性流转所引发的矛盾纠纷及其化解对策——以福建省三明市为例［J］．安徽农学通报，2010，16（5）：147－149.

［32］陈远树．我国林权流转制度研究［D］．重庆大学博士学位论文，2005.

［33］程云行．集体林区林地产权制度改革途径研究［J］．林业资源管理，2005（3）：11－14.

［34］程云行．南方集体林区林地产权制度研究综述［J］．林业经济问题，2002，22（6）：331－335.

［35］程云行．南方集体林区林地产权制度研究［D］．北京林业大学博士学位论文，2004.

［36］程云行，马莉祯．森林资源产权交易研究综述［J］．生态经济，2009（3）：166－169.

［37］程云行，汪永红，汤肇元．林地市场价格管理研究［J］．林业财务与会计，2004（4）：37－39.

［38］丁胜，沈文星．林地流转中的收益分配问题及其对策［J］．南京林业大学（人文社会科学版），2002，2（3）：63－65.

［39］丁胜，蔡志坚，谢煜等．南平市林权制度改革中林业站功能分析［J］．林业经济问题，2010，29（3）．

［40］段保才．农村集体土地流转市场化研究［D］．中国农业大学博士学位论文，2005.

［41］董加云，刘伟平，邱秀腾等．农户卷入林权纠纷的制度解析［J］．林业经济问题，2017，37（6）：7－12.

［42］董新春，肖忠优．基于林纸结合的林地产权配置绩效分析——赣州金太阳科技林业有限公司征地造林案例［J］．林业经济，2007（8）：58－61.

［43］费孝通．我看到的中国农村工业化和城市化道路［J］．浙江社会科学，1998（4）：3－6.

［44］高岚，王富炜，李道和．森林资源评价理论与方法研究［M］．北京：中国林业出版社，2006.

［45］高岚，徐冬梅．个体禀赋与认知对农户林地流转行为的影响——基于意愿与行为一致视角分析［J］．林业科学，2018（7）：137－139.

［46］高立英，王爱民．建设林业合作经济组织的经济分析［J］．安徽农业科学，2007，35（36）：7－8.

［47］高兆蔚．南方集体林区林权制度改革复杂性研究［J］．林业经济问题，2008，28（5）：466－470.

［48］郜亮亮．中国农地流转市场的现状及完善建议［J］．中州学刊，2018（2）：46－52.

［49］郭良．河南省林业科技进步贡献率的研究和测算［J］．河南林业科技，2007，27（3）：45－47.

［50］郭江平．对延长土地承包期 30 年政策的实证分析［J］．山东理工大学学报（社会科学版），2004（2）：35－39.

［51］郝丽．加快农村剩余劳动力转移的对策选择［J］．农业经济问题，2004（5）：37－41.

［52］郭向荣，高阳，温亚利．基于农户视角的林地使用费对林业经营影响分析——以三明市为例［J］．农业研究，2013（12）：37－41.

［53］贺超，张璐，李杨，温亚利．林权流转价格形成机制及其影响因素研究［J］．价格理论与实践，2017（10）：76－79.

［54］贺胜年．国外林地产权文献与政策综述［J］．林业经济，2010（9）：34－40.

［55］华文礼．江西遂川县、福建永安市和沙县林权交易的探讨与建议［J］．华东森林经理，2009，23（4）：1－4.

［56］华文礼．集体林权制度改革中必须破解的几个问题——基于浙江遂昌县集体林改实践的认识［J］．林业经济，2010（8）：71－74.

［57］韩国康，严国香．森林资源资产产权变动现状分析与对策研究［J］．

林业经济问题，2004，24（4）：209－213.

［58］韩秋波，彭道黎．集体林权制度改革对新农村建设的贡献分析——以福建省为例［J］．林业经济，2010（6）：53－56.

［59］贺超，张璐，李洋，温亚利．林权流转价格形成机制及其影响因素——基于辽宁、福建、江西等七省农户调查数据分析［J］．价格理论与实践，2017（10）：76－79.

［60］胡玉浪，许文兴．林地抵押若干问题探讨［J］．林业经济问题，2005，25（1）：41－44.

［61］黄东，彭道黎．敏感性分析在林业经营决策中的应用［J］．江西农业大学学报（自然科学版），2004，26（3）：402－404.

［62］黄和亮．林地资源的价格体系研究［J］．林业经济问题，2006，26（3）：234－237.

［63］黄和亮．林地市场问题研究（一）——林地市场体系［J］．林业经济问题，1998（6）：31－36.

［64］华伟平，池上平．市场法结合灰色关联分析评估林地资产［J］．林业经济，2014（5）：107－111.

［65］黄和亮．林地市场问题研究（二）——林地产权市场运行的模式和机制［J］．林业经济问题，1999（1）：28－32.

［66］黄和亮．林地市场问题研究（三）——林地产权市场的培育与建设［J］. 林业经济问题，1999（2）：33－36.

［67］黄和亮．林地市场与林地市场化配置研究［D］．福建农林大学博士学位论文，2005.

［68］黄和亮．集体林地使用制度改革与资源市场化配置［J］．林业经济，2006（10）：22－26.

［69］黄和亮，吴景贤，许少洪等．桉树工业原料林的投资经济效益与最佳经济轮伐期［J］．林业科学，2007，43（6）：128－132.

［70］黄和亮，张建国．林地资源分类利用与林地资源价格［J］．林业经济问题，2005，25（4）：226－229.

［71］黄贤金．农地价格论［M］．北京：中国农业出版社，1999.

［72］黄丽萍．中国农地使用权流转研究［D］．厦门大学博士学位论文，2006.

［73］黄建兴. 林权制度改革激活了福建林业［J］. 绿色中国，2005（4）：11－13.

［74］贾卫国，俞小平. 江苏林业要素流转市场的建立［J］. 南京林业大学学报（自然科学版），2010，34（5）：129－132.

［75］蒋永穆，杨少垒. 利益协调推进型：土地承包经营权流转的一种新模式［J］. 教学与研究，2010（1）：11－20.

［76］蒋永穆，杨少垒，杜兴端. 土地承包经营权流转的风险及其防范［J］. 福建论坛（人文社会科学版），2010（6）：4－8.

［77］康莉莉. 森林资源资产评估投资收益率的研究［D］. 福建农林大学博士学位论文，2014.

［78］亢新刚. 森林资源经营管理［M］. 北京：中国林业出版社，2001.

［79］柯水发，李周，赵铁真. 农户林地使用权流转的成本收益分析及流转策略［J］. 农业经济问题，2011（5）：71－77.

［80］柯水发，李周. 农户林地使用权流转意愿影响因素的实证分析［J］. 学海，2011（2）：101－108.

［81］孔凡斌，杜丽. 集体林权制度改革中的林权流转及规范问题研究［J］. 林业经济问题，2008，28（5）：378－386.

［82］孔祥智，陈丹梅. 林业合作经济组织研究——福建永安和邵武案例［J］. 林业经济，2008（5）：48－52.

［83］孔祥智. 大力发展林农专业合作社［J］. 中国农业合作社，2010（2）：20.

［84］孔祥智，郭艳芹，李圣军. 集体林权制度改革对村级经济影响的实证研究——福建省永安市15村调查报告［J］. 林业经济，2006（10）：17－22.

［85］兰思仁，郑天汉. 关于福建省林业合作经济组织发展的思考［J］. 林业经济，2010（12）：30－33.

［86］蓝帅. 农户林权流转意愿影响因素实证分析［D］. 北京林业大学博士学位论文，2013.

［87］李兰英，周子贵，郑文彪等. 林权流转价格及其影响因素的实证研究——基于浙江省342个样本的分析［J］. 林业经济问题，2015（5）：385－389.

［88］李静. 农地确权、资源禀赋约束与农地流转［J］. 中国地质大学学报（社会科学版），2018（3）：158－167.

[89] 李仙娥，王春艳．国外农村剩余劳动力转移模式的比较［J］．中国农村经济，2004（5）：69－77.

[90] 李玉敏，杨小建，郎濮玫，侯元兆，张力，郎奎建．基于 ArcGis 的林木和林地资产评估方法［J］．东北林业大学学报，2013（12）：123－127.

[91] 李阳．集体林权改革下林农林地流转意愿分析［J］．学习与探索，2011（3）：168－170.

[92] 李怡，高岚，刘一明．我国林权流转效益分析与评价［J］．农村经济，2016（2）：44－49.

[93] 李智．集体林权制度改革中的农户林地流转意愿调查——以浙江丽水市 180 户农户为例［J］．安徽农业科学，2017，39（30）：9－11.

[94] 廖元昌．德宏州集体林权制度改革中的林权流转及规范问题研究［J］．中共云南省委党校学报，2009，10（5）：119－122.

[95] 林琰，陈治绮，陈钦，潘辉．福建省重点生态区位商品林赎买研究［J］．中国林业经济，2017（2）：11－17.

[96] 林丽梅，刘振斌，许佳贤，郑逸芳．家庭禀赋对农户林地流转意愿及行为影响——基于闽西北集体林区农户调查［J］．湖南农业大学学报（社会科学版），2016，17（2）：13－21.

[97] 林毅夫．关于制度变迁的经济学理论［M］．上海：上海三联书店，1994.

[98] 林毅夫．制度、技术与中国农业发展［M］．上海：上海人民出版社，1994.

[99] 李爱平．林权流转制度研究［D］．厦门大学博士学位论文，2008.

[100] 刘璨，吕金芝，杨燕南等．中国集体林制度变迁新进展研究［J］．林业经济，2008（5）：6－14.

[101] 刘璨，吕金芝．我国集体林产权制度问题研究［J］．制度经济学研究，2007（1）：80－95.

[102] 刘春雷．关于林地产权经济学的几个问题［J］．林业经济问题，1995（4）：27－30.

[103] 刘荷芬．河南省活立木交易市场探索［J］．地域开发与研究，2006（5）：49－53.

[104] 刘宏明．试论林权概念的修正［J］．林业经济，2006（11）：22－25.

［105］刘宏明．我国林权若干法律问题研究［J］．北京林业大学（社会科学版），2004，3（4）：43－47.

［106］刘丽．关于农村土地承包经营权流转问题探析［D］．吉林大学博士学位论文，2008.

［107］刘丽佳．农用地流转价格评估方法探究［D］．天津商业大学博士学位论文，2018.

［108］刘健，叶德星，余坤勇等．闽北用材林林地标准地租的确定［J］．福建林业科技，2006，33（1）：1－5.

［109］刘健，陈平留，郑德祥等．用材林林地资产动态评估模型构建研究［J］．林业经济，2006（11）：53－56.

［110］刘健，陈平留．林地期望价修正法——一种实用的用材林林地资产评估方法［J］．林业经济，2003（3）：45－46.

［111］刘培凯．林权流转价格及其影响因素研究［D］．浙江农林大学博士学位论文，2016.

［112］刘伟平，陈钦．集体林权制度改革对农户林业收入的影响分析［J］．福建农林大学学报（哲学社会科学版），2009，12（5）：33－36.

［113］刘伟平．三明市集体林产权制度变迁研究［J］．林业经济问题，2006（6）：481－489.

［114］刘祖军，陈念东．集体林地使用权交易价格形成机制优化设计［J］．2018（4）：41－90.

［115］刘祖军，刘健，余坤勇．速生丰产林经营经济效益敏感性分析［J］．中国林业经济，2007（6）：46－48.

［116］吕祥熙，沈文星．林权主体及林权的物权属性分析［J］．南京林业大学学报（自然科学版），2010，34（1）：121－124.

［117］吕祥熙．林权客体的物权法分析［J］．南京林业大学学报（人文社会科学版），2008，8（2）：80－85.

［118］梅建明．转型时期农户兼业经营状况分析——以湖北省为例［J］．财经研究，2003，29（8）：69－75.

［119］梅建明，何新民．日本农户兼业经营对农地经营规模的影响及启示［J］．湖北社会科学，2003，7（2）：84－85.

［120］梅建明．从国内外比较看我国农户兼业化道路的选择［J］．经济学

动态，2003（6）：12－16.

［121］缪光平．关于规范集体林权流转的建议［J］．林业经济，2010（7）：15－19.

［122］聂影．林权流转的多维动因分析与激励路径选择［J］．中南林业科技大学学报（社会科学版），2010，4（4）：5－9.

［123］聂影．林权流转的效率及其制约因素分析［J］．生态经济，2009（6）：90－94.

［124］聂影．森林资源市场化流转的产权障碍及其解决路径［J］．生态经济，2009（9）：154－158.

［125］彭泰中，廖文梅．信息不对称理论下的农产品市场风险研究——从农民承担的风险视角分析［J］．农机化研究，2007（5）：8－11.

［126］彭星闾，李明．市场信息不对称的后果、成因与对策分析［J］．理论月刊，1997（1）：21－24.

［127］彭五堂．马克思主义产权理论研究［M］．上海：上海财经大学出版社，2008.

［128］钱忠好．农村土地承包经营权产权残缺与市场流转困境：理论与政策分析［J］．管理世界，2002（6）：35－46.

［129］钱忠好．农村土地承包经营权产权残缺与市场流转困境：理论与政策分析［J］．江苏社会科学，2002（2）：39－45.

［130］乔永平，聂影．森林资源产权市场主体培育的制度障碍分析［J］．生态经济，2008（3）：129－134.

［131］乔永平，曾华锋，聂影．政府对森林资源产权市场的干预［J］．中国林业经济，2007，83（2）：23－26.

［132］乔永平，聂影．森林资源产权市场的构建［J］．商业研究，2007，356（24）：71－73.

［133］乔永平．森林资源产权市场建设研究［D］．南京林业大学博士学位论文，2008.

［134］裘菊，孙妍，李凌等．林权改革对林地经营模式影响分析——福建林权改革调查报告［J］．林业经济，2007（1）：23－27.

［135］饶静安．马克思产权理论解析及对我国产权改革的反思［J］．经济师，2009（6）：31－32.

［136］冉陆荣，吕杰．集体林权制度改革背景下农户林地经营分析——以辽宁省 409 户农户为例［J］．林业资源管理，2011（2）：15－20.

［137］单胜道，尤建新．收益还原法及其在林地价格评估中的应用［J］．同济大学学报，2003，31（11）：1374－1377.

［138］单胜道，尤建新．论林地定级估价［J］．资源科学，2003，25（3）：45－48.

［139］单胜道，尤建新．林地价格评估方法体系研究［J］．资源科学，2003，11（2）：126－128.

［140］单胜道，吴次芳．“影子地块”及其在林地评估中的应用——以温州茶山森林公园为例［J］．自然资源学报，2002，17（1）：102－109.

［141］单胜道．地价形成探讨［J］．资源科学，2002，24（3）：66－68.

［142］单胜道．林地价格及其形成［J］．林业经济问题，2000，20（3）：160－162.

［143］单胜道．林地外部效应评估研究势在必行［J］．资源开发与市场，2000（5）：303－305.

［144］沈仁贵．我国农村土地流转模式选择的研究［D］．上海交通大学博士学位论文，2010.

［145］沈月琴，李兰英，梅岩良等．浙江林业经营形式问题探讨——南方集体林区林业市场化系列问题研究之一［J］．林业经济问题，2000，20（4）：226－228.

［146］沈文星，吕祥熙．集体林权流转制度的研究［J］．南京林业大学学报（自然科学版），2010，34（1）：117－120.

［147］沈文星，贾卫国，吕月良等．福建集体林区林木处置权制度变革探讨［J］．林业经济，2008（9）：39－43.

［148］沈文星，佘光辉．福建集体林产权制度改革利益冲突的制度控制［J］．林业经济，2006（11）：26－30.

［149］沈文星，马天乐，赵元刚．江苏省林业产权制度改革林地流转政策研究［J］．林业经济，2006（11）：26－30.

［150］史若昀，刘伟平．农户行为能力视角下的林地流转意愿决策研究——以福建省 10 县市 50 村农户调查为例［J］．林业经济问题，2017，37（5）：23－31.

［151］史常亮．土地流转对农户资源配置及收入的影响研究［D］．中国农

业大学博士学位论文，2013.

［152］宋海鸥．林权抵押与集体林权制度改革［J］．林业经济问题，2009，29（4）：359－363.

［153］孙小龙．产权稳定性对农地流转投资和产出的影响研究［D］．中国农业大学博士学位论文，2018.

［154］孙妍，徐晋涛，李凌．林权制度改革对林地经营模式影响分析——江西省林权改革调查报告［J］．林业经济，2006（8）：7－11.

［155］谭仁力，杨亚辉，段金奎．造纸工业原料林基地经营模式初探［J］．中华纸业，2007（4）：19－21.

［156］谭三清，张贵．基于模糊综合评判法的城市森林健康评价——以湖南省株洲市为例［J］．湖南农业大学学报（自然科学版），2010，36（4）：474－477.

［157］唐文金．农户土地流转意愿与行为研究［D］．西南财经大学博士学位论文，2008.

［158］田淑英．集体林权改革后的森林资源管制政策研究［J］．农业经济问题，2010（1）：90－95.

［159］王合德．马克思的地租理论及对我国若干农业问题认识的启示［J］．林业经济，1994（1）：71－75.

［160］王国熙．村企林业合作经营模式探析——以金森林业股份有限公司为例［J］．福建林业科技，2009，36（4）：181－184.

［161］王景新．中国农村土地制度的世纪变革［M］．北京：中国经济出版社，2001.

［162］王武魁．建立林权流转中信息共享平台［J］．北京林业大学学报（社会科学版），2009，8（4）：55－59.

［163］王战男．基于制度成本理论的集体林权制度改革的成本分析［J］．林业经济问题，2009，29（3）：223－227.

［164］文彬，梁屯．集体林权制度改革中林地级差收益问题探讨［J］．林业调查规划，2007，32（2）：113－116.

［165］温铁军．如何进行新一轮农村改革［J］．山东农业（农村经济版），2003（3）：7.

［166］魏红侠．规范托管合作造林市场运作机制的探讨［J］．林业经济问题，2006，26（5）：453－456.

[167] 吴勇. 林权法律问题探究 [J]. 中国林业, 2003, 5 (1): 41 -42.

[168] 乌家培. 信息经济学与信息管理 [M]. 北京: 方志出版社, 2003.

[169] 吴成亮, 高岚, 林方杉. 广东省林业科技进步贡献率的测算与分析 [J]. 华南农业大学学报 (社会科学版), 2007, 6 (4): 41 -46.

[170] 向猛, 朱立志. 征收林地使用费合理性分析——以福建省永安市为例 [J]. 财贸研究, 2009 (1): 36 -40.

[171] 肖平, 张敏新. 森林资源资产评估中折现率的选择 [J]. 林业资源管理, 1997 (5): 10 -15.

[172] 肖平, 张敏新. 森林资产评估的计价标准解析 [J]. 林业资源管理, 1998 (4): 48 -51.

[173] 谢德新. 南平市延平区林地地租与资产评估研究 [D]. 福建农林大学博士学位论文, 2008.

[174] 薛伟, 王蓉蓉. 基于层次分析法的东北林区贮木场火灾危险等级的评定 [J]. 西部林业科学, 2010, 39 (3): 5 -9.

[175] 谢屹. 江西省集体林权制度改革中的林地林木流转研究 [D]. 北京林业大学博士学位论文, 2008.

[176] 谢屹, 温亚利. 农户林地林木转出行为影响因素的实证分析 [J]. 北京林业大学学报 (社会科学版), 2009, 8 (4): 48 -54.

[177] 谢屹, 温亚利, 公培臣. 集体林权制度改革中农户流转收益合理性分析——以江西省遂川县为例 [J]. 林业科学, 2009, 45 (10): 134 -140.

[178] 邢红. 林地承包经营纠纷的成因分析及对策 [J]. 林业经济, 2016 (9): 13 -16.

[179] 许丁丁, 文冰, 王见. 林改中农户参与林地流转意愿与影响因素分析——以云南省麻栗坡县为例 [J]. 中国林业经济, 2011 (4): 33 -36.

[180] 徐丰果, 周训芳. 论集体林权制度改革中的林权流转制度 [J]. 林业经济问题, 2008, 28 (4): 283 -286.

[181] 许凯, 张升. 集体林地流转影响因素分析——基于 7 省 3500 个样本农户数据 [J]. 林业经济, 2015 (4): 12 -46.

[182] 徐正春, 王权典, 景彦勤. 广东森林资源流转的现状、问题与对策研究 [J]. 北京林业大学学报 (社会科学版), 2005, 4 (4): 41 -45.

[183] 徐秀英, 许春祥. 南方集体林区林权市场化运作探讨 [J]. 林业资

源管理，2006（4）：24－28.

［184］徐秀英，马天乐，刘俊昌．南方集体林区林权制度改革研究［J］．林业科学，2006，42（8）：121－129.

［185］徐秀英，石道金．浙江集体林地使用权流转的调查研究［J］．林业资源管理，2003（5）：15－18.

［186］徐秀英，石道金．集体林地产权制度改革探析［J］．林业经济问题，2003，23（3）：131－135.

［187］徐秀英，沈月琴，万刚等．林地流转的难点、问题与对策——临安市林地流转的调查［J］．浙江林业科技，2000，20（6）：54－58.

［188］徐秀英．南方集体林区森林可持续经营的林权制度研究［D］．北京林业大学博士学位论文，2005.

［189］杨萍．集体林权流转主体若干问题研究——以福建集体林权制度改革为研究对象［J］．福建林业科技，2007，34（4）：200－203.

［190］杨德才．马克思的地租理论及对我国若干农业问题认识的启示［J］．当代经济研究，2001（8）：10－12.

［191］杨少垒．土地承包经营权流转的动力机制研究［J］．经济与管理研究，2009（6）：100－104.

［192］杨云．林权抵押贷款的几种模式及可持续性问题探讨——福建省案例研究［J］．林业经济，2008（2）：44－48.

［193］姚星期，温亚利，丁文恩等．林权交易中的信息问题分析［J］．林业资源管理，2008（1）：11－15.

［194］姚星期，温亚利，秦涛．基于交易成本理论的林权交易分析［J］．西北林学院学报，2007，22（3）：152－156.

［195］姚洋．中国农地制度：一个分析框架［J］．中国社会科学，2000（2）：53－64.

［196］姚洋．集体决策下的诱导性制度变迁——中国农村地权稳定性演化的实证分析［J］．中国农村观察，2000（2）：10－19.

［197］于鸿军．产权与产权的起源——马克思产权理论与西方产权理论比较研究［J］．马克思主义研究，1996（6）：35－39.

［198］于维生，朴正爱．博弈论及其在经济管理中的作用［M］．北京：清华大学出版社，2005.

［199］张春霞，郑晶．林权改革30年回顾——集体林权改革研究之二［J］．林业经济，2009（1）：55－58.

［200］张春霞，蔡剑辉，魏远竹．福建社会林业经营形式的调查与研究［J］．林业经济，2000（2）：69－73.

［201］张江海，胡熠．福建省重点生态区位商品林赎买长效机制构建研究［J］．福建论坛（社会科学版），2019（3）：194－200.

［202］张敏新，肖平，张红霄．"均山"：集体林权制度改革的现实选择［J］．林业科学，2008，44（8）：131－136.

［203］张敏新，肖平．南方集体林区森林产权的界定与清晰［J］．林业经济问题，1999（5）：9－14.

［204］张建国，章静．关于南方集体林区林地问题的研究［J］．林业经济问题，1995（1）：1－11.

［205］张维，胡继连，葛颜祥等．农区林地使用权分配模式的选择［J］．林业经济问题，2006，26（4）：312－315.

［206］张卫民．森林资源资产价格及评估方法研究［D］．北京林业大学博士学位论文，2010.

［207］张小哲．集体林区小规模林地流转中森林资产评估研究［D］．北京林业大学博士学位论文，2016.

［208］章允清．卫闽林场杉木人工林经验收获表的研制［J］．福建林业科技，2006（3）：47－51.

［209］郑德祥，黄斌，谢益林等．福建省森林资源资产经营模式研究［J］．江西农业大学学报（社会科学版），2009，8（2）：112－116.

［210］郑礼法，韩国康．森林资源资产产权变动相关性分析［J］．林业财务与会计，2003（9）：32－34.

［211］郑尹夫，庄琪．福建集体林权制度改革中的"村民企业合作经营模式"［J］．中国发展观察，2010（6）：58－60.

［212］翟建松．集体土地市场化流转问题研究［D］．南京林业大学博士学位论文，2001.

［213］赵伟，张维．集体林权制度改革的产权设定与林权流转市场的构建［J］．林业经济问题，2009，29（3）：7－8.

［214］钟涨宝．农村资源流转过程中的农户行为研究［M］．北京：华中农

业大学出版社，2004.

［215］朱再昱，曹建华，王红英．集体林权改革后农户林地转入意愿影响因素研究——基于江西省670个农户的实证分析［J］．江西农业大学学报（社会科学版），2010，9（1）：38－42.

［216］曾华锋，聂影．林地承包经营权流转中存在问题与对策分析［J］．林业经济，2009（4）：50－53.

［217］曾华锋，聂影．林地流转的必然性和弱市场化趋势调控——以福建省为例［J］．北京林业大学学报（社会科学版），2009，8（3）：120－125.

［218］曾华锋，聂影，王瑾．小规模林地合作经营趋势与国外经验借鉴［J］．世界林业研究，2009，22（6）：19－23.

［219］曾华锋．森林资源弱市场化流转研究［D］．南京林业大学博士学位论文，2008.

［220］钟伟，胡品平．林地使用权流转的调查与分析——对广东省惠州、清远、从化林地使用权流转的调查［J］．中国林业经济，2006（80）：37－41.

［221］朱春燕，孙双义．林权流转中的风险监察制度与政府监管［J］．林业经济，2010（7）：20－23.

［222］朱再昱，康小兰，余玉荣，曹建华．林地流转价格形成的实证分析——以江西281农户为例［J］．西北林学院，2012，27（2）：261－265.

［223］周兴．顺昌县林业发展动态与问题分析［J］．安徽农学通报，2018，24（9）：110－130.

［224］邹燕．唯物史观与诺思的制度变迁理论之比较［J］．马克思主义与现实（双月刊），2010（5）：50－53.

附录1　农户情况调查表

农户调查表

省	
县（市）	
乡（镇）	
村	
被调查人	
电话号码	
调查员姓名	
调查时间	年　　月　　日
查表员姓名	

审查员及提出的问题：

亲爱的朋友，您好！

我们真诚地感谢您参加本研究项目。本项目主要对福建集体林权流转进行研究。

我们保证对您提供的信息保密。本问卷信息对我们项目研究十分关键。您参与本调查是完全自愿的。如果您觉得调查内容令您感到非常不舒服而无法继续，在告诉调查员后，您可以随时退出。

◇未加说明时，问题均需回答，如有跳过请关注选项括号中的内容。

一、家庭成员基本情况

个人编码	与户主的关系	性别	年龄	户口类型	婚姻状况	是否为村干部？	职业类型	教育程度	是否为家庭劳动力
	1. 户主 2. 配偶 3. 子女（子女配偶） 4. 孙子辈 5. 父母（公婆/岳父母） 6. 祖父母 7. 兄弟姐妹 8. 其他	1. 男 2. 女	周岁	1. 农业 2. 非农业 3. 没户口 4. 其他（请说明）	1. 已婚 2. 离婚 3. 丧偶 4. 未婚	1 = 是 2 = 否	1. 林业 2. 林业为兼业	（没上学填 0）	1 = 是 2 = 否
101									
102									
103									
104									
105									
106									
107									
108									
109									
110									

二、家庭基本收入和支出

1. 家庭主要收入来源及金额

项目	金额（元）	项目	金额（元）
粮食收入		用材林收入	
畜牧业收入		经济林收入	
竹林收入		林地流转收入	

续表

项目	金额	项目	金额
渔业收入		打工收入	
工资收入		政府补贴及其他收入	
合计			

2. 家庭主要支出来源及金额

项目	金额（元）	项目	金额（元）
生产材料		文化教育	
食品		其他生活必需品（家电等）	
服装		请客送礼	
燃料		税收、体统、摊派	
医疗卫生		贷款利息	
赡养老人		盖房等固定资产支出	
合计			

3. 劳动力时间分配

项目	农业	林业	外出务工	上班	其他	合计
人数（人）						
天数（人/天）						
合计（天）						

三、集体林权制度改革情况

对村里林子分配情况是否满意?	1 = 满意；2 = 基本满意；3 = 不满意（说明）；4 = 无所谓
您可以随意使用您家的林子吗?	1 = 是；2 = 否（说明）
申请采伐指标是否容易?	1 = 是；2 = 否（说明）
申请采伐指标批准情况?	1 = 全部批准；2 = 部分批准；3 = 没批准
村里最近10年是否进行过山林调查?	1 = 是；2 = 否；3 = 不清楚

四、林业及林业生产情况

<table>
<tr><td>林地数量</td><td>块</td><td>自留山</td><td>块</td><td>责任山</td><td>块</td></tr>
<tr><td>林地面积</td><td>亩</td><td>自留山</td><td>亩</td><td>责任山</td><td>亩</td></tr>
<tr><td colspan="3">自己经营的收入比流转出去的收入要高?</td><td colspan="3">1 = 是；2 = 否</td></tr>
<tr><td colspan="3">您家是否有林权流转?</td><td colspan="3">1 = 是（选该项进入 16）；2 = 否</td></tr>
<tr><td colspan="3">——不流转的原因</td><td colspan="3">1 = 价格；2 = 祖业山；3 = 自己经营收益高；4 = 转不出去；5 = 不知道是否能流转</td></tr>
<tr><td colspan="3">您家是否有活立木的流转?</td><td colspan="3">1 = 是（选该项进入 16）；2 = 否</td></tr>
<tr><td colspan="3">——不流转的原因</td><td colspan="3">1 = 价格；2 = 祖业山；3 = 自己经营收益高；4 = 转不出去；5 = 不知道是否能流转</td></tr>
<tr><td colspan="3">您家受否有木材销售?</td><td colspan="3">1 = 是（选该项进入 16）；2 = 否</td></tr>
<tr><td colspan="3">——不流转的原因</td><td colspan="3">1 = 价格；2 = 祖业山；3 = 自己经营收益高；4 = 转不出去；5 = 不知道是否能流转</td></tr>
<tr><td colspan="3">您对林地林木流转满意吗?</td><td colspan="3">1 = 满意；2 = 不满意（选该项进入 17）</td></tr>
<tr><td colspan="3">您对林地林木流转哪些方面不满意?</td><td colspan="3">1 = 费时间；2 = 找买主难；3 = 流转手续太烦琐；4 = 流转花销的费用太多；5 = 转出价格低；6 = 其他（注明）</td></tr>
<tr><td colspan="3">为什么要流转?</td><td colspan="3">1 = 不流转没收入，流转有收入；2 = 自行经营成本太高；3 = 申请不到采伐指标；4 = 缺乏劳动力；5 = 缺乏资金；6 = 缺乏技术；7 = 担心政策会变；8 = 担心别人偷盗；9 = 担心市场风险；10 = 其他（注明）</td></tr>
<tr><td colspan="3">没有流转的原因?（最多选 3 项）</td><td colspan="3">1 = 自行经营成本降低；2 = 能申请到采伐指标；3 = 有劳动力；4 = 有资金；5 = 有技术；6 = 政策不变；7 = 无人偷盗；8 = 市场价格上涨；9 = 其他（注明）</td></tr>
<tr><td colspan="3">流转发生的费用有哪些?</td><td colspan="3">1 = 去交易市场的车费；2 = 通信费；3 = 交易市场收取的交易费用；4 = 其他费用</td></tr>
<tr><td colspan="3">是否知道有林权交易市场?</td><td colspan="3">1 = 是；2 = 否</td></tr>
<tr><td colspan="3">是否去过林权交易市场?</td><td colspan="3">1 = 是（　次）；2 = 否（注明原因）</td></tr>
<tr><td colspan="3">如果流转或者再流转是否会去林权交易市场?</td><td colspan="3">1 = 是；2 = 否（注明原因）</td></tr>
</table>

林地林木流转信息

地块	林地类型	面积（亩）	经营方式	资源状况	林中类型	造林投入	主要树种	流转比例	流转年限	成交额（元）	支付方式	交易形式	交易费用	转入方

林地类型编码：1＝自留山；2＝责任山；3＝租赁；4＝承包；5＝转入；6＝竞拍所得；7＝其他（注明）

经营方式编码：1＝自主经营；2＝联户经营；3＝租赁；4＝转入；5＝其他（注明）

资源状况编码：1＝中幼林；2＝近熟林；3＝成熟林；4＝荒山；5＝更新迹地；6＝其他（注明）

是否进行过造林编码：1＝是；2＝否

林种类型编码：1＝用材林；2＝竹林；3＝经济林；4＝公益林；5＝其他（注明）

交易形式编码：1＝自行上林权交易市场；2＝通过他人上林权交易市场；3＝木材商人上门收购；4＝其他（注明）

支付方式编码：1＝逐年支付；2＝一次性支付

转入方编码：1＝同村农民；2＝其他村农民；3＝私人林场；4＝营林公司；5＝商人；6＝其他（注明）

附录 2　受让方调查表

1. 受让方性质（　）。

A. 森工企业　　B. 造林大户　　C. 本村农户　　D. 他村农户

E. 木材商人

2. 主要受让对象（　）。

A. 农户　　B. 村集体　　C. 国营林场或采育场

D. 其他企业或大户

3. 截至目前受让面积，共转入林地多少亩？转入林木多少立方米？分别是什么林木？

4. 为什么要转入林地林木？（　）

A. 作原料基地，自己生产，减少成本及对外界依赖

B. 对经营林业有信心

C. 扩大自己规模，实现规模经济

D. 当二盘手，合适的时机再卖出去赚差价

E. 其他

5. 是否在林权交易中心进行流转交易？（　）

A. 是　　B. 不是，私下交易　　C. 部分是

6. 是否与出让方发生过林权与合同纠纷？（　）

A. 发生过多次　B. 发生过，但很少　　C. 没有发生

7. 您认为当前林地、林木的购买价格是否合理？（　）

A. 价格合理　　B. 价格偏高，但还可以接受　C. 价格较低，适合购入

D. 其他

8. 您认可生产规模比林农高，生产成本比林农低的说法吗？（　）

A. 认可　　B. 不认可　　C. 不好说

9. 您认为农户为什么愿意转出林地、林木资产？（　）

A. 林业经营周期长，农户喜欢短期变现

B. 林业经营风险大，农户喜欢及时变现

C. 农户认为林地少，收益低，自己经营不合算

D. 农户家中缺乏可从事林业的劳动力

E. 缺乏技术与资金

F. 其他原因

10. 您认为现在的林地、林木流转过程顺畅吗？（　）

A. 很顺畅　　B. 比较顺畅　　C. 较为不顺畅　　D. 很不顺畅

E. 不好说

11. 您认为现在流转状况好，具体表现在哪里？（题 10 选择 A、B 的，填写这道题）（　）。

A. 可以转入活立木　　B. 转入手续方便　　C. 流转费用较低

D. 可以转入林地、林木的数量更多　　E. 转入价格合理

F. 相关政策配套好

12. 您认为现在流转状况不好，具体表现在哪里？（题 10 选择 C、D 的，填写这道题）（　）。

A. 转入手续麻烦　　B. 流转费用高　　C. 林地分散，不好集中成片

D. 流转价格偏高　　E. 其他原因

13. 目前转入林地、林木的费用有哪些？（　）

A. 评估费　　B. 拍卖费　　C. 交易手续费　　D. 调查设计费

E. 人工费用　　F. 其他

14. 现在的林木采伐限额制度对您有影响吗？（　）

A. 影响很大　　B. 有影响，但不大　　C. 没影响

D. 没去考虑

15. 您对林权流转政策的预期稳定性担心吗？（　）

A. 担心　　B. 不担心　　C. 没考虑

附录 3　林业部门工作人员调查表

1. 您认为开展这次林权制度改革的基本动因是什么？（　）

A. 上级领导的指示安排

B. 林业经济发展的需要

C. 林区老百姓的强烈要求

D. 改革能总体提升林业资源管理水平

E. 其他原因

2. 您认为这次林改，至今有没有达到预期目标？（　）

A. 超过预期目标

B. 达到预期目标

C. 基本达到预期，还存在一些不足

D. 基本没达到预期目标

E. 完全没达到预期目标

3. 农户在“确权到户”中有没有得到正当的权益？（　）

A. 完全得到　　B. 部分得到　　C. 完全没有得到　　D. 不好说

4. 您觉得当前的林地、林木等林权资源流转规范吗？（　）

A. 非常规范　　B. 比较规范　　C. 比较不规范　　D. 非常不规范

E. 不好说

5. 现在林区的流转情况多吗？（　）

A. 比较多　　B. 一般　　C. 很少　　D. 几乎没有

6. 发生在农户与农户之间的私下流转多吗？（　）

A. 很多　　B. 比较多　　C. 比较少　　D. 几乎没有

7. 为什么农户要私下流转，具体原因呢？（　）

A. 熟人关系，比较放心　　B. 手续简便
C. 不知道有流转市场　　D. 数量不多，不愿意去流转市场

8. 您认为现在的林地流转价格合理吗？（　）
A. 偏高很多　B. 偏高一点　C. 比较合理　D. 偏低一点
E. 偏低很多

9. 流转过程会发生林权纠纷吗？（　）
A. 经常发生　B. 偶尔发生　C. 没听说过发生　D. 其他

10. 现在常见的流转是林地，还是活立木较多？（　）
A. 林地较多　B. 活立木较多　C. 林地和活立木一块流转的较多

11. 您认为什么原因促使农户转出林地？（　）
A. 林业周期长，农户等不及
B. 林业风险大，农户怕风险
C. 流转价格不错，比自己经营赚钱
D. 缺乏劳动力
E. 缺乏资金
F. 其他原因

12. 限制农户流转的因素有哪些？（　）
A. 找不到合适的买方
B. 林地位置远，不方便到交易市场
C. 村集体限制，不让转让
D. 农户要价太高，没人愿意买
E. 其他原因

13. 您了解当前的林地使用费政策吗？（　）
A. 很了解　B. 比较了解　C. 了解一些　D. 完全不了解

14. 您认为当前政府规定的林地使用费是高了，还是低了？（　）
A. 很高　　B. 比较高
C. 还可以，比较合理　　D. 比较低
E. 非常低，很不合理

15. 目前林地、林木的转入方主要有哪些？（　）
A. 一般农户　　B. 林业企业
C. 国有林场或采育场　　D. 社会资本

E. 其他

16. 受让方为什么要转入林地、林木？（ ）

A. 可以赚差价　　B. 作为原料基地，减少生产风险

C. 扩大规模经营　　D. 其他

17. 目前行情，您认为买入林地、林木是否今后可以盈利？（ ）

A. 肯定可以　B. 应该可以　C. 不好说　D. 很难盈利

E. 其他

18. 转入方能正确认识林业经营风险吗？（ ）

A. 完全可以　　B. 基本可以

C. 小部分可以　　D. 不好说，因人而异

19. 您认为当前关于林权流转的配套措施完善吗？（ ）

A. 很完善　　B. 比较完善

C. 不完善，还需改进　　D. 不好说

20. 如果不完善，当前流转中还存在哪些问题？（ ）

A. 办理手续麻烦　　B. 办理成本较高

C. 政策限制太多　　D. 林地很分散，不好流转

E. 社会资本不活跃，不好流转　　F. 社会服务能力没跟上

21. 您认为政府是否应该鼓励林权流转？（ ）

A. 应该　B. 不应该　C. 不好说

22. 如果应该鼓励，您认为政府应该采取什么措施？（ ）

A. 加大宣传力度

B. 简化办理程序

C. 加大资产评估、森林保险等社会服务

D. 建立信息平台

E. 减少流转费用

F. 其他